古代歷史文化研究輯刊

十三編

王明蓀 主編

第 4 冊

曹魏西晉選舉制度、問題與對策之研究（上）

李昭毅 著

國家圖書館出版品預行編目資料

曹魏西晉選舉制度、問題與對策之研究（上）／李昭毅 著 --
初版 -- 新北市：花木蘭文化出版社，2015〔民 104〕
目 4+184 面；19×26 公分
（古代歷史文化研究輯刊 十三編；第 4 冊）
ISBN 978-986-404-014-8（精裝）
1. 選舉制度 2. 魏晉南北朝
618   103026945

ISBN-978-986-404-014-8

古代歷史文化研究輯刊
十三編　第 四 冊　　　　ISBN：978-986-404-014-8

曹魏西晉選舉制度、問題與對策之研究（上）

作　　者　李昭毅
主　　編　王明蓀
總 編 輯　杜潔祥
副總編輯　楊嘉樂
編　　輯　許郁翎
出　　版　花木蘭文化出版社
社　　長　高小娟
聯絡地址　235 新北市中和區中安街七二號十三樓
　　　　　電話：02-2923-1455 ／傳眞：02-2923-1452
網　　址　http://www.huamulan.tw 信箱 hml 810518@gmail.com
印　　刷　普羅文化出版廣告事業
初　　版　2015 年 3 月
定　　價　十三編 27 冊（精裝）台幣 52,000 元

曹魏西晉選舉制度、問題與對策之研究（上）

李昭毅　著

作者簡介

李昭毅，男，1973 年生，臺灣臺北人。

1997 年臺灣大學電機工程學系學士畢業。

2001 年中正大學歷史學系碩士畢業。指導教授雷家驥教授。

2011 年中正大學歷史學系博士畢業。指導教授雷家驥教授。

現任臺中科技大學、勤益科技大學、朝陽科技大學、亞洲大學等校通識教育中心兼任助理教授。

提　　要

　　中國皇帝制度下，穩定國家統治秩序的重大課題之一，便是社會上層菁英如何參與統治的權力分配問題。與此課題相關的領域很多，其中筆者最感興趣的便是選舉制度。漢代至清代選舉制度的發展，約略可將之劃分為三個重要的階段：兩漢的察舉制度、魏晉南北朝的九品官人法及隋唐以下的科舉制度，其中最重要的兩條界線便是九品官人法與科舉制度的出現。筆者選擇前者的理由有三：一、從時間上來判斷，九品官人法乃察舉制度向科舉制度演化的過渡時期，若欲廓清選舉制度的發展脈絡，九品官人法實為此課題的關鍵所在。二、九品官人法運作採取資格審查與除授官職分立的選舉程序，而唐朝以降禮部與吏部分掌資格考試與官職銓敘的分工作法，恐怕正源於九品官人法的運作。三、九品官人法的運作涉及入仕制度、銓選制度、考課制度、官僚等級制度等，實為研究中國古代官僚政治運作的全面性課題。基於此三理由，筆者選擇九品官人法作為本文主要研究對象。

　　筆者最初的問題意識，便在於九品官人法前期的精神轉變過程。此外，尚有若干主要關懷，主導著本文邏輯結構的建立。第一，九品官人法本是歷史變遷下的產物，當有其內在流變的脈絡。筆者關心點在制度本身與外在環境之交互作用下的制度變遷，但影響制度變遷的因素極其複雜，因為畢竟制度仍須仰仗人予以實踐，而人為因素即可導致流弊，更何況是其他環境因素改變所造成的影響，故探討制度變動的因果關係時，主要著眼點為制度層面因素的分析；至於非制度層面的因素，則視需要而隨時補充。第二，那該採取何種視角來進行制度層面因素的分析呢？筆者以為制度運作後常有弊端產生，國家與士大夫面對弊端當有所警覺，便會有若干修正方案或對策的提出。在弊端過重後，便有舊制度的改革，或新制度的產生，放在選舉制度的發展脈絡而言，亦是如此。故筆者嘗試透過選舉制度、問題與對策三層次的循環關係，來瞭解九品官人法的制度變動脈絡。因此，筆者所欲提出的課題是：不同政權性格下的同一選舉制度，其所扮演的功能與彰顯的精神可能有所差異，此一差異形成的脈絡究竟如何？此一脈絡可否從選舉制度、問題與對策的循環發展脈絡中予以呈現？此乃筆者本文題目命名之源由，更是全文論述之核心。

　　本文以制度的運作為全文論述起點，首先說明筆者所知魏晉選舉制度運作的主要結構與核心觀念。第一，魏晉選舉制度與東漢相較大體一致，主要仍是徵召、辟召與察舉三種制度。九品官人法成立之後，主要作用的對象為徵召制度，根據制度運作的程序而言，或可稱作中正評品·吏部銓選制度。第二，九品官人法成立之後，關於朝廷敕授官之選舉，主要由中正評品制度與吏部銓選制度兩大部分組成，前者先由州郡中正負責評品，再送司徒府，由司徒、司徒左

長史負責審核，後者由吏部尚書負責銓選、授官。因此，中央選舉權分割為兩大部分，一是評品權，一是銓敘權，司徒府中正系統負責人才評品，尚書吏部負責官職銓選。司徒府中正系統參照鄉里社會的鄉論清議、士人的家世資料，以及來自中央與地方政府的各種人事資訊，作為評品的參考，最後決定出人才等第，可暫時簡稱為鄉品；尚書吏部根據評品資料與考課資料，進行官職銓選，最後代表皇帝授官。第三，魏晉雖發展出一套中正評品・吏部銓選制度，但辟召與察舉制度仍存，非勢家之子多先循此二制度仕進，再成為朝廷敕授官，此二制度運作中，地方行政・選舉系統具有舉足輕重的地位，為中央政府與地方社會間人事資訊流通的重要媒介。

全文結構與要點如下。第二章以魏初九品官人法的成立為中心，探討九品官人法的成立過程，主題分為三節討論，第一節為基本內容與制度淵源探討，前者主要是依據魏文帝黃初元年制度成立後直至明帝時期，此一初期的實施狀況來說明，後者主要指鄉論與清議兩大淵源。第二節以曹操集團發展與漢末政局之關係為軸，探討曹操集團結構的演變，並進一步將焦點集中於曹操集團人事政策的發展，分別從集團發展、集團結構、政局演變等面向，探討人事政策之形成與發展，「唯才所宜」選舉標準的確立，以及以名實問題為核心的選舉問題。第三節結合前論與魏晉禪代前夕的政局，探討九品官人法的成立與精神要旨。第三章以魏初九品官人法實施後的選舉問題、對策與制度改革方案的落實為中心，討論九品官人法成立之後至嘉平年間以前，現實政治上所遭遇的選舉問題，及朝臣、國家的相關對策，並順此脈絡一併探討九品官人法第一次制度改革 州大中正制的成立。因此本章分為三節進行討論，第一節探討魏初選舉問題及其對策的發展脈絡，作為探討制度轉變與政局變動的基礎。第二節探討正始年間曹馬二集團之衝突，二集團的結構特質，以及高平陵政變前後政權性格之轉變。第三節探討州大中正制的成立與前述兩大面向的關係。第四章以魏末西晉以降中正評品制度的成立、運作方式與機制為中心，專就魏末西晉以後制度穩定之後的運作方式，進行細部討論。因此本章分為四節，第一節承續魏初中正評品制度的發展，探討繼州大中正制成立後，制度運作健全化的最後步驟，即司徒府典選制的成立，並從中央選舉系統權力結構變動的脈絡，探討司徒府典選制的合理性。第二節討論中正評品制度運作的人事資料內容與型態。第三節探討司徒府中正系統的職權，司徒府部分包括司徒、左長史、左西曹掾屬的基本職權，選任中正的基本程序，以及中正人選的基本條件，中正部分包括三年一清定制度，清定九品的運作機制（包括清議貶品、舉寒素升品），司徒府對州郡中正職務的監督作用等，最後總論中正評品制度運作程序。第四節則針對入仕前後，鄉品與官職、官品之關係，說明中正評品制度具有資格審查與準考課兩種機制，並說明中正評品外的其他入仕途徑。第五章以魏末西晉選舉問題與對策之發展脈絡為中心，從兩種角度觀察九品官人法的精神轉變，一為非選舉制度本身，另一則是選舉問題與對策的發展脈絡。故本章分為三節，第一節從清議機制在中正評品制度中的作用之質變過程、禮的法制化脈絡、官品等級序列的二層分化等三種角度，來觀察九品官人法的精神轉變。而進入西晉以後，選舉問題陸續出現，大體有二大問題，包括浮華士風與「計資定品」的問題，另有相伴而生的「清途」與「非清途」分途發展、官吏遷轉流徙頻繁之弊、官人重內官輕外官等問題。故第二節將從西晉選舉問題出發，透過「身資」與「門資」兩大因素，探討浮華士風與計資定品兩大選舉問題，藉以釐清西晉選舉問題的發展脈絡，以便從中瞭解九品官人法精神轉變的過程。而面對這些選舉問題，朝臣與國家陸續有若干對策與應對措施。在士大夫的對策方面，對於身資問題，陸續從考課制度、官制改革等方向著手，其中官制改革則以選例九等之制與九班之制的提出最具代表性。對於門資因素，主要是主張廢除中正評品制度、實施土斷，進一步恢復鄉舉里選制度。至於朝廷的對策方面，對於身資因素，則有「甲午制」的試行，對於門資因素，則有舉寒素特科的補救措施。故第三節將分別從上述方向述論之，釐清西晉選舉對策的發展脈絡，以便從中瞭解九品官人法精神轉變的過程。

目

次

第一章　緒　論

一、研究動機

　　在帝制中國時代皇帝‧官僚制的運作下，穩定國家統治秩序的重大課題之一，便是社會上層菁英如何參與統治的權力分配問題。與此課題相關的領域很多，其中筆者最感興趣的便是選舉制度。漢代至清代選舉制度的發展，約略可將之劃分為三個重要的階段：兩漢的察舉制度、魏晉南北朝的九品官人法及隋唐以下的科舉制度，其中最重要的兩條界線便是九品官人法與科舉制度的出現。筆者選擇前者的理由有三：其一，從時間上來判斷，九品官人法乃察舉制度向科舉制度演化的過渡時期，若欲廓清選舉制度的發展脈絡，九品官人法實為此課題的關鍵所在。其二，在制度運作上，九品官人法採取資格審查與除授官職分立的選舉程序，而唐代以降禮部與吏部分掌資格考試與官職銓敘的分工作法，恐怕正源於九品官人法的運作。其三，九品官人法的運作涉及入仕、銓選、考課、官僚等級等制度，實為研究中國古代官僚政治運作的全面性課題。基於此三理由，筆者選擇九品官人法作為本論文主要的研究對象。

二、問題意識與課題的提出

　　九品官人法研究本是個古老課題，早在五十多年前學者已有「題無剩義」之嘆。〔註1〕筆者學力疏淺，僅能依循前人的主要論述架構繼續發揮。九品官

〔註 1〕 唐長孺，〈九品中正制度試釋〉，收入氏著，《魏晉南北朝史論叢》（北京：三聯書店，1955 年，第 1 版），頁 85。

人法創建於漢獻帝延康元年（220），至隋和唐初才罷廢，運作了近四百年，在如此長的時間裡，一個制度怎可能沒有變化？這當中最讓筆者感到好奇的是制度前期，曹魏與西晉二政權各是名法之治與名教之治的典型，竟然使用同一選舉制度，制度本身在兩政權轉移過程當中難道沒有發生質變？因此，筆者最初的問題意識，便在於九品官人法實施前期的精神轉變過程。

除了此問題意識外，筆者尚有若干主要關懷，主導著本文邏輯結構的建立。第一，九品官人法本是歷史變遷下的產物，當有其內在流變的脈絡。筆者關心點在制度本身與外在環境之交互作用下的制度變遷，但影響制度變遷的因素極其複雜，畢竟制度仍須仰仗人予以實踐，而人為因素便有導致流弊的可能，更何況是其他環境因素改變所造成的影響，故探討制度變動的因果關係時，主要著眼點為制度層面因素的分析；至於非制度層面的因素，則視需要而隨時補充。第二，那該採取何種視角來進行制度層面因素的分析呢？筆者以為制度運作後常有弊端產生，國家與士大夫面對弊端當有所警覺，便會有若干修正方案或對策的提出。在弊端過重後，便有舊制度的改革，或新制度的產生，放在選舉制度的發展脈絡而言，亦是如此。故筆者嘗試透過選舉制度、問題與對策三層次的循環關係，來瞭解九品官人法的制度變動脈絡。

綜上所述，筆者所欲提出的課題是：不同政權性格下的同一選舉制度，其所扮演的功能與彰顯的精神可能有所差異，此一差異形成的脈絡究竟如何？此一脈絡可否從選舉制度、問題與對策的循環發展脈絡中予以呈現？此乃筆者本論文題目命名之緣由，更是全文論述之核心。

三、研究概況

關於九品官人法的研究，中外成果極為豐碩，但多數作品均與門閥政治論述相關。二次大戰以前，中國大陸方面有楊筠如《九品中正與六朝門閥》，此書對九品中正之制的成立原因、內容與利弊等，均有通盤的敘述與分析。〔註2〕日本方面則以岡崎文夫〈九品中正考〉為代表，其要在指明鄉品與鄉論之關係，鄉品的設置與鄉黨社會構造有密切關連。〔註3〕至於二次大戰以後，日

〔註2〕 楊筠如，《九品中正與六朝門閥》，收入《民國叢書》第三編（上海：上海書店，商務印書館 1930 年，影印本），頁 1～65。

〔註3〕 岡崎文夫，〈九品中正考〉，《支那學》，第 3 卷第 3 號（1922，京都），頁 41～46。

本學者在這方面的研究，焦點較爲集中，多半屬於「六朝貴族制」課題下的一個小環節，〔註4〕主要的爭端有兩方面，一是鄉品的性質，二是九品官人法的制訂目的。當中最具代表性的是宮崎市定《九品官人法の研究》，此書所觸及的問題，層面相當廣泛，最大特點在於作者結合官僚政治運作的視角，對選舉制度展開全面性的研究，最重要的成果在於解明鄉品與官品的對應關係，提出起家官品與鄉品相差四品之說。〔註5〕但宮崎市定又否定剛崎文夫之說，以爲鄉品、官品同時成立，而且是與官品相應設立鄉品，這說明鄉品是注重官吏才能，不同於鄉論清議的地位、權威。此說對日本史學界的影響，在於鄉品的性質，以及九品官人法在六朝貴族制社會的角色。谷川道雄便以「官品由鄉品決定」之說爲基礎，將九品官人法視作國家對豪族在鄉黨社會的權威地位的承認手續。〔註6〕川勝義雄〈貴族制社會の成立〉亦以此爲基礎，以爲九品官人法的意義在於它從制度上保證了鄉論向貴族制的發展。〔註7〕堀敏一則承繼剛崎文夫之說，鄉品是基於鄉論品評人物的傳統而設，反映的是鄉黨社會秩序。〔註8〕矢野主稅則是將九品官人法作爲純粹的官吏任用制度，故重視官職之任用，強調吏部尙書的作用，並認爲鄉品與起家官品並無宮崎市定所言之直接密切的對應關係，鄉品不過代表可能的任官範圍，而對於宮崎市定對鄉品性質的解釋則無異議。〔註9〕越智重明則以爲鄉品制與州大中正制同時成立，其作用在於保證士族世襲享有官僚特權地位。綜觀日本學界諸家之說，矢野主稅傾向從國家官僚制的角度理解九品官人法，並且將之與其他選舉制度如察舉、辟召等制度等量齊觀，這與其寄生官僚理論有密切關連。剛崎文夫、川勝義雄、谷川道雄、堀敏一、中村圭爾等則傾向將九品官人法

〔註4〕　中村圭爾著、夏日新譯，〈六朝貴族制論〉，收入《日本學者研究中國史論著選讀》第二卷專論（北京：中華書局，1993年，第1版），頁378～384。

〔註5〕　宮崎市定，《九品官人法の研究》（京都：京都大學東洋史研究會，1956年，初版），頁105～119。

〔註6〕　谷川道雄，〈六朝貴族制社會の史的性格と律令體制への展開〉，《社會經濟史學》，第31卷第1～5期合併號（1966，東京），頁208～209。

〔註7〕　川勝義雄，〈貴族制社會の成立〉，收入《岩波講座世界歷史》5（東京：岩波書店，1975年，第1版），頁113～115。

〔註8〕　堀敏一，〈九品中正制度の成立をめぐって——魏晉の貴族制社會にかんする一考察〉，《東洋文化研究所紀要》，第45冊（1968，東京），頁74～75。

〔註9〕　矢野主稅，〈魏晉中正制の性格について一考察——鄉品と起家官品の對應を手掛りとして〉，《史學雜誌》，第72卷第2號（1963，東京），頁28～30、39～46。

當作反映現實鄉黨社會秩序的某種制度化措施。而宮崎市定、越智重明等似乎兼具這兩種傾向。〔註10〕

　　至於戰後臺灣與大陸學者的研究則較為零散，臺灣學者如毛漢光先生著重選舉制度對士族政治的鞏固作用，以及中正評品與社會架構之關連性。〔註11〕吳慧蓮則較著重吏部銓選制度的運作，以及辟召制的作用。〔註12〕大陸學者則以唐長孺〈九品中正制度試釋〉最具代表性，對於九品官人法的成立背景、運作實態等，均做了充分的解釋。〔註13〕其他學者如閻步克、張旭華、胡寶國、陳琳國、羅新本、陳長琦、汪徵魯等，均對九品官人法的研究，至少做到了拾遺補闕的功夫。〔註14〕特別是陳長琦與汪徵魯，前者提出資品的概念來取代傳統鄉品，以此為基礎主張中正評品僅是取得入仕資格的途徑之一，尚有察舉、賜官、太學試經等其他途徑；後者《魏晉南北朝選官體制研究》一書，則是透

〔註10〕 中村圭爾，〈九品官人法における鄉品について〉，《人文研究》，第 36 卷第 9 號（1984，大阪），頁 82～83。餘者請參前揭註 3～9。

〔註11〕 請分見毛漢光，《兩晉南北朝士族政治之研究》（臺北：中國學術著作獎助委員會，1966 年，初版），頁 67～98；毛漢光，〈從中正評品與官職之關係論魏晉南朝之社會架構〉，《中央研究院歷史語言研究所集刊》，第 46 本第 4 分（1975.12，臺北），頁 595～611。

〔註12〕 吳慧蓮，〈六朝時期的選任制度〉（臺北：國立臺灣大學歷史學系博士論文，1990.6），第四章至第六章，頁 93～290。

〔註13〕 唐長孺，〈九品中正制度試釋〉，頁 85～126。

〔註14〕 請分見閻步克，〈從任官及鄉品看魏晉秀孝察舉之地位〉，《北京大學學報（哲學社會科學版）》，1988 年第 2 期（北京），頁 30～38；張旭華，〈關於曹魏九品中正制的幾個問題〉，《鄭州大學學報（哲學社會科學版）》，1991 年第 3 期（鄭州），頁 65～71；張旭華，〈略論兩晉時期的司徒府典選〉，《許昌師專學報（社會科學版）》，1991 年第 3 期（許昌），頁 10～15；張旭華，〈魏晉時期的上品與起家官品〉，《歷史研究》，1994 年第 3 期（北京），頁 59～74；張旭華，〈試論西晉九品中正制的弊病及其作用〉，《鄭州大學學報（哲社版）》，1999 年第 6 期（鄭州），頁 24～30；胡寶國，〈魏西晉時代的九品中正制〉，《北京大學學報（哲學社會科學版）》，1987 年第 1 期（北京），頁 81～91；胡寶國，〈九品中正制雜考〉，《文史》，第 36 輯（1992.8，北京），頁 289～294；胡寶國，〈關於九品中正制的幾點意見〉，《歷史研究》，1988 年第 1 期（北京），頁 191～192；陳琳國，〈兩晉九品中正制與選官制度〉，《歷史研究》，1987 年第 3 期（北京），頁 105～115；羅新本，〈兩晉南朝入仕道路研究之——兩晉南朝的「直接入仕」〉，《西南民族學院學報（人文社會科學版）》，1986 年第 4 期（成都），頁 84～93；陳長琦，〈魏晉南朝的資品與官品〉，《歷史研究》，1990 年第 6 期（北京），頁 39～50；陳長琦，〈魏晉九品官人法再探討〉，《歷史研究》，1995 年第 6 期（北京），頁 14～25；汪徵魯，《魏晉南北朝選官體制研究》（福州：福建人民出版社，1995 年，第 1 版）。

過系統論的研究法，將先秦至隋唐的選官制度予以系統化與脈絡化，非但有利於不同時代的選舉制度間源流關係的建構，亦有助於特定選舉制度的運作模式與機制的清晰呈現，堪稱近二十年來這方面研究的重大成果。

四、研究資料、方法與章節安排

本論文所使用的資料，以正史爲主，配合《北堂書鈔》、《藝文類聚》、《初學記》、《太平御覽》等類書，以及《通典》、《文獻通考》等政書，其餘參考資料，請參見本論文末附之徵引資料。

本論文所運用的研究方法，嚴格而論，還是整齊排比、分類歸納、統計分析等傳統方法。至於方法論而言，最多是不甚嚴謹的演繹邏輯，畢竟缺少嚴格的定義、假設、初始條件等前提規範，而歸納邏輯之所以無法採納的原因是事例不足，無法構成論述成立所需的有效樣本。

由於本論文以制度的運作爲全論文論述起點，筆者乃以目前所認識的魏晉選舉制度運作情形爲基礎，繪製【圖 1－1】魏晉選舉制度運作示意圖，以利讀者掌握制度運作的主要結構與核心觀念。此圖的要點有若干：第一，魏晉選舉制度與東漢相較大體一致，主要仍是徵召、辟召與察舉三種制度。九品官人法成立之後，主要作用的對象爲徵召制度，根據制度運作的程序而言，或可稱作中正評品‧吏部銓選制度。第二，九品官人法成立之後，關於朝廷敕授官之選舉，主要由中正評品制度與吏部銓選制度兩大部分組成，前者先由州郡中正負責評品，再送司徒府，由司徒、司徒左長史負責審核，後者由吏部尚書負責銓選、授官。因此，中央選舉權分割爲兩大部分，一是評品權，一是銓敘權，司徒府中正系統負責人才評品，尚書吏部負責官職銓選。司徒府中正系統參照鄉里社會的鄉論清議、士人的家世資料，以及來自中央與地方政府的各種人事資訊，作爲評品的參考，最後決定出人才等第，可暫時簡稱爲鄉品；尚書吏部根據評品資料與考課資料，進行官職銓選，最後代表皇帝授官。第三，魏晉雖發展出一套中正評品‧吏部銓選制度，但辟召與察舉制度仍存，非勢家之子多先循此二制度仕進，再成爲朝廷敕授官，此二制度運作中，地方行政‧選舉系統具有舉足輕重的地位，爲中央政府與地方社會間人事資訊流通的重要媒介，因此，筆者乃將之列於此圖。第四，本論文關於制度部分的論述，乃以中正評品制度爲中心，至於吏部銓選制度，以及察舉、辟召制度，則暫先沿用傳統研究，而不另做詳論。

　　最後就本論文章節結構與主要內容做一介紹。本論文除緒論、結論外，正文分成四章十三節。就章節的結構而言，筆者在前面第二目已提出本論文的核心概念爲選舉制度、問題與對策此三層面的循環關係，原本可從任一層面切入，但爲使讀者有一基礎瞭解，亦可使敘述結構順暢，故先從制度切入，第二章以漢魏之際九品官人法的成立爲中心，第三章以魏初九品官人法實施後的選舉問題、對策與制度改革方案的落實爲中心，第四章以魏末西晉以降中正評品制度的成立、運作方式與機制爲中心，第五章以魏末西晉選舉問題與對策之發展脈絡爲中心。以下再就各章節的分析視角與論述重點，做進一步說明。

　　第二章探討九品官人法的成立過程，主題分爲三節討論，第一節爲基本內容與制度淵源探討，前者主要是依據魏文帝黃初元年（220）制度成立後直至明帝時期，此一初期的實施狀況來說明，後者主要指鄉論與清議兩大淵源。第二節以曹操集團發展與漢末政局之關係爲軸，探討曹操集團結構的演變，並進一步將焦點集中於曹操集團人事政策的發展，分別從集團發展、集團結構、政局演變等面向，探討人事政策之形成與發展，「唯才所宜」選舉標準的確立，以及以名實問題爲核心的選舉問題。第三節結合前論與漢魏禪代前夕的政局，探討九品官人法的成立與精神要旨。

　　第三章討論九品官人法成立之後至嘉平年間以前，現實政治上所遭遇的選舉問題，及士大夫、朝廷的相關對策，並順此脈絡一併探討九品官人法第一次制度改革——州大中正制的成立。因此，本章分爲三節進行討論，第一節探討魏初選舉問題及其對策的發展脈絡，作爲探討制度轉變與政局變動的基礎。第二節探討正始年間曹馬二集團之衝突，二集團的結構特質，以及高平陵政變前後政權性格之轉變。第三節探討州大中正制的成立與前述兩大面向的關係。

　　第四章則專就魏末西晉以後制度穩定之後的運作方式，進行細部討論。因此，本章分爲四節，第一節承續魏初中正評品制度的發展，探討繼州大中正制成立後，制度運作健全化的最後步驟，即司徒府典選制的成立，並從中央選舉系統權力結構變動的脈絡，探討司徒府典選制的合理性。第二節討論中正評品制度運作的人事資料內容與型態。第三節探討司徒府中正系統的職權，司徒府部分包括司徒、左長史、左西曹掾屬的基本職權，選任中正的基本程序，以及中正人選的基本條件，中正部分包括三年一清定制度，清定九

品的運作機制（包括清議貶品、舉寒素升品），司徒府對州郡中正職務的監督作用等，最後總論中正評品制度運作程序。第四節則針對入仕前後，鄉品與官職、官品之關係，說明中正評品制度具有資格審查與準考課兩種機制，並說明中正評品外的其他入仕途徑。

　　第五章則以兩種角度觀察九品官人法的精神轉變，一為非選舉制度本身，另一則是選舉問題與對策的發展脈絡。具體言之，本章分為三節，第一節從清議機制在中正評品制度中的作用之質變過程、禮的法制化脈絡、官品等級序列的二層分化等三種角度，來觀察九品官人法的精神轉變。而進入西晉以後，選舉問題陸續出現，大體有二大問題，包括浮華士風與「計資定品」的問題，另有相伴而生的「清途」與「非清途」分途發展、官吏遷轉流徙頻繁之弊、官人重內官輕外官等問題。故第二節將從西晉選舉問題出發，透過「身資」與「門資」兩大因素，探討浮華士風與計資定品兩大選舉問題，藉以釐清西晉選舉問題的發展脈絡，以便從中瞭解九品官人法精神轉變的過程。而面對這些選舉問題，士大夫與朝廷陸續有若干對策與應對措施。在士大夫的對策方面，對於身資問題，陸續從考課制度、官制改革等方向著手，其中官制改革則以選例九等之制與九班之制的提出最具代表性。對於門資因素，主要是主張廢除中正評品制度、實施土斷，進一步恢復鄉舉里選制度。至於朝廷的對策方面，對於身資因素，則有「甲午制」的試行，對於門資因素，則有舉寒素特科的補救措施。故第三節將分別從上述方向述論之，釐清西晉選舉對策的發展脈絡，以便從中瞭解九品官人法精神轉變的過程。

【圖 1－1】魏晉選舉制度運作示意圖

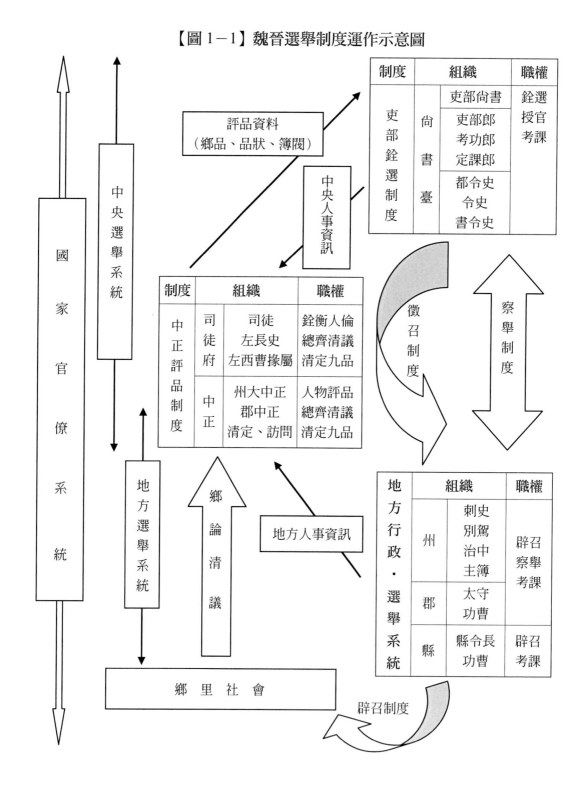

第二章　九品官人法的成立

第一節　九品官人法之基本內容與歷史淵源

　　關於漢代至清代主要選舉制度的發展，約可劃分為三個重要階段：兩漢的察舉制度、魏晉南北朝的九品官人法及隋唐以下的科舉制度。其中最重要的兩條界線便是九品官人法與科舉制度的出現，前者便是本論文探討的核心所在。

　　但是在探討這個制度之前，筆者想先澄清一個問題：究竟是九品官人法還是九品中正制度較能適宜地反映出魏晉時期主要選舉制度的全貌？因為就筆者目前所見研究成果來看，制度名稱在使用上仍未統一，因此在正式探討制度本身的基本內容之前，要先討論此一問題。

　　再者，各種制度的出現都有其淵源，特別是歷代政制間多有因革損益關係，九品官人法亦不例外。九品官人法作為新時代的選舉制度，當有其孕生的時代背景。因此若要瞭解九品官人法的性質、特色，及其與當時政局的發展關係、對後世選舉制度的影響等課題，當然要先探討其歷史淵源。

　　至於九品官人法的基本內容部分，由於制度本身亦會隨著政局變動、統治方針的轉變，而導致其演化流變。故本節所述制度的基本內容，主要是依據魏文帝黃初元年（220）制度成立後直至明帝時期，此一初期的實施狀況來說明。

一、制度名稱的討論與確立
——九品官人法與九品中正制度的關係

　　由於魏晉選舉制度相關研究成果極為豐富，因此可以先從前輩學者的作品中來瞭解各家所使用的名稱或概念。〔註1〕二十世紀以來，探討魏晉時期選舉制度時，使用「九品中正制度」此一名稱或概念的學者較多，包括兩岸學者如：楊筠如、王伊同、谷霽光、唐長孺、陳琳國、胡寶國、張旭華、羅新本、石榮倫、閻步克、張兆凱、方北辰、吳宗國、汪徵魯等，而日本學者則有岡崎文夫、宮川尚志、川勝義雄、堀敏一、矢野主稅等。至於使用「九品官人法」的學者則顯然較少，計有宮崎市定、越智重明、中村圭爾、毛漢光、鄭欽仁、陳長琦等。

　　綜合各家使用的立場來看，使用「九品中正制度」的學者，多半脫離不了「選舉制度與政治格局之關係」此一大課題，因此這些學者的焦點多半是集中在九品中正制度與士族政治的發展關係上，特別是日本學者，更是將之置於「六朝貴族制的發展」此一大脈絡下進行研究。至於使用「九品官人法」的學者，則以宮崎市定最具代表性，其《九品官人法の研究》更是經典之作，而這些學者的焦點則是較著重於官吏選任制度本身的運作與發展，且研究視角較多涉及選舉制度與官僚政治的發展聯繫面。

　　但上述討論仍是當代史家的看法。吾人仍須再徵引歷代史家的記載或觀點，作為筆者決定制度名稱的主要依據。首先，《三國志》與《通典》僅有「九

〔註1〕　與本論文研究主題相關的制度名稱極多，如選舉、選官、選任、官吏登用等，這與舉士與選官的分途發展有關。馬端臨對此曾有精闢的論述：「按古人之取士，蓋將以官之，然則舉士之與舉官非二途也。三代之時，法制雖簡，而考核本明，毀譽既公，而賢愚自判。往往當時士之被舉，未有不入官者也。降及後世，巧偽日甚，而法令亦滋多，遂以科目為舉士之途，銓選為舉官之途，二者各自為防閑、檢校之法。至唐則以試士屬之禮部，試吏屬之吏部，於是科目之法、銓選之法，日新月異，不相為謀，蓋有舉於禮部而不得官者，不舉於禮部而得官者，則士所以進身之塗轍亦復不一，不可比而同之也。於是立舉士、舉官兩門以統之。然三代兩漢之時，二者本是一事。」根據馬端臨的說法，舉士與選官在兩漢仍為一事，至唐則二途轍皎然而分。可見舉士與選官分途發展的關鍵正在魏晉南北朝。因此若欲概括整個人才選拔、任用制度，則使用「選舉」一詞當較「選官」為宜。但若欲嚴謹界定，在唐代以前，「舉士」與「選官」實未完全獨立運作，故選舉制度或可勉強等同於選官制度、選任制度、官吏登用制度、官吏任用制度等名稱。請參見元・馬端臨，《文獻通考》（臺北：新興書局，1963），卷36，〈選舉九・舉官〉，頁339。

品官人之法」但無「九品中正」制度的相關記載。〔註2〕《三國志・陳群傳》
記載如下：

> 及（文帝）即王位，封群昌武亭侯，徙爲尚書。制九品官人之法，
> 群所建也。〔註3〕

至於《通典・選舉二》有關「九品官人之法」的記載則較爲詳細：

> 魏文帝爲魏王時，三方鼎立，士流播遷，四人錯雜，詳覈無所。延
> 康元年，吏部尚書陳群以天朝選用不盡人才，乃立「九品官人之法」，
> 州郡皆置中正，以定其選，擇州郡之賢有識鑒者爲之，區別人物，
> 第其高低。〔註4〕

從這裡不難發現，後人使用「九品官人法」一詞所據者應該就是這兩條史料，
亦即認同唐人杜佑的看法，認爲陳群於延康元年（220）所創立的制度，就叫
作「九品官人之法」，而近人研究便使用「九品官人法」來稱呼此一制度。

　　至於使用「九品中正」這個名稱者，最早的應該是宋人蘇軾，其次則是
宋人王應麟與元人胡三省。〔註5〕蘇軾〈論養士〉稱：「三代以上出于學，戰
國至秦出于客，漢以後出于郡縣吏，魏晉以來出于九品中正，隋唐至今出于
科舉。」〔註6〕王應麟在《玉海》中，已使用「魏九品中正」、「晉九品中正」，

〔註2〕 首先從《三國志》與《通典》著手的理由，是因爲前者是記載此制度創始的
　　　　最早正史類史料，而後者則是目前爲止記載唐開元以前歷朝典制較具可信度
　　　　的志書類史料。

〔註3〕 晉・陳壽，《三國志》（臺北：鼎文書局，1997），卷22，〈陳群傳〉，頁635。

〔註4〕 唐・杜佑，《通典》（北京：中華書局，1988），卷14，〈選舉二・歷代制中〉，
　　　　頁326。又，《通典》這段記載，有兩個謬誤之處。其一，陳群當時並非漢廷
　　　　吏部尚書，而是魏王廷尚書。其二，當時肯定有郡中正，但是《三國志》並
　　　　無關於魏初州中正的記載，最多可能是州都。關於州大中正制的出現，筆者
　　　　將於第三章第三節做進一步的討論。

〔註5〕 據宮崎市定、堀敏一、越智重明、陳長琦等人的説法，「九品中正」一詞乃源
　　　　於《資治通鑑》胡三省注語，但是筆者發現其實蘇軾〈論養士〉、王應麟《玉
　　　　海》等均已使用「九品中正」一詞。請參考宮崎市定，《九品官人法の研究》
　　　　（京都：京都大學東洋史研究會，1956），頁92～93；堀敏一，〈九品中正制
　　　　度の成立をめぐって――魏晉の貴族制社會にかんする一考察――〉，《東洋
　　　　文化研究所紀要》，第45冊（1968，東京），頁41；越智重明，《魏晉南朝の
　　　　貴族制》（東京：研文出版，1982），頁82；陳長琦，〈魏晉九品官人法再探討〉，
　　　　《歷史研究》，1995年第6期（北京），頁15。

〔註6〕 宋・蘇軾，《蘇東坡全集》（臺北：世界書局，1989），下冊，《東坡續集》，卷
　　　　8，〈論三十二首・論養士〉，頁250。

作爲魏晉時期的一種選舉科目名稱。〔註7〕此外，胡三省在注《資治通鑑》時，也使用「九品中正」這個名稱。《資治通鑑・魏紀一・文帝・黃初元年》：「尙書陳群，以天朝選用不盡人才，乃立九品官人之法；州、郡皆置中正以定其選，擇州郡之賢有識鑒者爲之，區別人物，第其高下。」下引胡三省注語：

> 九品中正自此始。九品，上上、上中、上下、中上、中中、中下、
>
> 下上、下中、下下也。〔註8〕

據此來看，「九品」是一種純粹區別人才等第的方法，是則胡三省可能已將「九品官人之法」定位在一種「考核人才等第」的制度，爲強調此一面向，故使用「九品中正」來爲「九品官人之法」做註腳。往後的史家，如元人馬端臨，清人王夫之、王鳴盛、趙翼、汪士鐸，民國的吳承仕等，乃沿用「九品中正」來稱呼這個制度。〔註9〕

這些宋代以後的史家在使用「九品中正」時，有一共通概念，就是將之視爲魏晉時期的一種「選舉」科目。筆者以爲，這種基本概念的產生，一方面可能與唐代以後科舉制度的成熟發展，以及「舉士」與「選官」分立運作的確立有所關連；〔註10〕另一方面，魏晉時人在批評九品官人法時，往往集中攻擊與中正評品人才有關的制度，〔註11〕因此，這些史家才會將「九品中

〔註7〕 宋・王應麟，《玉海》（上海：江蘇古籍出版社，1988），卷115，〈選舉・科舉二〉，「魏九品中正」、「晉九品中正」條，頁2119。

〔註8〕 宋・司馬光，《資治通鑑》（北京：中華書局，1956），卷69，〈魏文帝紀〉，「延康元年」，第8條，胡三省注語，頁2178。

〔註9〕 請分參元・馬端臨，《文獻通考》，卷28，〈選舉一・舉士〉，頁267；清・王夫之，《讀通鑑論》（長沙：嶽麓書社，1988），卷10，〈三國〉，「魏九品中正亦足以收人才」條，頁374；清・王鳴盛，《十七史商榷》（臺北：廣文書局，1980），卷40，〈三國志二〉，「州郡中正」條，頁253；卷47，〈晉書五〉，「九品中正」條，頁294；清・趙翼，《廿二史箚記》（臺北：世界書局，1996），卷8，〈晉書〉，「九品中正」條，頁100；清・汪士鐸，《南北朝史補志未刊稿》，收入《二十五史補編》第5冊（北京：中華書局，1955），〈職官志・選舉〉，頁6548。

〔註10〕 歐陽脩私修《新唐書》首立〈選舉志〉，並依「取士」與「銓選」分立上下二部，正是這種觀念的體現。

〔註11〕 如：曹魏時期的夏侯玄、西晉時期的段灼、李重、劉毅、衛瓘、司馬亮、孫楚、潘岳等。請分見《三國志》，卷9，〈夏侯玄傳〉，頁295～296；唐・房玄齡等，《晉書》（臺北：鼎文書局，1997），卷48，〈段灼傳〉，頁1347；卷46，〈李重傳〉，頁1309～1310；卷45，〈劉毅傳〉，頁1273～1277；卷36，〈衛瓘傳〉，頁1058；宋・李昉等，《太平御覽》（北京：中華書局，1960），卷265，

正」等同於「九品官人法」。但若就整個選舉制度的運作程序來看，「九品中正」僅是在「舉士」階段選拔官吏候選人的制度之一，至於舉士之後，這些官吏候選人的任用，有其一定的規範，這便屬於銓選制度的部分。換言之，「九品中正制度」未能包含銓選制度，僅能說是選舉制度的一環。

　　因此，筆者之所以使用「九品官人法」，而非「九品中正制度」，最根本的理由，便是爲了顧及選舉制度運作的整體性。因爲「九品中正制度」的基本內容，主要是「州郡中正品評本籍士人」的制度，從選舉系統整體運作程序來看，僅是最初步的資格審查與考核機制，至於擬選、授官與考課機制，便無法含括於內。如此一來，便會將魏晉時期國家人事機關的核心——尚書吏部系統，排除在本文的討論之外。進一步來看，關於此時期「人事權力結構」的議題，也無法含括進來，如此一來，當然無法兼及「選舉制度與官僚政治的發展關係」。但是若使用「九品官人法」，則可將「九品中正制度」包含進來，也就是本文所稱的「中正評品制度」，另外還可含括「吏部銓選制度」，兩者結合才是「選舉制度」的整體。因此，爲確保論述的完整性，筆者在此必須捨棄「九品中正制度」，而使用「九品官人法」。

二、九品官人法的基本內容

　　關於「九品官人法」的記載，最早出現於前引之《三國志・陳群傳》所載：「及（文帝）即王位，封群昌武亭侯，徙爲尚書。制九品官人之法，群所建也。」若將這段文字分爲前後段來看，則「徙爲尚書」之前的前段部分較無爭議，學界均同意，魏國尚書陳群於漢獻帝延康元年創建一個新官吏選舉制度。〔註12〕但是，後半段文字的讀法，至今尚未有定論。歷代史家與當代學者早期的讀法是「（陳群）徙爲尚書。制九品官人之法，群所建也」，這派史家最早的是唐人杜佑，後來的宋人司馬光、鄭樵、王應麟、元人馬端臨、

　　　〈職官部六十三・中正〉引《孫楚集》，頁1243；唐・歐陽詢等，《藝文類聚》
　　　（北京：中華書局，1965），卷52，〈治政部上・論政〉引潘岳〈九品議〉，頁
　　　938。
〔註12〕曹操於漢末掌控朝政之後，便開始逐步在典制上予以合法化。第一次便是於
　　　漢獻帝建安十三年（208）「罷三公官，置丞相、御史大夫」，並且出任丞相，
　　　獨攬朝政。第二次則是於建安十八年，於魏國王廷內「置尚書、侍中、六卿」，
　　　正式將政權中心從漢廷轉移至魏廷。陳群所任便是魏國尚書。請參見《三國
　　　志》，卷1，〈武帝紀〉，「漢獻帝建安十三年正月」、「十八年十一月」條，頁
　　　30、42。

清人王鳴盛等均採用杜佑的讀法，而當代學者如王伊同、宮川尚志、矢野主稅（早期）、宮崎市定、毛漢光、越智重明（晚期）、陳長琦、汪徵魯等，亦支持這種讀法。〔註13〕但是，有少數學者則是讀作「（陳群）徙爲尙書，制九品。官人之法，群所建也」，如：越智重明（早期）、崛敏一、矢野主稅（晚期）、鄭欽仁、中村圭爾等。〔註14〕兩種讀法皆有早期史料作爲旁證。例如魏末魚豢《魏略》曾載：

　　陳群，字長文。延康元年，始建九品官人之法。拜吏部尚書。〔註15〕

此材料確實可作爲第一種讀法的有利旁證。不過，第二種讀法也非毫無根據。《太平御覽》引《魏志》云：

　　陳群爲尚書，制九品，爲官人之法，群所建也。〔註16〕

顯然，李昉等人當時所見《三國志》寫本，與今傳《三國志》刻本略異。與

〔註13〕請分見唐・杜佑，《通典》，卷 14，〈選舉二・歷代制中〉，頁 326；宋・司馬光，《資治通鑑》，卷 69，〈魏文帝紀〉，「延康元年」第八條，頁 2178；宋・鄭樵，《通志二十略》（北京：中華書局，1995），〈選舉略〉，頁 1253；宋・王應麟，《玉海》，卷 115，〈選舉・科舉二〉，「魏九品中正」、「晉九品中正」條，頁 2119；元・馬端臨，《文獻通考》，卷 28，〈選舉一・舉士〉，頁 266；清・王鳴盛，《十七史商榷》，卷 40，〈三國志二〉，「州郡中正」條，頁 252；卷 47，〈晉書五〉，「九品中正」條，頁 294；王伊同，《五朝門第》（香港：中文大學出版社，1978），頁 27；宮川尚志，《六朝史研究・政治社會篇》（京都：平樂寺書店，1956），頁 263；矢野主稅，〈魏晉中正制の性格について一考察——鄉品と起家官品の對應を手掛りとして——〉，《史學雜誌》，第 72 編第 2 號（1963，東京），頁 149；宮崎市定，《九品官人法の研究》，頁 93；毛漢光，《兩晉南北朝士族政治之研究》（臺北：中國學術著作獎助委員會，1966），頁 75；越智重明，〈魏時代の九品官人法について〉，《九州大學東洋史論集》，第 2 期（1974，東京），頁 15；陳長琦，〈魏晉九品官人法再探討〉，《歷史研究》，1995 年第 6 期（北京），頁 15；汪徵魯，《魏晉南北朝選官體制研究》（福州：福建人民出版社，1995），頁 297。

〔註14〕請分見越智重明，〈九品官人法の制定について〉，《東洋學報》，第 46 卷第 2 號（1963，東京），頁 187；堀敏一，〈九品中正制度の成立をめぐって——魏晉の貴族制社會にかんする一考察——〉，頁 40；矢野主稅，〈九品の制をめぐる諸問題〉，《社會科學論叢》（長崎大學教育學部），第 18 號（1969，長崎），頁 447；鄭欽仁，〈九品官人法——六朝的選舉制度〉，《中國文化新論制度篇——立國的宏規》（臺北：聯經出版事業公司，1982），頁 216；中村圭爾，〈九品官人法における鄉品について〉，《人文研究》（大阪市立大學），第 36 卷第 9 號（1984，大阪），頁 599。

〔註15〕隋・虞世南等，《北堂書鈔》（臺北：文海出版社，出版時間與版次不詳），卷 60，〈設官部十二・吏部尚書〉引魚豢《魏略》，頁 252。

〔註16〕宋・李昉等，《太平御覽》，卷 212，〈職官十・總敘尚書〉，頁 1015。

今本相較，宋本在「制九品」和「官人之法」之間多了一個「爲」字，說明兩者既有區別亦有聯繫。因此，第二種讀法也確有典籍上的依據。

筆者則是支持第二種讀法。理由有二。其一，就語法上來看，既已言「制」九品官人之法，又何需再言群所「建」也，倒不如將「官人之法」視作動詞「建」的受詞，而將「九品」視作動詞「制」的受詞，這種讀法可能較爲合理。換言之，此讀法的意思可能爲：陳群制訂九品，而「依九品以官人」之法，正是陳群所建。其二，縱使兩種說法皆有有利旁證，但對於今傳《三國志》刻本的校釋來說，和作爲第一說旁證的《魏略》隋寫本相比，作爲第二說旁證的《魏志》唐宋寫本應更有說服力。其三，若依第一種讀法，再配合上《三國志》與《晉書》當中諸多對於此制度的記載與批判言論，很容易將焦點集中在「中正評品制度」上，而進一步將此「官人之法」直接化約成「九品中正制度」，這對選舉制度實際運作的整體性分析而言，十分不利，因爲畢竟「中正評品制度」僅涉及到官吏候選人身分的資格審核，可是這些官吏候選人該如何任用，仍舊受到「吏部銓選制度」的規範，因此我們僅能說此「官人之法」與「九品制」有密切關連，或者說「九品制」乃是此「官人之法」運作的關鍵成分，而進一步簡稱爲「九品官人法」，卻不宜直接將之讀作「九品官人之法」。

那麼九品官人法的基本內容究竟爲何？我們可以先從整體制度的基本性質出發，也就是「官人之法」這部分來看。「官人」有管理、治理天下百姓之意，如《後漢書》有「王者代天官人」之語，〔註 17〕又史籍中「官人」有與「黎民」、「百姓」、「逸民」對舉的情形。〔註 18〕因此，所謂的「官人」當是指協助皇帝統理天下百姓的所有官僚。再者，「官人」亦有「任用賢能爲官」的意思，如《尚書》便有「知人則哲，能官人」，而《詩經》亦有「文王能官人」之語。是以所謂的「官人之法」，當指中央政府選拔任用官吏的制度，因此杜佑方言九品官人之法乃因「天朝選用不盡人才」而立。〔註 19〕

〔註 17〕南朝宋・范曄，《後漢書》（臺北：鼎文書局，1997），卷 24，〈馬嚴傳〉，頁 860。

〔註 18〕《後漢書》，卷 4，〈和帝紀〉，「永元六年三月丙寅」條，頁 178；卷 68，〈李固傳〉，頁 2076；清・趙翼，《陔餘叢考》（臺北：世界書局，1990），卷 37，〈官人〉引《御覽・文士傳》，頁 429。

〔註 19〕若根據杜佑的看法，則九品官人法的有效性當僅限於中央政府選官制度。但是事實上，自兩漢以來，中央公府、地方政府長官均擁有自辟僚屬權，而經過東漢末年的動亂以後，這種官員個人辟召權進一步擴大延伸至各將軍府，

　　若再就前引《通典》史料來看，吾人尚能進一步看到中央政府選用官人時，由州郡中正鑒別人物、第其高下之「中正評品制度」的部分。可是此制度僅涉及官人之資格審查，至於「官職選任」則又是整體官人之法的另一關鍵，而負責官職選任者正是吏部尚書。《三國志‧盧毓傳》載魏明帝徵拜盧毓為吏部尚書，詔曰：「官人秩才，聖帝所難，必須良佐，進可替否。侍中毓稟性貞固，心平體正，可謂明試有功，不懈于位者也。其以毓為吏部尚書。」又西晉武帝泰始年間（265～274），賈充為將其政敵任愷調離「得與上親接」的侍中一職，乃薦帝「稱愷才能，宜在官人之職」，後任愷便轉任吏部尚書，並有「選舉公平」之美譽。〔註 20〕可見官人之選任黜陟，正是吏部尚書的職權所在。因此，「官人之法」應當包含「吏部銓選制度」。前面所言「制九品，官人之法」，正是此意，指包含評品與銓選兩種內涵在內的整套制度而言。

　　吾人若再從《通典》關於西晉選舉制度的記載當中，便可約略看出九品官人法較全面的內容。《通典‧選舉二》載：

> 晉依魏氏九品之制，內官吏部尚書、司徒、左長史，外官州有大中正，郡國有小中正，皆掌選舉。若吏部選用，必下中正，徵其人居及父祖官名。〔註 21〕

縱然這裡所描述的是西晉制度，但是整體選舉系統運作的基本架構應當仍是沿續曹魏九品官人法，亦即先由中正評品人物，再由吏部尚書進行官職的選任。至於「若吏部選用，必下中正，徵其人居及父祖官名」一語，涉及中正評品與吏部銓選的人事資料，以及選舉標準的轉變等問題，故置於第四章第二節第一目與第五章第二節第三目，就各節主題分別說明之。而這裡杜佑以「九品之制」來稱呼九品官人法，正也突顯出「九品制」當是「官人之法」

而且魏晉時期仍有不少察舉詔令的頒佈與察舉實例的出現，因此魏晉時期選舉制度理應包括傳統的察舉與辟召制度。如：矢野主稅認為，九品官人法並非絕然地優先於其他選舉制度（察舉、辟召），此一看法誠然可貴。但是筆者要進一步問：九品官人法與這時期的察舉與辟召制度又存在何種關係？九品官人法實施之後是否確如陳啟雲所主張的「兩漢政府人事任用制度之紛亂與多途，至是趨於統一」，亦即九品官人法對於察舉與辟召制度而言，仍舊具有指導地位？這個問題將留俟後考。請分見矢野主稅，〈魏晉中正制の性格について一考察──鄉品と起家官品の對應を手掛りとして──〉，頁 122～124；陳啟雲，〈兩晉三省制度之淵源、特色及演變〉，收入氏著，《漢晉六朝文化社會制度》（臺北：新文豐，1997），頁 301。

〔註 20〕《晉書》，卷 45，〈任愷傳〉，頁 1286。
〔註 21〕唐‧杜佑，《通典》，卷 14，〈選舉二‧歷代制中〉，頁 328。

運作的基石與準繩。此外，北魏孝武帝太昌元年（532）城陽王元徽之墓誌銘裡，在追溯魏晉名臣功業時，亦有「陳群之裁定九品，杜預之損益萬計，毛玠之華實必甄，山濤之官人稱允」之語。〔註22〕表示立碑之北魏時人認爲「九品制」之確立，當爲陳群之一大功績，顯示「九品制」應爲九品官人法運作的根基與關鍵所在。

　　但前引《通典》史料僅是唐人的認知，而且又是從西晉溯及漢魏之際來進行推論，因此吾人有必要再從兩晉時人的觀點，做進一步的確認。據西晉傅玄所撰《傅子》關於九品官人法的記載：

　　　魏司空陳群始立九品之制，郡置中正，平次人才之高下，各爲輩目，

　　　州置都而總其議。〔註23〕

據《三國志》記載，陳群是任尚書時制訂九品官人法，這裡傅玄的書法，可能是以陳群最高官位來稱之。由此段記載來看，顯然傅玄對於九品官人法的認識，其重點在於「九品制」與「中正評品制度」。〔註24〕此外，據東晉孫盛《晉陽秋》關於九品官人法的記載：

　　　初，陳群爲吏部尚書，制九格登用，皆由於中正，考之簿世，然後

　　　授用。〔註25〕

這裡的「制九格登用」應相當於《三國志・陳群傳》之「制九品」。〔註26〕而

〔註22〕趙超，《漢魏南北朝墓誌彙編》（天津：天津古籍出版社，1996），〈魏故使持節侍中太保大司馬錄尚書事司州牧城陽王〉，頁299。

〔註23〕宋・李昉等，《太平御覽》，卷265，〈職官部六十三・中正〉引《傅子》，頁1243。又《文選・恩倖傳論》李注、《北堂書鈔・設官部二十五・中正》引《傅子》略同。請分見南朝梁・蕭統編，唐・李善注，《文選》（臺北：文津出版社，1987），卷50，〈恩倖傳論〉注引《傅子》，頁2223；隋・虞世南，《北堂書鈔》，卷73，〈設官部二十五・中正〉引《傅子》，頁321。

〔註24〕縱使有人會質疑《傅子》的史料可信度，但筆者以爲就傅玄的政治性格來看，其於晉武帝泰始、咸寧年間先後擔任散騎常侍、侍中、御史中丞、司隸校尉等職，均以勇於諫諍、彈劾不法著稱，再者就其學識涵養來看，其早年在魏末亦曾被選爲著作，撰集《魏書》，因此以其剛勁亮直之性格與博覽群書、熟悉魏晉兩朝典章的背景來看，其對當時制度的基本描述當屬可靠。關於傅玄的性格與經歷請參考《晉書》本傳。

〔註25〕宋・李昉等，《太平御覽》，卷214，〈職官部十二・吏部尚書〉引《晉陽秋》，頁1020。又《初學記》卷11引《傅子》略同。

〔註26〕中村圭爾亦曾討論過《晉陽秋》與《三國志》這兩段關於九品官人法之記載的關連性。中村氏是據「制九格登用」，強調九品制在官吏登用程序上的作用，而筆者則是將「制九格登用」與「制九品」進行關連，強調九品制在選舉制度之整體運作中的關鍵性與聯繫性。雖然焦點不同，但筆者與中村氏的基本

由此段記載來看，顯然孫盛對於九品官人法的認識，其重點在於「九品制」與「吏部銓選制度」。

　　綜合前引三條史料，關於陳群於漢獻帝延康元年（220）所制訂之九品官人法，目前為止可以確認其基本內容有二。其一，九品官人法乃以「九品制」為制度運作的基石與準繩。〔註27〕其二，九品官人法之運作包含兩個部分，一是關於人物品評的中正評品制度，一是關於官職品選的吏部銓選制度。

　　關於九品制的基本內容，學界一般的看法，認為九品制實包含鄉品九品制與官品九品制兩個部分，這裡僅對鄉品名稱的使用做說明，其他部分因涉及官僚等級制度之沿革，層面較廣較深，故於來日再一併處理。中正評品之後所給之品第，史書並未明載其名稱就是「鄉品」。一般而言，只要與官品無關且與中正職權相關之品第，都可視為「鄉品」，這是學者為了研究的便利而使用的詞彙。不過，鄉品名稱的使用仍有其理由，這是基於中正評品制度以鄉論為本的制度精神，因而使用此一名稱。再者，雖然此一名稱在史書中幾乎不見，但仍有一條史料使用此名稱來指稱中正評品之品第。《世說新語‧尤悔》載：「溫公初受劉司空使勸進，母崔氏固駐之，嶠絕裾而去。迄於崇貴，

　　　　立場仍一致，均主張九品制具有之「人品」等第與「官品」等第之二重性。請參見中村圭爾，〈九品官人法における鄉品について〉，頁600。

〔註27〕關於「九品制」制訂的時間，多數學者如：唐長孺、宮崎市定、毛漢光、矢野主稅、越智重明、中村圭爾、汪徵魯等，均同意九品制成立於延康元年。但是少數學者則主張九品制成立的時間應在建安年間，如：汪士鐸以為，「九品中正始於建安」；陳仲安、王素主張「九品制」成立在前（約為建安十三年以後），「中正制」成立於後。筆者以為第一說較合理，因為縱如西晉李重以為「九品始於喪亂」、《宋書‧恩倖傳》亦有「漢末喪亂，魏武始基，軍中倉卒，權立九品」之語，又有曹操於建安十三年平荊州後委任名士韓嵩條品州人優劣之事，但這些材料僅能說明「九品制」有其所本，可以將之視作九品制與中正評品制度的源起，至於制度的正式成立應當仍在延康元年。請參見唐長孺，〈九品中正制度試釋〉，收入氏著，《魏晉南北朝史論叢》（北京：三聯書店，1955），頁100；宮崎市定，《九品官人法の研究》，頁94～96；毛漢光，《兩晉南北朝士族政治之研究》，頁78～79；矢野主稅，〈魏晉中正制の性格について一考察——鄉品と起家官品の對應を手掛りとして——〉，頁149；越智重明，〈魏時代の九品官人法について〉，頁17；中村圭爾，〈九品官人法における鄉品について〉，頁600；汪徵魯，《魏晉南北朝選官體制研究》，頁297；清‧汪士鐸，《南北朝史補志未刊稿》，頁6548；陳仲安、王素，《漢唐職官制度研究》（北京：中華書局，1993），頁266～268；《晉書》，卷46，〈李重傳〉，頁1309；南朝梁‧沈約，《宋書》（臺北：鼎文書局，1997），卷94，〈恩倖傳〉，頁2301；《後漢書》，卷74下，〈劉表傳〉，頁2424。

鄉品猶不過也。每爵皆發詔。」余嘉錫箋疏引吳承仕語：「鄉評不與，而發特詔進之。然則平人進爵，必先檢鄉評也。當時九品中正之制乃如此。」〔註28〕這裡是說在九品官人法之規範下，一般人若要仕進，定要有「鄉評」，它是一種與任官資格認定有關的資料。至謂「鄉評」，即是劉義慶所謂的「鄉品」，亦即中正評品後所給的品第，此名稱的使用應與中正評品制度沿襲兩漢選舉重視鄉評閭議的精神有關。此外，《晉書‧會稽文孝王道子傳》載許榮上疏語：「今臺府局吏直衛武官及僕隸婢兒取母之姓者，本臧獲之徒，無鄉邑品第，皆得命議，用爲郡守縣令。」〔註29〕這裡的「鄉邑品第」的作用，顯然與官吏任用時的任官資格審查有關，因此宮崎市定便根據此一史料而將鄉邑品第省稱爲「鄉品」，作爲中正評品之品第名稱。〔註30〕而從前引史料來看，劉義慶早已使用過「鄉品」一詞，此爲宮崎氏未察之處。

　　關於曹魏初期的中正評品制度運作狀況，由於史料缺乏，僅能從幾條史料中窺知幾項要點。第一，《魏略‧時苗傳》載：

> （時苗）建安中，入丞相府。出爲壽春令，令行風靡。揚州治在其
> 縣，時蔣濟爲治中……居官歲餘……還爲太官令，領其郡中正，定
> 九品，於敘人才不能寬，然紀人之短，雖在久遠，銜之不置。如所
> 忿蔣濟者，仕進至太尉，濟不以苗前毀己爲嫌，苗亦不以濟貴更屈
> 意。〔註31〕

蔣濟任揚州治中的時間最晚不超過建安二十四年（219），而「九品之制」則始於延康元年（220），故時苗領郡中正的時間可能是文帝黃初初年左右。據此可知，制度創始之初，郡中正例由本籍出身之京官兼領之，且其任務在於「敘人才」，並以九品作爲評定人才優劣的統一格式，這與傅玄之「平次人才之高下」的說法吻合。〔註32〕另從時苗之紀人短而可能導致敘人才不能寬的

〔註28〕南朝宋‧劉義慶撰，南朝梁‧劉孝標注，余嘉錫箋疏，《世說新語箋疏》（上海：上海古籍出版社，1993），下卷下，〈尤悔第三十三〉，頁902。

〔註29〕《晉書》，卷64，〈會稽文孝王道子傳〉，頁1733。

〔註30〕宮崎市定，《九品官人法の研究》，頁566。

〔註31〕《三國志》，卷23，〈常林傳〉注引《魏略‧時苗傳》，頁662。

〔註32〕但仍不知傅玄所言之「輩目」性質爲何？亦不知這時期是否眞置有州都一職，若有，其職務與郡中正定九品的關連性如何？與曹魏後期始出現的州大中正一職有何差異？兩者的關係如何，是一職二稱，還是不同的二職？這些問題將會在第三章第三節第一目與第四章第二節第二目做完整的討論。

情形，便可瞭解到西晉劉毅所謂的中正「不均稱尺，務隨愛憎」，〔註33〕所造成之敘人才偏狹不正的制度弊端，在制度實施之初就已經出現。

第二，《魏略·吉茂傳》載：

> 先時國家始制九品，各使諸郡選置中正，差敘自公卿以下，至於郎吏，功德材行所任。（吉）茂同郡護羌校尉王琰，前數爲郡守，不名爲清白。而琰子嘉仕歷諸縣，亦復爲通人。嘉時還爲散騎郎，馮翊郡移嘉爲中正。嘉敘茂雖在上第，而狀甚下，云：「德優能少。」茂慍曰：「痛乎，我效汝父子冠幘劫人邪！」〔註34〕

吉茂亡於明帝景初中（237～239），顯然王嘉任郡中正的時間當在此前，由此應可略窺曹魏初期制度運作的部分情況。此段史料可分爲前後兩部分，前者爲制度概說，後者則爲相關實例。先就後面部分來看，郡中正評品的對象是設籍本郡的現任官僚，而評品的內容與格式包含「品」與「狀」，其標準各爲「德行」與「才能」，而且本例又突顯出品與狀的評價各自獨立，品與狀不一定要相符。當然郡中正做出品狀不符的評品結果，並無邏輯上的矛盾，因爲個人的德行與才能本來就分屬兩個獨立範疇，但是當吏部尚書銓選官職時，這種品狀不符的情形便會成爲棘手問題，到底要依品還是據狀授職？關於這個問題，雖然受限於史料而無法從吏部尚書銓選官職的視角得知，但我們還是可以從吉茂本人對這種評品結果的反應來做進一步的觀察。吉茂對於王嘉所擬的品狀，十分不滿，這或許與其「心疾不義而貴且富者」的個人風格有關，但若從另一角度來檢視，或許是因爲當時中正評品後的品與狀對於日後仕途有著同等關鍵的影響力，而且也認爲這樣的狀語與其個人實際才能不符，因而發此不滿之語。

由此可見，中正評品不公的情形可能在早期已經產生，只是情形尚不嚴重；而且當時吏部銓選時，「品」與「狀」的價值至少相當，甚至「才能」因素可能還重要些，因此世爲著姓、勤學清廉、吏民不忍欺的吉茂，最後便以議郎致仕。〔註35〕因此，就此實例來看，筆者以爲萬繩楠之「九品官人法創立之日，也就是曹操求才三令廢止之時」的看法，〔註36〕恐怕有修正的必要，

〔註33〕《晉書》，卷45，〈劉毅傳〉，頁1274。

〔註34〕《三國志》，卷23，〈常林傳〉注引《魏略·吉茂傳》，頁661。

〔註35〕關於吉茂的仕宦經歷，請參《三國志》，卷23，〈常林傳〉注引《魏略·吉茂傳》，頁660～661。

〔註36〕萬繩楠，《魏晉南北朝文化史》（安徽：黃山書社，1989），頁40。

畢竟本實例中的吉茂在無明顯違失情形下，卻從千石的鄴相遷爲六百石的議郎，〔註37〕這可能與其「德優能少」之品狀有所關連，顯然曹操的求才三令在魏初應該仍未全然失效。〔註38〕又，寧稼雨之「九品中正制的推行完全體現了曹操唯才是舉的思想」的看法，〔註39〕似乎也有言過其實之嫌，因爲「德行」確實也是中正評品的標準。據《魏略》載：「黃初中，儒雅並進，而（楊）沛本以事能見用，遂以議郎冗散里巷。」〔註40〕與求才三令相較，此例已突顯出魏文帝時期的用人政策確實稍有調整，漸由重才幹與功能轉爲才能與學行並重，但是這與魏末西晉以降以品爲主、德優爲先甚至唯論族姓的銓選理念相比，仍有極大的差異。

　　至於前段史料，屬於制度上的說明。不過，這段文字卻有兩種解釋。其一，將「差敍自公卿以下，至於郎吏，功德材行所任」視作各郡選置中正的對象與標準。〔註41〕其二，將「差敍自公卿以下，至於郎吏，功德材行所任」視作郡中正評品的對象與標準。〔註42〕第一種解釋可以從杜佑的看法中得到支持，《通典・選舉二》論九品之制按語：「魏氏革命，州郡縣俱置大小中正，各取本處人任諸府公卿及臺省郎吏有德充才盛者爲之，區別所管人物，定爲

〔註37〕據《魏略・吉茂傳》所載，筆者考證出吉茂的仕途如下：建安十二年司隸校尉鍾繇舉爲秀才，除臨汾令，建安二十二年（曹叡被封爲武德侯）轉武德侯庶子，同年坐其宗人吉本等起事被收，後由相國鍾繇證茂、本服第已絕，故得不坐。後爲武陵太守，不之官，轉鄴相，以國省，拜議郎。筆者按：建安二十二年曹袞封爲贊侯，其封地當在鄴縣，逮至黃初七年曹袞以贊王身分徙封濮陽，當然舊封地鄴又恢復爲縣。故筆者推斷，吉茂從鄴相遷爲議郎的時間當在黃初七年，是以黃初年間王嘉評品吉茂時，吉茂時任鄴相。

〔註38〕曹操在建安十三年北方局勢大抵穩定之後，於建安十五、十九、二十二先後頒佈三道求才令，其要旨均爲駁斥東漢以來獨重德行的選才標準，而提倡唯才是舉的觀念。但在此之前，建安八年魏庚申令所申言之「治平尚德行，有才賞功能」，業已反映曹操之唯才是舉的思想。請參考《三國志》，卷1，〈武帝紀〉，「漢獻帝建安十五年春」、「建安十九年十二月乙未」、「建安二十二年六月」、「建安八年五月己酉」條，頁32、44、49、24。

〔註39〕請參見寧稼雨，《魏晉風度——中古文人生活行爲的文化意蘊》（北京：東方出版社，1992），頁73。

〔註40〕《三國志》，卷15，〈賈逵傳〉注引《魏略・楊沛傳》，頁486。

〔註41〕見越智重明，〈九品官人法の制定について〉，頁208。

〔註42〕見宮崎市定，《九品官人法の研究》，頁101；崛敏一，〈九品中正制度の成立をめぐって——魏晉の貴族制社會にかんする一考察——〉，頁44～45；閻步克，《品位與職位：秦漢魏晉南北朝官階制度研究》（北京：中華書局，2002），頁337。

九等。」〔註43〕這裡可以看出杜佑此等敘述的根據之一可能便是《魏略‧吉茂傳》。第二種解釋則可從王嘉評吉茂的實例中得到驗證。王嘉為散騎郎，為馮翊郡選為中正，並以德與才兩種標準來評品當時任鄴相的吉茂。但是第二種解釋恐怕有問題，因為縱使其評品標準確實是德與才，就這點來看是符合「功德材行所任」的規定，但王嘉所評的對象吉茂，並非前段史料所言之從公卿到郎吏的中央官僚，故此一解釋仍與後段文字有部分矛盾之處，前後文的文氣仍不合，文意無法連貫，是以筆者支持第一種解釋。〔註44〕如此一來，我們便可瞭解到曹魏文、明二帝時期，乃是由各郡負責選任本籍京官作為本郡中正。〔註45〕這表示此時的地方政府握有中正官的選任權，〔註46〕或至少具有推薦權，這與西晉以後例由本籍京官或地方長官推薦，再由司徒府、吏部審核、皇帝任命的制度迥異。〔註47〕

至於吏部銓選制度的基本內容以及制度淵源，由於涉及層面較廣，筆者考量論述之整體性與完整性，故不擬於此詳述，將於日後做通盤的分析與考述，可先參見佐藤達郎等近人研究。〔註48〕

〔註43〕 唐‧杜佑，《通典》，卷14，〈選舉二‧歷代制中〉，頁327～328。

〔註44〕 但是就宮崎市定等人的立場來看，這裡「公卿以下至於郎吏」的郎為六百石，而吏則是指二百石的令史，全句意義是泛指二百石以上的官僚，轉換成官品，則指一品至八品的所有官僚，而非限於京官，故此段文字仍有討論的空間。請參考宮崎市定，《九品官人法の研究》，頁291、546。

〔註45〕 但是此權究竟由誰掌握，筆者以為可能是郡守國相，但是曹魏仍承漢採本籍地迴避原則來選任地方首長，則郡守對於中正官人選的擬定可能仍須仰仗郡功曹、主簿的協助。

〔註46〕 這可從引文之「馮翊郡移嘉為中正」中之文書傳遞動詞「移」之特性得到驗證。據《魏略‧薛夏傳》載：「（薛夏為祕書丞）嘗以公事移蘭臺，蘭臺自以臺也，而祕書署耳，謂夏為不得移也，推使當有坐者。下報之曰：『蘭臺為外臺，祕書為內閣，臺、閣，一也，何不相移之有？』蘭臺屈無以折。」顯見「移」在三國時代乃是不相隸屬之政府機關間的一種平行文書傳遞形式，而王嘉被選為中正此一人事任命，是由馮翊郡以「移」之文書形式將公文傳遞至散騎省，表示中正選任權可能正由各郡掌握。請見《三國志》，卷13，〈王肅傳〉注引《魏略‧薛夏傳》，頁421～422。

〔註47〕 關於西晉以後的中正官選任，請參考汪徵魯，《魏晉南北朝選官體制研究》，頁311～316。另筆者亦會在第四章第三節第一目做進一步的討論。

〔註48〕 請先參考吳慧蓮，〈六朝時期吏部人事權的消長〉，《國立臺灣大學歷史學系學報》，第17期（1992，臺北），頁107～172；富田健之，〈漢時代における尚書體制の形成とその意義〉，《東洋史研究》，第45卷第2號（1986，京都），頁26～54；富田健之，〈後漢前半期における皇帝支配と尚書體制〉，《東洋學報》，第81卷第4號（2000，東京），頁1～31；佐藤達郎，〈尚書の銓衡の成

三、九品官人法的歷史淵源

（一）九品制的淵源

據西晉孫楚的看法：「九品，漢氏本無，班固著漢書，序先往代賢智，以爲九條，此蓋記鬼錄次第耳，而陳群依之，以品生人。」〔註49〕查證《漢書》，班固立〈古今人表〉的主旨正在「篇章博舉，通于上下」，透過「略差名號，九品之敘」的形式，〔註50〕以「顯善昭惡，勸戒後人」，〔註51〕亦即依據儒家名教之善惡標準，轉化爲智愚、賢不肖的標準，將古人分成上上、上中、上下、中上、中中、中下、下上、下中、下下九等序列。就外在形式而言，陳群立九品制作爲人物評品的等第序列，確與班固〈古今人表〉以九品條列的作法相類。從陳群與班固所處社會條件來看，此一淵源關係或有其共同的歷史脈絡。據論者所言，無論是班固的記鬼錄次，抑或是中正品第人才優劣，這種以九等評論人物的形式，在兩漢似乎是一種民間約定成俗的習慣風尚，或者是士大夫間人物品評形式的遺風。〔註52〕因此，陳群建立九品制，可能是將社會或政治圈中依九品評價人物的慣用方式，轉化爲官方選用人才的資格審核辦法。

（二）中正評品制度的淵源

1.「中正」之名稱性質與「中正」作爲職稱的淵源

關於「中正」之詞義，中正一詞在《周易》、《尚書》、《禮記》、《春秋公羊傳》等儒家典籍中均可發現，如：論執法判刑之準繩，則曰「咸庶中正」，

立──漢代における「選舉」の再檢討──〉，《史林》，第 78 卷第 4 號（1995，京都），頁 69～97；葭森健介，〈「山公啓事」の研究──西晉初期の吏部選用──〉，收入川勝義雄、礪波護編，《中國貴族制社會の研究》（京都：京都大學人文科學研究所，1987），頁 117～150；野田俊昭，〈晉南朝における吏部曹の擬官をめぐって〉，《九州大學東洋史論集》，第 6 期（1978，東京），頁 32～50；中村圭爾，〈初期九品官制における人事について〉，收入川勝義雄、礪波護編，《中國貴族制社會の研究》，頁 73～115。

〔註49〕宋・李昉等，《太平御覽》，卷 265，〈職官部六十三・中正〉引《孫楚集》，頁 1243。
〔註50〕漢・班固，《漢書》（臺北：鼎文書局，1997），卷 100 下，〈敘傳下〉，頁 4241。
〔註51〕《漢書》，卷 20，〈古今人表〉，頁 861。
〔註52〕關於這類看法，可參見唐長孺，〈九品中正制度試釋〉，頁 109；宮川尚志，《六朝史研究・政治社會篇》，頁 266；汪徵魯，《魏晉南北朝選官體制研究》，頁 295。

言禮之性質,則曰「中正無邪」,談儒行之特質,則曰「行必中正」,論稅畝之制,則稱「十一之制」乃「天下之中正」,論天下至聖之德,則稱「齊莊中正」足以致其敬。這些用法最主要的共通意涵,則是指向不偏不倚、公正至中之順理合道的狀態,此乃儒家價值體系的精神要素之一。

即使「中正」作為職稱,仍舊保留這種基本意涵。「中正」作為職稱,最早出現於秦末。《史記‧陳涉世家》載:「陳王以朱房為中正,胡武為司過,主司群臣。諸將徇地,至,令之不是者,繫而罪之,以苛察為忠。其所不善者,弗下吏,輒自治之。」吾人對於當時中正之明確職掌不甚清楚,但就職權性質來看,可能與司法或監察有關。不過若將「中正」類比於「史」之原意,《說文》釋史曰「從右持中,中正也」,品評或考核人物需持平中正,故此處之「中正」亦可能是掌記功及選舉。有學者以為古代國家主司群臣的機關僅有選舉機關與監察機關,因此直接將中正視為選舉機關的官職,而司過則為監察機關的官職,使用「中正」為職稱,可能正取其「允執闕中」之意,以期執法者得以中正執法。縱使這裡的中正無法確定是否為主司人才品鑒之官職,但就以「中正」作為職稱一事而言,確實是一創舉,可視作魏氏以「中正」作為人才評品之官職名稱的淵源。〔註53〕

再者,「中正」之基本意涵原本就與儒家價值之基本精神有關,而「中正」之所以能被視作掌人物品鑒之官職名稱,實又與兩漢時期儒家價值觀之泛政治化有關,進一步言之,即儒家價值體系乃是兩漢統治階層政治道德的指導方針。這種現象最明顯的例子,便是兩漢察舉科目的命名,如:賢良、方正、直言、有道、敦厚、至孝、孝廉等,也就是說,「中正」一詞運用於官場上時,反映了以「德行」為中心的價值取向,而魏氏所置之中正,便具有此一基本特質。而這種德行取向上的中正精神,正是漢末標榜清高、公正的清流名士所強調者,清流集團所不容的正是閹宦集團的佞邪不正,而名士張儉正是以中正而為閹宦侯覽所忿疾。〔註54〕從這裡又可看出中正一詞作為一種價值取向而言,魏氏中正評品與漢末的名士清議,可能存有一種精神上的繼承關係,而其中的聯繫關鍵,可能正是先前所述及的儒家價值體系裡的中正精神。

〔註53〕陳仲安、王素,《漢唐職官制度研究》,頁268。
〔註54〕司馬彪《續漢書‧孔融傳》曾載:「(張)儉以中正,為中常侍侯覽所忿疾。」請參見《三國志》,卷12,〈崔琰傳〉注引《續漢書‧孔融傳》,頁371。

2. 中正評品制度與兩漢鄉里社會之鄉論的淵源關係

中正評品制度既然是選舉制度的一環，當然有其在選舉制度發展脈絡上的歷史淵源。漢武以後，政府官僚逐漸擺脫漢初功臣武人色彩，國家舉才用人的方針逐漸確定，「經明行修」成了官吏舉薦人才的基本標準與欲仕者的基本條件，其指導原理便是以家族倫理爲本的儒家秩序觀。這種修齊治平的秩序觀，貫通家族秩序、社會秩序與政治秩序，以同一精神規範各種範疇之倫理關係，這便是鄉舉里選制度運作的基本原理。鄉里社會立根於農村生活與宗族組織，重視以孝悌爲本的家族倫理與宗法精神，而士人之道德實踐便始於宗族鄉黨。宗族成員或鄉里人士對其族人或鄉人，可以從其日常生活當中考其德行，察其道藝，正是所謂的「觀行於鄉閭，察議於親鄰」，由觀察而發爲輿論即形成所謂的鄉論或閭閻之議，也就是一種「鄉老紀行之譽」，而史書中常見的「時人語」或「風謠民諺」，均是鄉論常見的表現形式，其內容多數都與宗族、鄉黨人物的行誼事蹟有關。正由於士人進德修業均離不開鄉里，因此鄉論主體對於這些人物言行的看法或評價，自然成爲中央或地方官吏舉薦人才最可靠、有效的資訊來源。自此以降，漢代選舉制度無論是徵召、辟召、察舉，制度運作的基本精神均是鄉舉里選，均以鄉論作爲制度運作的基石。

這種舉薦人才以鄉論爲本的觀念，即使進入東漢末年依舊牢固。當時各地軍閥割據，人士流徙，各政權用人，僅能採取「本地人推薦本地人」制度，但用人本之鄉論的觀念仍舊不衰，特別是對於那些出身儒學大族的士人來說，「本地人推薦本地人」的軍中之制，僅能提供一時用人之便，用人徇私之弊仍難以根絕，因此一旦局勢稍趨穩定，便需要有一套用人制度，何夔的看法最具代表性。何夔於建安十三年（208）曹操任丞相後，繼崔琰、毛玠之後任丞相府東曹掾，曾向曹操建議：

> 自軍興以來，制度草創，用人未詳其本，是以各引其類，時忘道德。夔聞以賢制爵，則民愼德；以庸制祿，則民興功。以爲自今所用，必先核之鄉閭，使長幼順敍，無相逾越。顯忠直之賞，明公實之報，則賢不肖之分，居然別矣。又可修保舉故不以實之令，使有司別受其負。在朝之臣，時受教與曹並選者，各任其責。上以觀朝臣之節，下以塞爭競之源，以督群下，以率萬民，如是則天下幸甚。〔註55〕

〔註55〕《三國志》，卷12，〈何夔傳〉，頁381。

眾所皆知，建安十三年（208）赤壁之戰以後，北方除了關中以西的張魯、馬超等勢力尚未平定外，曹操已掌控華北大半地區，三國鼎立的局面儼然成形，此時開始面臨一個迥異於建安初期純軍政時期的局面，需要針對未來局勢發展做準備。就用人制度來說，由僚屬各引其類的的作法，缺乏共通標準，又無審核制度，用人未詳其本，恐易助長尚虛譽賤樸實之風，以及私人勢力的發展。因此，當曹操以丞相之姿專擅漢室政權，並設置了專屬的選舉機構東曹之後，專掌官吏選任的東曹掾何夔乃建議曹操採用「核之鄉閭」的作法，亦即以各地鄉論來查核所欲舉用之人才，以達進賢黜否之功，以期發揮褒善貶惡、激濁揚清之精神。雖然史未明載此法有無實施，僅知曹操同意此一想法，但此一根據鄉論來審查被薦舉人之資格條件的想法，明顯地乃承襲兩漢鄉舉里選制之以鄉論為本的傳統精神。

上述何夔關於用人制度的構想，與後來的中正評品制度已相當接近，所謂「在朝之臣，時受教與曹並選者，各任其責」，正是指由朝臣負責這種「核之鄉閭」的工作，顯見後來中正評品制度中京官兼任本籍中正的作法，可能正是源自此一構想。另外，曹操先前於建安十三年（208）入主荊州時，也曾延攬襄陽名士韓嵩，使其「條品州人優劣」，並「擢而用之」。〔註56〕這又是中正品第士人的先聲，同時也可反映出為了顧及用人進才之便與基於鄉論用人的精神，啟用掌握鄉論的當地名士，並且要求採取條品覈實之法，正可符合當時情勢的需要。但無論是任用韓嵩「條品州人」，或是何夔「用人核之鄉閭」的先例，或是兩者制度化之後的中正評品制度，這些用人政策或制度的基本理念均是希望能夠基於各地鄉論，以拔擢鄉里社會中的優秀人才，而其精神乃承襲兩漢鄉舉里選而來，吾人更可從西晉衛瓘的看法中得到進一步的確認。晉武帝時衛瓘曾上疏論魏九品之制，其要旨雖在廢除「中正九品之制」，但他也認為九品之制，「其始造也，鄉邑清議，不拘爵位，褒貶所加，足為勸勵，猶有鄉論餘風」。〔註57〕由此可知，儘管在制度的實際運作上，中正評品制度是由具京官身分之中正進行官吏候選人的資格評品，而兩漢鄉舉里選則是由中央公卿或州郡長官舉薦人才，兩者相較，前者確實具有強化中央人事權的功能。但若僅就制度運作精神來說，兩者在精神上可謂一脈相承，鄉舉里選制度對鄉論的重視與依賴，確實可視為中正評品制度精神的淵源之一。

〔註56〕 《後漢書》，卷74下，〈劉表傳〉，頁2424。
〔註57〕 《晉書》，卷36，〈衛瓘傳〉，頁1058。

3. 中正評品制度與漢末名士清議的淵源關係

前面已討論過中正評品與鄉論的淵源關係，那麼就可順此「人物評價」的共通脈絡，探討中正評品與名士清議之淵源關係。

清議的前身，原本是鄉里社會裡未入仕的士大夫或所謂的處士間的議論，或可稱之以士大夫豪族階層為主體的鄉論，﹝註58﹞其內容可為時事評論、或為人物品評。此一層次的鄉論之形成，就內容來說，乃是承襲自西漢以來鄉里民眾的政治批判，以及風謠式鄉論中對人物的評價等傳統習慣；就鄉論主體的轉變而言，則是從東漢鄉里社會的階層分化、﹝註59﹞豪族文質化、官僚化的過程中發展而來。

東漢中期以前，政權還相當穩定，士大夫多數謹守「不在其位，不謀其政，天下有道，庶人不議」的先王之教，以進德修業為本務，因經明行修而入仕。﹝註60﹞東漢前期（光武、明、章帝時代）在「霸王道雜之」的政策方針下，選舉制度的特色是置培訓功能於選舉之中，在「授試以職」、「必累功勞」這類選舉原則的制約之下，這些豪族出身的士大夫，除了少數德行尤異、博學通儒得以直接由中央詔舉徵拜外，其進昇之途多半都要先受過公府、州郡吏職的歷練，再進一步進入中央政府任官。在這種用人政策下，知識份子參政不能光是有名望、聲譽、德行、學識，仍須具備一般行政才能。即使東漢政府宏獎儒學，標榜經明行修，遊學之風漸盛，但東漢前期士風，尚無競以名行相高之弊，因而此時鄉論清議中的人物評價仍以本籍郡縣之鄉黨宗族為主要對象，其內容仍為德行與才學。但是不容否認的是，在選舉制度考核功能健全化的同時，士大夫豪族為控制選舉，州郡長官為利於統治，使得選舉制度開始變質，漸漸有重名輕實的跡象，而門生故吏的問題亦漸趨嚴重。

東漢和帝以後，政權先後由外戚與宦官勢力所把持，這種制度嚴重受到破壞，選舉用人不公的情形日趨嚴重，遊學京師之太學生已無法再拘泥於東漢以降繁瑣比傳的章句之學當中，而坐視世風污濁、政治腐化之情形於不顧，

﹝註58﹞東晉次以為，這種清議前身的鄉論，是指在東漢後期的地方社會，根據士大夫豪族階層為主體形成的政治、社會的約束力來評論人物的核心議論。請見氏著，〈後漢の選舉と社會〉，《東洋史研究》，第46卷第2號（1987，京都），頁52。
﹝註59﹞史籍上大姓、著姓、冠族、郡望、縣大姓、單家等的普遍出現便是這種階層分化的表現。
﹝註60﹞劉顯叔，〈東漢魏晉的清流士大夫與儒學大族〉，收入簡牘學會編輯部編，《勞貞一先生七秩榮慶論文集》（臺北：簡牘學會，1977），頁215～216。

開始走出學術的象牙塔，將興趣轉移至實際的政治社會問題。這些以太學生為核心的在野士大夫與反對宦黨的清流派官僚形成另一股政治勢力，即所謂之清流士大夫集團，史書多以「士類」或「群士」稱之。這些清流士大夫的共通特色，便是具有澄清天下之志，亦即以天下風教是非爲己任的胸懷，這種清世之志背後象徵一種「公」重於「私」的思維傾向，而這種思維傾向正是清流名士足以跨出鄉里社會的關鍵，亦是清流名士結群部黨的連結核心，即論者所謂之「士大夫群體自覺」的核心特徵。〔註61〕

清流士大夫之澄清天下之志的實踐關鍵便是明辨是非、區分清濁，清濁之分即正邪之別，藉此來結合具相同理念的同志。因此，他們崇尚臧否毀譽，並且「稱量天下之人，繩墨四海之士」，藉人物評價之手段達政治批判之目的。《後漢書・黨錮列傳》云：

> 逮桓靈之間，主荒政繆，國命委於閹寺，士子羞與爲伍，故匹夫抗憤，處士橫議，遂乃激揚名聲，互相題拂，品覈公卿，裁量執政，婞直之風，於斯行矣。……諸生三萬餘人，郭林宗、賈偉節爲其冠，並與李膺、陳蕃、王暢更相褒重。學中語曰：「天下楷模李元禮，不畏強禦陳仲舉，天下俊秀王叔茂。」又渤海公族進階、扶風魏齊卿，並危言深論，不隱豪強。自公卿以下，莫不爲其貶議，屣履到門。〔註62〕

這時清議的作用正是「揚清以激濁，旌善以見惡」，著重對正面人物的肯定與稱譽，外表是標榜天下善士，實際上也是對濁流邪惡的攻擊。

在此種清議之風下的人物評議，除了藉以凝聚各地清流士大夫來打擊濁流外，還有對選舉制度進行改革的作用。舊有的選舉制度本以鄉舉里選爲根基，其運作基礎便是鄉論。但隨著鄉里社會裡豪族勢力的擴張，貧富分化加速進行，社會流動增大，以及外來權勢的滲透等，在此種種因素的作用下，察舉原有的公正性與自主性逐漸萎縮，造成選舉不實，漢末諺語「舉秀才不知書，察孝廉父別居，寒素清白濁如泥，高第良將怯如雞」〔註63〕所反映者，

〔註61〕關於士大夫群體自覺的形成及其思想史上的意義，請參見余英時，〈漢晉之際士之新自覺與新思潮〉，收入氏著，《中國知識份子階層史論》（臺北：聯經出版事業公司，1980），頁206～230。
〔註62〕《後漢書》，卷67，〈黨錮列傳〉，頁2185～2186。
〔註63〕晉・葛洪撰，楊明照校箋，《抱朴子外篇校箋》（北京：中華書局，1991），卷15，〈審舉〉，頁393。

正是這種「名實不相副，求貢不相稱」的選舉失實情形。〔註64〕但是鄉里社會結構已轉變，操薦舉權之州郡長官在權勢請託的壓力下，鄉論已起不了作用，慕名而辟又有名無實，在這種情勢下，若要重建鄉論權威，使人物評價公平，似乎並不可行。因此，清流士大夫乃轉而尋求符合自身利益又能反映自身價值觀念的「新鄉論」，亦即建立新的人物評價模式。這種方式便是名士品藻，由那些「善人倫」的名士進行「人倫鑒識」。而這種品題人物又採取民間流行之風謠的形式，這種謠言簡短押韻，便於朗誦，〔註65〕利於廣泛流傳，在社會激起共鳴，形成輿論，因而促使這種具全國聲譽的名士人物品評漸取得權威性與社會的普遍信服。如《後漢書・郭太傳》注引《謝承書》云：「泰之所名，人品乃定，先言後驗，眾皆服之。」〔註66〕是以政府任用官吏往往也要徵詢名士的意見，〔註67〕而士人的升遷也經常取決於名士品藻。〔註68〕

這種名士主持清議以品評人物的風氣，甚至在文風較盛的地區出現定期品評的情形。《後漢書・許劭傳》：「初，少與（許）靖具有高名，好共覈論鄉黨人物，每月則更其品題，故汝南俗有『月旦評』焉。」〔註69〕這種風氣從三輔、汝南、潁川等文化水平較高的地區，開始向其他邊緣地域擴散，使得

〔註64〕 漢・王符撰，汪繼培箋，《潛夫論箋》（臺北：漢京文化事業，1984），卷2，〈考績篇〉，頁68。

〔註65〕 最著名的便是所謂的「三君」、「八俊」、「八顧」、「八及」、「八廚」等。

〔註66〕 《後漢書》，卷68，〈郭太傳〉注引《謝承書》，頁2227。

〔註67〕 如：東漢靈帝建寧初，漢中晉文經、梁國黃子艾等，「三公所辟召者，輒以詢訪之，隨所臧否，以為與奪。」甚至有許多郡守直接辟召名士為功曹領署選事，如：宗資為南陽太守，以名士范滂為功曹；成瑨為南陽太守時，名士岑晊為功曹；扶風太守聘名士法真，「欲以功曹相屈，光贊本朝」；汝南太守王堂以名士陳蕃為功曹等。足見當時士林輿論影響之大，對於公府、州郡長官辟召均有制約力。請分見《後漢書》，卷68，〈符融傳〉，頁2232～2233；卷67，〈黨錮列傳〉，頁2186；卷83，〈逸民列傳〉，頁2774；卷31，〈王堂傳〉，頁1105～1106。

〔註68〕 這類名士「獎拔士人，皆如所鑒」，最有名的例子便是郭泰與許劭，故有言：「天下言拔士者，咸稱許、郭」。他們所拔擢的士人，並無身分階級的偏見，確實有助於矯正當時士大夫豪族（無論是清流還是濁流）壟斷仕途之不合理現象。請參見《後漢書》，卷68，〈許劭傳〉，頁2234。

〔註69〕 胡三省甚至更進一步指出：「後置州郡中正本於此。」這正可說明中正評品制度與名士清議的淵源關係。請參見宋・司馬光，《資治通鑑》，卷58，〈漢靈帝紀・中平元年〉，第七條胡三省注語，頁1869。

鄉論在選舉制度中的地位，逐漸由這種各地名士主持的清議所取代。〔註70〕
誠如湯用彤所言：「溯自漢代取士大別爲地方察舉，公府徵辟。人物品鑒遂極
重要。有名者入青雲，無聞者委溝壑。朝廷以名治（顧亭林語），士風亦竟以
名相高。聲名出於鄉里之臧否，故民間清議乃隱操士人進退之權。于是月旦
人物，流爲俗尚，講目成名（《人物志》語），具有定格，乃成社會中不成文
之法度。」〔註71〕是以漢末以後，這種透過民間清議、品覈士人的取士之法，
可視爲中正評品制度的雛形，而再進一步官法化與制度化之後，就是魏初成
立的中正評品制度。〔註72〕由鄉論、清議到中正評品之關係的發展脈絡，我
們便可理解衛瓘論九品之制初立之時，所謂「鄉邑清議，不拘爵位，褒貶所
加，足爲勸勵，猶有鄉論餘風」，〔註73〕此段史料當中所隱含的取士之法發展
源流。

　　上述乃是從清議與選舉制度之關係的發展脈絡，觀察中正評品制度與名士
清議的淵源關係。這裡再進一步就品評的格式與內容來說明兩者的淵源關係。

〔註70〕　這種由各地名士主持清議品評鄉黨士人的習慣，到了建安年間似已擴散至荊
　　　　襄、江淮等其他地區。茲舉二例。第一，建安十三年荊州劉琮舉州降曹後，
　　　　曹操便使名士韓嵩「條品州人優劣」；第二，同年稍後，曹操舉兵渡江前夕，
　　　　魯肅勸孫權抗曹，其觀點以爲若孫權降曹，曹操尚可任用他，使其「還付鄉
　　　　黨，品其名位」，並可交遊士林，累官州郡，根本不影響其仕途，以此諷刺降
　　　　曹派的主張乃是欲保全身家，而不顧國家興亡。從此二例可知這種透過各地
　　　　名士主持清議品評鄉人的用人取士之法，並不局限於華北文化核心區，而且
　　　　這種作法亦爲各地人士所熟悉，足見中正評品制度是在這樣的基礎上建立起
　　　　來的。請參考《後漢書》，卷74下，〈劉表傳〉，頁2424；《三國志》，卷54，
　　　　〈魯肅傳〉，頁1270。
〔註71〕　請參見湯用彤，〈讀人物志〉，收入氏著，《魏晉玄學論稿》（北京：北京人民
　　　　出版社，1957），頁12～13。
〔註72〕　特別是許劭主持的月旦評，對於中正評品制度的影響恐怕更深、更久。《通典‧
　　　　職官十四》「中正」條注引《晉令》：「大小中正爲內官者，聽月三會議上東門
　　　　外，設幔陳席。」唐長孺以爲這裡的「月三」恐怕是「月旦」之訛誤，因爲
　　　　每月開三次會議似過於頻繁，不合情理；而越智重明則以爲此類會議具有情
　　　　報交換功能。由此可進一步看到，這種月旦會議恐怕是取汝南月旦評之立意
　　　　而特命名之，而且直到西晉此慣例仍存在，足見中正評品制度的部分形式可
　　　　能是取法月旦評而來。不過這裡又特別註明參加會議的對象是大小中正且爲
　　　　京官者，似乎暗指仍有非京官而任中正的情形，即京官並非是出任中正的必
　　　　要條件或資格。或許這便是西晉李重未有初仕的紀錄，弱冠時卻可被命爲本
　　　　國中正的原因之一。請參考唐長孺，〈九品中正制度試釋〉，頁90；越智重明，
　　　　《魏晉南朝の貴族制》，頁94；《晉書》，卷46，〈李重傳〉，頁1309。
〔註73〕　《晉書》，卷36，〈衛瓘傳〉，頁1058。

　　先就品評的格式來看，漢末名士品題與魏晉中正品狀相較，兩者十分雷同，均是以簡短語句、抽象概念來概括整體人格特質的評語。名士品題如：符融評郭泰：「海之明珠，未耀其光，鳥之鳳皇，羽儀未翔」，〔註74〕郭泰評袁閎、黃憲：「奉高之器，譬諸汎濫，雖清而易挹；叔度汪汪若千頃陂，澄之不清，淆之不濁，不可量也」，〔註75〕許劭論陳寔、陳蕃：「太丘道廣，廣則難周；仲舉性峻，峻則少通」，〔註76〕許劭論荀靖、荀爽兄弟：「二人皆玉也，慈明外朗，叔慈內潤」，〔註77〕許劭目曹操：「清平之姦賊，亂世之英雄」。〔註78〕中正品狀如：魏文帝黃初年間（220～226）馮翊郡中正王嘉評品馮翊吉茂狀語：「德優能少」、〔註79〕西晉武帝泰始年間（265～274）并州大中正王濟評品太原孫楚之狀語：「天下英博，亮拔不群」、〔註80〕西晉愍帝建興年間（313～316）范陽祖納被品爲「能清言明理，文義可觀」。〔註81〕是以中正品狀乃是取法名士品題之格式而來。再就品評的內容而言，從前面的幾個例子也可看出，名士品藻與中正品狀，前者言才性，後者述才德，兩者亦十分接近。因此，無論是品評之狀語的格式或是內容，均可窺知中正評品制度與名士清議人物品鑒之淵源關係。

第二節　曹操集團及其人事政策之發展

　　東漢中後期之後，政治與社會問題層出不窮。政治方面，和帝以後，多是少主即位，開啓了外戚與宦官兩大政治勢力的循環鬥爭，桓帝延熹二年（159）梁冀被誅之後，宦官勢力達到頂端，外戚不得不聯合士人，共同打擊宦官，後來乃引發黨錮事件；社會上，土地兼併與社會階層分化問題日趨嚴重，各地豪族滲透地方政府的深度日益強化。由於政爭不息、政風腐化，儒

〔註74〕《後漢書》，卷68，〈符融傳〉注引《謝承書》，頁2232。

〔註75〕《後漢書》，卷53，〈黃憲傳〉，頁1744。

〔註76〕《後漢書》，卷68，〈許劭傳〉，頁2234。

〔註77〕《三國志》，卷10，〈荀彧傳〉注引皇甫謐《逸士傳》，頁307。

〔註78〕《後漢書》，卷68，〈許劭傳〉，頁2234。又《三國志》卷1〈武帝紀〉注引孫盛《異同雜語》則記爲：「治世之能臣，亂世之姦雄」。

〔註79〕《三國志》，卷23，〈常林傳〉注引《魏略・吉茂傳》，頁661。

〔註80〕《晉書》，卷56，〈孫楚傳〉，頁1543。

〔註81〕宋・李昉等，《太平御覽》，卷243，〈職官部四一・光祿大夫〉引何法盛《晉中興書》，卷7，〈范陽祖錄〉，頁1152。

門、豪族對於東漢政權的不信任感日益深化，而黃巾亂事更加速東漢帝國根基的動搖，於是在地方政府與鄉里儒門、豪族的積極合作下，終於導致東漢末年的群雄割據。

在國家分裂的時局裡，各地方政權間的政治軍事角力，均需極大的人力與物力資源。以人力資源來說，對各政權而言，如何增加勞動生產力與吸納統治管理所需人才，成了生存發展之要務。勞動生產力方面，自黃巾、董卓之亂以來，政局動盪，天災、飢荒、流寇、戰亂等因素相互交錯，土地生產力急遽衰弱，糧食嚴重不足，致使北方農村社會受到空前的破壞，舊體制下的經濟生產幾乎停擺，社會失序與經濟蕭條，導致「國中終日行不見所識」，〔註82〕「側足無行徑，荒疇不復田，遊子久不歸，不識陌與阡，中野何蕭條，千里無人煙」的慘狀。〔註83〕人口凋零與流移的問題日趨嚴重，於是清查游籍、恢復匿籍、掠取敵籍便成了各地方政權共同的人口政策。〔註84〕

至於統治管理人才之選拔與任用，制度與政策是一體兩面，作為新選舉制度的九品官人法，當有其政策面的考量，政策之擬定又與當時之政局有密切關連。因此，本節第一目乃以曹操集團發展與漢末政局之關係為軸，探討曹操集團結構的演變。第二目則將焦點集中於曹操集團人事政策的發展，分別從集團發展、集團結構、政局演變等面向，探討人事政策之形成與發展，「唯才所宜」選舉標準的確立，以及以名實問題為核心的選舉問題。

一、曹操集團之發展與漢末政局之關係

曹操集團的擴大發展，主要分成幾個階段，以漢靈帝中平六年（189）陳留己吾起事為始，其間的關鍵分界包括：建安元年（196）挾天子都許、建安五年（200）官渡之戰、建安十三年（208）平荊州，而以建安二十五年（220）曹操逝世為終，共分作四個階段。筆者以《三國志》、《後漢書》為主，依此

〔註82〕此乃曹操於建安七年（202）軍行故鄉譙縣時，對於戰亂所致之人民顛沛流離情境之感嘆。請參見《三國志》，卷1，〈武帝紀〉，「漢獻帝建安七年正月」條，頁22。

〔註83〕南朝梁・蕭統編，唐・李善注，《文選》，卷20，〈詩甲・祖餞・曹子建送應氏詩二首〉，頁974。另外曹操〈蒿里行〉、王粲〈從軍詩〉亦是當時北方社會破產的真實寫照。

〔註84〕關於東漢末年的人口流移問題及各政權的對策，請參考陳嘯江，〈三國時代的人口移動〉，《食貨半月刊》，第1卷第3期（1935，上海），頁90～96。

四階段，據成員之本籍、社會身分、初從模式〔註85〕與職務等，對曹操集團之發展與政局之關係，進行統計分析。

（一）陳留己吾起事至挾天子都許之前（189～195）

曹操乃閹宦之後，可能有地方豪族背景，〔註86〕但絕非儒門大族，與名士層並無淵源，且起事前的官場經歷短淺，當然人際網絡遠不如出身汝南大士族、四世三公的袁紹，既有門生故吏又有豪族與名士層的支持。曹操起事之初僅是一地方軍閥，所能掌握之政治資源極為有限，直到初平三年（192）領兗州牧之後，方據有地方民政軍政大權。關於本期之集團發展與特性，以下再試以幾項人事數據說明之。

其一，就成員社會背景而言（請參考表2－3），以庶民（含單門寒士）為主（13人，60.0%），地方豪族居次（10人，38.5%），地方或海內名士最少（3人，11.5%）。其二，就成員本籍來看（請參考表2－2），兗、豫二州共20人（76.9%）。其三，就成員初從模式來看（請參考表2－4），私從模式最多（18人，69.2%），辟召與徵拜模式（各4人，15.4%）次之。其四，就成員初從職務來看（請參考表2－5），下階軍職最多（15人，57.7%），曹操屬吏次之（4人，15.4%）。

綜合四項數據來看，第一時期曹操集團乃典型地方軍閥，其集團凝聚力乃傳統之宗族血緣與鄉里任俠之凝聚力，而非政治凝聚力，且成員局限於兗豫地區。〔註87〕

〔註85〕 筆者所謂的初從模式指的是加入曹操集團的途徑類型，包括辟署、察舉、徵拜三大途徑。辟署主要指正常情況下的「辟」與軍旅戰亂中的「從」；察舉即指漢代察舉計吏、茂才、孝廉等型態；徵拜主指直接由漢廷敕授為中央官或曹操勢力範圍內的地方官，或者是「詣歸」、「降歸」曹操後，透過曹操引見，「表拜」或「詣邊」為漢敕授官，又曹操常有自行除授地方長吏的情形，此即是「召」，此乃曹操基於實權而代表中央任命地方官吏，故仍屬於徵拜途徑。

〔註86〕 曹操父親曹嵩，為宦官曹騰養子。曹騰歷仕安、順、質、桓四帝，與當時主流勢力的宦官並不同，曾推薦過海內名人，與清流士大夫集團並無衝突，而曹操後來得與名士層合作，與此當有關連。曹嵩後亦買官，位至太尉，而宗族曹仁的父祖輩也曾任東漢官僚，故推斷曹操之社會背景絕非庶民或名士，而是地方豪族的可能性較大。

〔註87〕 直到獻帝興平二年（195）曹操方正式成為兗州牧，至此才取得正統之政治資源，亦是後來足以有效控制兗豫地區的基礎之一。

（二）挾天子都許至官渡之戰之前（196～199）

第二期政局發展的關鍵有三：其一，曹操已擁有根據地兗州，而豫州也漸入掌控之中，此乃向外擴張勢力之基礎。其二，關中大亂，根本無力東向，使曹操有餘力東進徐州而無西顧之憂。其三，在荀彧、董昭、程昱、毛玠等人之建議下，迎漢獻帝都許。〔註88〕特別是第三點，就地緣因素而言，曹操舊有勢力範圍就是兗、豫二州，因此得以有效控制漢廷的政治活動。更關鍵者，汝潁地區向來是名士層的大本營，即所謂的「汝、潁固多奇士」，〔註89〕當地名士自黃巾亂事、董卓與關東盟軍對抗期間，除了一些海內名士為董卓、袁紹等辟命外，地方名士多半離開鄉里，往荊揚北部或徐州等地避難，但在濃厚的鄉里意識作用下，當豫州情勢稍微穩定，便願意返鄉生活。此外，名義上的中央政權同時也在潁川許縣，是以對名士層而言，返鄉既可從事學術文化事業，若欲入朝為官，更有地緣之利，此可能正是「許都新建，賢士大夫四方來集」〔註90〕的背景因素之一。此外，曹操挾天子之影響力，在吸納人才方面，便是「匡扶漢室」之義幟。對士大夫而言，正如桓階所言：「曹公雖弱，仗義而起，救朝廷之危，奉王命而討有罪，孰敢不服？」〔註91〕從這兩個角度來看，或可理解曹操集團挾天子都許在吸納人才方面的考量。

因此，這便能解釋為何曹操集團能在短短的四年之內，再吸納三十八名成員。部分成員雖非以曹操屬吏初從，但無論是在漢廷任中央官或司兗豫青徐等州任地方官，曹操都能夠在需要時直接進行轉遷辟用，因為此時曹操已能有效掌控漢室朝政。〔註92〕吾人從此時期成員之本籍資料中便可發現，豫州14人（38.9%），而起事本營的兗州及鄰近的司隸校尉，亦各有6人（16.7

〔註88〕《三國志》，卷1，〈武帝紀〉，「漢獻帝建安元年正月」條，頁13；卷14，〈董昭傳〉，頁437～438；卷12，〈毛玠傳〉，頁374～375。

〔註89〕《三國志》，卷14，〈郭嘉傳〉，頁431。

〔註90〕《後漢書》，卷80下，〈文苑列傳下・禰衡傳〉，頁2653。

〔註91〕《三國志》，卷22，〈桓階傳〉，頁631。

〔註92〕曹操自建安元年（196）起，既以鎮東將軍領司隸校尉、錄尚書事，又任司空，「百官總己以聽」，故得以專擅漢廷政務。更甚者，曹操雖自請固讓大將軍一職與袁紹，但整個建安年間，曹操始終行使大將軍職權，並由其舊部軍隊為中軍，成為新中央禁軍，以此掌握中央軍政與兵權。這種「外稱陪衛，內以拘執」的形勢，使得漢獻帝形同既廢，從此奠定魏紹漢德的基礎。請參考《後漢書》，卷9，〈獻帝紀〉，「建安元年八月辛亥」條，頁380；張焯，〈漢代北軍與曹魏中軍〉，《中國史研究》，1994年第3期（北京），頁21。

%）與 6 人（16.7%），三州合計便佔七成。此結果可透過上述政局發展的關鍵點中，得到合理的說明。

次就成員社會身分來看，名士或儒門著姓者最多（23 人，60.5%），地方豪族居次（9 人，23.7%），單家寒士與庶民最少（6 人，15.8%）。與第一期相較，顯然曹操集團社會結構之主幹，已從第一期的庶民、豪族，過渡到第二期儒門、名士。〔註 93〕為何有此一轉變呢？影響名士層動向的因素很多，如：有些學者以為這是迫於曹操的政治壓力，〔註 94〕也有人認為是為了利用曹操匡復漢室，筆者則以為，除了曹操挾天子都許外，另外像是第一期荀彧棄袁投曹一事，亦具有指標性意義。

東漢桓靈之際，影響中央與地方政治生態的清流士大夫集團（包含本文的儒門著姓與名士），主要有兩個系統，一是以荀陳鍾韓四氏為首的潁川系統，另一則是較晚期之以北海大儒鄭玄及北海相孔融為中心的北海系統。曹操在第一期仍僅是眾多地方軍閥之一，集團組成以庶民與中下豪族為主幹，直到荀彧的加入，才開啟了士大夫階層投效的第一扇門。董卓之亂時，荀彧原率宗族至冀州，但發現袁紹外寬內忌、遇事不決等性格，終不能成大事（即匡復漢室），乃去紹從操。在兗豫局勢稍定，並迎天子都許後，荀彧便開始替曹操引薦諸多人才。《彧別傳》云：

> 前後所舉者，命世大才，邦邑則荀攸、鍾繇、陳群，海內則司馬宣王，及引致當世知名郗慮、華歆、王朗、荀悅、杜襲、辛毗、趙儼之儔，終為卿相，以十數人。取士不以一揆，戲志才、郭嘉等有負俗之譏，杜畿簡傲少文，皆以智策舉之，終各顯名。〔註 95〕

首先，東漢以來汝潁本多奇士（特別是潁川），加上荀氏一族從桓靈時代以來，長期為清流士大夫階層所稱頌，荀彧的動向自然對儒門著姓與名士層有所影響。第二，就潁川士人的角度來看，根據學者研究，潁川地區受法家傳統影

〔註93〕封海清認為，曹操集團內以世族名士居多的政治骨幹大多在建安初到官渡之戰前加入曹操陣營。筆者的統計資料正可補充檢證此一說法。請參氏著，〈曹魏與世族關係考察〉，《昆明師專學報（哲學社會科學版）》，1991 年第 2 期（昆明），頁 62。

〔註94〕陳寅恪，〈書世說新語文學類鍾會撰四本論始畢條書後〉，收入氏著，《金明館叢稿初編》（上海：上海古籍出版社，1980），頁 42。

〔註95〕《三國志》，卷 10，〈荀彧傳〉注引《彧別傳》，頁 318。

響，「高仕宦，好文法」，士人對政治有濃厚的興趣。〔註96〕第三，從黃巾之亂到建安初的十餘年間，戰亂頻仍，社會經濟嚴重破壞，政治社會嚴重失序，非僅一般平民生活困苦，儒門、名士也一樣飽受其害，宗族經濟力量萎縮，政局動盪而使其失去政治舞臺，當然學術文化事業之恢復更是遙遙無期，無論就現實私利面或理想公義面，恢復中央集權正是解決眾多問題之良方。但是必須先找到一位有能力終結亂世、重建穩定政社秩序者，曹操便成了其合適人選，這從荀彧、郭嘉、邢顒、賈詡、趙儼等人歸曹前的一些想法，便可理解當時一些儒門、名士的基本心態。〔註97〕由前列三點應可解釋為何此時期名士與儒門著姓的比例會攀升至六成，以及潁川出身者佔 22.2%。這也使得曹操集團的結構有所變化，將官渡之戰前的二時期合計，名士與儒學著姓、豪族、庶民三類之比例，約為 10：6：9，而本籍為沛國與潁川者，合計又佔全部的三分之一。顯示沛國集團與潁川集團成了官渡之戰前曹操集團的兩大支柱。

三就成員初從模式來看，以徵拜模式最多（22 人，59.5%），其次為辟署模式（11 人，29.7%），察舉模式最少（4 人，10.8%）。這與前期相比，有極大的差異。第一，以親從模式為主體轉為以徵拜模式為主體的初從結構。顯然這種轉變，與曹操陣營逐漸掌握漢廷權力運作，並以中央政府名義進行人事調度與吸納人才，有很大的關係。第二，雖然曹操時任司空，但以屬吏初從者所佔不過三成，與上期時任兗州牧相比（一成五），也不過成長一倍，顯然曹操並未局限於辟署一途來拓展集團勢力，因為此時兗豫局勢稍定，且剛平定徐州的呂布、劉備等地方勢力以及地方匪寇，安定地方秩序成了首要之務，故須透過徵召模式安排治能之士，來加速地方穩定。這從徵拜模式當中有半數均拜為地方政府首長便可得到驗證。

（三）官渡之戰至平定荊州前（200～207）

此時期影響北方政局最關鍵者，莫過於官渡之戰。曹敗袁於官渡後，於五年之間平定青冀二州，再三年又定并幽二州，至是曹操已主宰華北。此一政治局勢發展於曹操而言最大的政治意義，在於透過經濟力、軍事力的強化，

〔註96〕胡寶國，〈漢晉之際的汝潁名士〉，《歷史研究》，1991 年第 5 期（北京），頁129。

〔註97〕請分參《三國志》本傳。

[註98] 依此累積政治威望。此一政治效應反映在人事方面，便是初從職務（文官部分）的結構有了變化。曹操屬吏與中央文官加地方首長的比例，大約從第二期的 1：2 逆轉為第三期的 9：5。而這時期曹操本人官職未有大幅調整，僅暫領冀州牧，[註99] 初從結構的變化說明了曹操在此時期已蓄積了基本的政治能量與威望，得以逐漸擺脫中央政權的制度束縛，開始建立與漢廷權威抗衡的私屬人事體系。[註100] 其次，原對袁氏尚存期待的青冀幽并地區士大夫（特別是前述之北海系統）於袁氏敗亡後始投曹者，人數共有十一人，[註101] 佔此期歸從者三十三人的三分之一，此乃官渡之戰對曹操集團擴大的重要性。

　　至於成員之社會身分方面，亦是以儒門著姓與名士為主體，約佔三分之二，與第二期相較並無變化，這說明前期挾天子都許的政治效應仍持續發酵中，而此期的華北局勢特別是司兗豫徐地區，較前期更趨穩定，這都是華北士人願歸故土並接受任用的可能因素。如：客居荊州的杜畿，投奔豫章的鄭渾，避亂遼東的邴原、國淵，避地淮南的張範、張承兄弟，避地河東的孫資，避難江東的徐奕等，均是於此期歸鄉里後，為曹操所徵拜或辟召。[註102]

[註98] 在經濟方面，最關鍵者為採用棗祗、韓浩等人的建議，在華北以許、潁川為中心，郡國設置田官，擴大屯田範圍，可讓失去土地的農民重新與土地結合，藉以確保軍糧，並可緩和流民問題。在軍事方面，最關鍵者為吸收投降的黃巾勢力（以青州黃巾為首），並招募流民，編成直屬軍隊。請參考《三國志》，卷1，〈武帝紀〉，「漢獻帝建安元年二月」條、「元年十月」條注引《魏書》，頁13、14；卷16，〈任峻傳〉，頁489～490。

[註99] 建安九年（204）破鄴後，獻帝以曹操領冀州牧，但隨即又讓還兗州。因此，第二期中以冀州掾屬初從者僅有崔琰、邢顒、牽招三人，隨即崔琰轉傅曹丕於鄴，邢顒任廣宗長，牽招從討袁譚於柳城。請參考《三國志》，卷1，〈武帝紀〉，「漢獻帝建安九年九月」條，頁26；卷12，〈崔琰傳〉、〈邢顒傳〉，頁368、382；卷26，〈牽招傳〉，頁730。

[註100] 此外，尚能說明曹操於此時期方蓄積了基本的政治能量與威望者，則是曹操政令的出現。《三國志·武帝紀》中代表曹操政令的「令曰」，便是從建安七年（202）才開始頻繁出現，這說明曹操已具備相當的政治實力與威望，其政令方能有效代表中央政令的「詔曰」。

[註101] 包括華歆、國淵、邴原、王脩、崔琰、崔林、邢顒、牽招、田疇、孫禮、劉放等十一人，其中前五人便屬北海系統。請參考《三國志》，卷11，和《後漢書》，卷62、70，本章附表2－1，及川勝義雄，《六朝貴族制社會の研究》（東京：岩波書店，1982），頁13、20。

[註102] 請分參《三國志》本傳。

（四）赤壁之戰至曹操逝世（208～220）

第四期政局發展的關鍵有三，一為建安十三年（208）平定荊州與赤壁之戰，確立三國鼎立的局面。二為漢魏禪代三部曲：建安十三年（208）中央官制改革，罷三公而置丞相、御史大夫，曹操自任丞相，及分別於建安十八年（213）、二十一年（216）進爵為魏公、魏王，此乃曹操「棄霸從王」意志於典制面上的展現。三為平定關中與漢中，確定關中以西的實質統治權。但第三項對曹操集團之成長影響不大，故以下僅就前二項，探討政局與曹操集團發展之關係。

平定荊州與赤壁之戰後，從劉表劉琮政權歸降者有十四人，約佔此期初從成員之四分之一，九人為荊州人士。此一比例，與第三期袁氏集團所佔當期初從成員三分之一的比例相較，有所下降，這並不表示曹操此時的實力與威望不足，恰恰相反，正是因為同年初曹操的中央官制改革已突顯出其鼎革天下之政治野心，加上對於荊州劉氏政權統治集團的中下層而言，曹操集團的核心業已形成，即使投曹後也難以獲得重用，更可能被迫離開舊土任職，斷絕與宗族鄉里之關係。而當時劉備根基雖未穩，但在荊州期間已累積相當聲望，因此這批人便歸劉備，並於赤壁戰後擁劉為荊州牧，希望留在故土發揮其政治力量。〔註103〕總之，由於荊州統治集團上層均北投曹操，〔註104〕因此，就此次人力資源的爭奪戰來說，曹操還是略占上風。

次就曹操屬吏與中央文官加地方首長的比例來看，第四期為 32：19，與第三期的 9：5 之比例相較，並無顯著變化，而初從模式中的辟署比例亦是如此（第三期為 54.5％，第四期為 52.5％）。難道說曹操的中央官制改革與人事政策並無太大的關係？若從數據來看，確實很難看出其實際政治效益，不過若跳脫「量」的思維，而採「質」的思維，或可略窺端倪。兩漢中央官制最大的差異，便是西漢採獨相制，丞相總攬外朝政務，御史大夫不過帶有輔佐之責，而東漢則正式採取三相分權制，太尉、司徒、司空各有所司，共享治權。就法典意義而言，曹操在第二、三期只不過是三公之一的司空，卻總攬

〔註103〕楊德炳，〈東漢至南北朝時期荊州地區大姓豪強地位的變化〉，收入谷川道雄編，《地域社會在六朝政治文化上所起的作用》（東京：玄文社，1989），頁179～181。

〔註104〕如：文聘為鎮守北邊的大將，鄧義為治中，劉先為別駕，韓嵩為從事中郎，蒯越為章陵太守，桓階為從事祭酒，傅巽為東曹掾等，這些人均為劉表重要功臣與幕僚，且幾為荊州本土豪族名士之代表。請參考《三國志》卷 6〈劉表傳〉、《後漢書》卷 74 下〈劉表傳〉。

軍政大權，形成名實不符的情形，因此，將三公制改爲獨相制較符合現狀。再者，若欲進一步強化自身官僚系統內的君臣關係，並提高此種關係之位階性，勢必回歸西漢之獨相制，來逐漸區別曹氏官僚系統與漢廷官僚系統，作爲進一步的對等政制地位的過渡橋樑，即爲魏廷之建立做準備。當然此一變革之有效性又是以漢廷威權之淪喪，及曹操之政治實力與威望爲前提。

　　至於第二項發展對選舉制度的影響，則可從官僚系統人事權的再分配來觀察。首先，建安十三年（208）復置丞相，府置長史、主簿、徵事、司直，並有東、西、理、戶、兵、士、倉、二千石諸曹等常設機構，〔註105〕及文學掾屬、軍謀掾屬、參軍事等軍政時期特置的僚屬，此一龐大組織實爲取代漢尚書臺成爲政務中心的權力運作基礎。這意味著在東漢原屬內廷系統、主導國家政務的尚書諸曹，經過曹操獨攬朝政期間的架空無實權狀態，其名位與實權至此正式轉移至外朝。曹操正是在此新制下，名正言順地掌控整個國家行政系統，支配整個文官體系。就人事權的移轉來說，職典選舉的東、西二曹（後省西曹，旋即復置），其職權正從漢尚書臺的選曹而來，建安十六年（211）曹操封爲魏公，人事權轉移至魏國吏部尚書，而漢魏禪代後再轉移至魏朝吏部尚書，整個人事權確定由尚書系統執掌，此一發展正是權臣擅政加速官制變動的最佳例證。如此便可說明，縱使就曹操屬吏與中央文官加地方首長的比例來看，第四期與第三期並無顯著變化，但是從體制上來看，丞相已從典制上握有官僚系統的人事權，在程序上無須透過漢廷尚書系統予以認可，直接對皇帝負責即可，故此期也就沒有比較這類數據的必要。再者剝去這層制度障礙，第二、三期任尚書令的荀彧，此時已無實質牽制和監督作用，曹操最後不顧荀氏反對，進爵爲公，或許除了因爲曹操的實際權力威望已達頂峰外，可能也因此時已全然擺脫制度束縛，故得以除去此一在朝深具聲望的第一謀士。

二、曹操集團結構與人事政策之發展

　　順著第一目的脈絡，以下以曹操集團各時期的成員結構爲基礎，討論人事政策之發展。第一期曹操之政治動向，主要在擴大所能支配的資源，且綜合第一時期四項數據來看，曹操集團乃典型的地方政權，尚未有足夠的政經力量去

〔註105〕清・洪飴孫，《三國職官表》（北京：中華書局，1985），頁 6～17。

主導人事政策，其集團凝聚力乃傳統的宗族血緣與鄉里任俠凝聚力，〔註106〕而非政治凝聚力，〔註107〕是以集團結構方以兗豫地區的庶民與地方豪族為主幹。

進入第二、三時期，曹操集團已在兗豫司地區建立根基，並進一步控制青冀并幽地區，加上前述三因素的作用，至此時，兗豫司三地區的人才已成為集團的主力（前三期合計，約佔 65%），又此三政區長期以來便是全國政治文化核心區，成員之社會身分當然以具儒法背景的儒門著姓與名士為主，故集團結構轉為以此背景出身者為主幹（約六成）。

相應於此種成員結構的轉變，人事政策也有所調整。進入第二、三期，曹操集團的發展基本上已逐漸脫離地方武裝集團的性格，故人才的任用開始以文士為主，這從初從職務之文武比例可看出，文武比例從第一期的 5：17 逆轉為第二期的 30：7 和第三期的 28：5。

在此局勢下，文士的選任顯得格外關鍵，而曹操本身與儒門著姓或名士層本無淵源，因此最早投奔曹營的荀彧，其對人才選任的觀點，對於人事政策便有關鍵的作用。從選才標準來看，荀彧雖出身儒門，為全國性名士，但不代表其對選才標準的態度與主張，便是拘泥於東漢以來之以德舉人以及後期之以族舉人、以名舉人的傳統模式。〔註108〕《典略》云：

> （荀）彧折節下士，坐不累席。其在臺閣，不以私欲撓意。彧有群從一人，才行實薄，或謂彧：「以君當事，不可不以某為議郎邪？」彧笑曰：「官者所以表才也，若如來言，眾人其謂我何邪！」其持心平正皆類此。〔註109〕

〔註106〕關於此種民間人際紐帶的建構與發展，請參考增淵龍夫，《中國古代の社會と國家》（東京：岩波書店，1996），頁 103～114。

〔註107〕直到獻帝興平二年（195）曹操方正式成為兗州牧，至此才取得官方的政治資源，亦是後來足以有效控制兗豫地區的基礎之一。

〔註108〕所謂「以族取人」，即仲長統《昌言》所言之「選士而論族姓閥閱」。而所謂「以名取人」，即趙翼《廿二史札記》卷 5「東漢尚名節」條所云：「蓋當時薦舉徵辟，必採名譽。故凡可以得名者，必全力以赴之。好為苟難，遂成風俗。」但二者實又淵源於「以德舉人」之傳統，三者的共通精神均是強調選才任當重整體而非表象，文法吏能僅具有外在的政治才能，而具有君子人格風範者方是全方位、具宏遠識見之士人的最佳寫照。但是就國家立場而言，「以名舉人」與「以族舉人」均有礙於國家公權力之行使與官僚制度之發展，此乃漢末選舉制度的兩大危機。請參考閻步克，《察舉制度變遷史稿》（瀋陽：遼寧大學出版社，1997），頁 81～92。

〔註109〕《三國志》，卷 10，〈荀彧傳〉注引《典略》，頁 311。

從「官者所以表才」一語，足以反映荀彧之選舉標準當非「德」、「族」、「名」，而是「才」。再者，荀彧嘗論曹袁二集團之形勢，認為曹有四勝，其中有二勝均與用人政策有關。其一，紹貌外寬而內忌，任人而疑其心；操明達不拘，唯才所宜。其二，袁紹集團以士之寡能好問者居多，而曹操集團則是忠正效實之士為主。〔註110〕而所謂的「才」並非一元化的選舉標準，而是反映出一種「多元主義」式的用人政策，即所謂「取士不以一揆」的立場。

此外，郭嘉亦嘗論曹袁二集團之形勢，認為曹有十勝，其中亦有二勝與用人政策有關。其一，袁紹「外寬內忌，用人而疑之，所任唯親戚子弟」，而曹操「外易簡而內機明，用人無疑，唯才所宜，不間遠近」。其二，袁紹「因累世之資，高議揖讓以收名譽，士之好言飾外者多歸之」，而曹操「以至心待人，推誠而行，不為虛美，以儉率下，與有功者無所吝，士之忠正遠見而有實者皆願為用」。〔註111〕

由此來看，在地方割據局面下，無論荀彧或是郭嘉，均是主張或支持用人唯才所宜的原則，以收納忠正效實之士。而在現實面上，曹操所表現的用人態度正是如此。《三國志‧武帝紀》載建安四年（199）任用魏种一事云：

> 初公舉（魏）种孝廉。兗州叛，公曰：「唯魏种且不棄孤也。」及聞种走，公怒。……既下射犬，生擒种。公曰：「唯其才也。」釋其縛而用之。〔註112〕

「唯其才」正是曹操君臣用人標準的共識。再者，像曹操用荀彧，姑且不論其特殊的儒門名士身分，南陽何顒曾稱荀彧有「王佐才」，〔註113〕或許這才是曹操用人的重點考量。還有，荀彧推薦戲志才、郭嘉，是以「智策舉之」，曹操並稱郭嘉「見時事兵事，過絕於人」。〔註114〕除了文臣謀士之外，再如「拔于禁、樂進於行陣之間，取張遼、徐晃於亡虜之內，皆佐命立功，列為名將，其餘拔出細微，登為牧守者，不可勝數」。〔註115〕此處所謂「出細微，登牧守」

〔註110〕《三國志》，卷10，〈荀彧傳〉，頁313。
〔註111〕《三國志》，卷14，〈郭嘉傳〉注引《傅子》，頁432。
〔註112〕《三國志》，卷1，〈武帝紀〉，「漢獻帝建安四年二月」條，頁17。
〔註113〕《三國志》，卷10，〈荀彧傳〉，頁307。
〔註114〕請分參《三國志》，卷10，〈荀彧傳〉注引《彧別傳》，頁318；卷14，〈郭嘉傳〉注引《傅子》，頁436。
〔註115〕《三國志》，卷1，〈武帝紀〉，「漢獻帝建安二十五年二月丁卯」條注引《魏書》，頁54。

者，至少包括棗祗、楊沛、嚴幹、張既等人。〔註116〕事實上，武略、吏能等用人原則，還是不出一個「才」字，上舉諸例均是曹操用人政策中「唯才所宜」原則的最佳寫照，此乃曹操成功的關鍵，即其起事之初所言「任天下之智力，以道御之，無所不可」的道理。〔註117〕因此，行用於第四期的「以才舉人」人事政策，實乃根源於第一期，發展於第二、三期，而成熟於第四期。

從制度運作來說，東漢選舉制度得以有效運作，關鍵在於穩定的社會秩序與鄉里結構，以及清明的政風與吏治，但桓靈之世以降，社會上豪強兼併，平民無立錐之地，政治上「臺閣失選用於上，州郡輕貢舉於下」，〔註118〕復加上各種農民起義與水旱天災，正是在這種鄉里社會失序與中央政府無能的狀態下，加速了舊選舉系統的隳壞，且華北社會經濟力一時也難以恢復元氣，政局未穩，以致於曹操即使握有軍政大權，也無法透過漢廷選舉系統正常選拔人才。因此，就制度層面來看，吸納人才的管道仍難脫初期本地人薦舉本地人的軍中之制的色彩；此外，則再輔以舊系統中的辟署制度，並且藉著漢廷名義，勉強利用徵拜制度進行人事安排，藉以落實「以才舉人」、「唯才所宜」的用人方針。因此，嚴格說來，直到第三期，曹操集團並無制定新選舉制度的客觀環境，畢竟曹操政權仍以漢室名義鞏固並擴展集團勢力。故有學者主張，曹操集團仍是從舊君故吏之任俠關係擴大而成的集團，其形成的過程仍屬東漢以來豪族官僚化過程的一環。〔註119〕

不過隨著形勢的推移，曹操集團由一個具濃厚血緣和鄉黨性格的集團，逐漸發展為帶有跨地域色彩的政權。〔註120〕從第四期初從成員本籍資料來看，華北各州郡均再有大量士人加入曹營，足以說明此一轉變。再者，三國鼎立局面業已成形，曹操勢必將政策主軸轉向內政方面，蓄積國力，待機進取。在用人政策方面，軍政時期的用人政策必然要予以制度化。因此，曹操乃於建安十五年（210）、十九年（214）、二十二年（217），先後頒佈三道求

〔註116〕分見《三國志》，卷16，〈任峻傳〉注引《魏武故事》，頁490；卷15，〈賈逵傳〉注引《魏略‧楊沛傳》，頁486；卷23，〈裴潛傳〉注引《魏略‧嚴幹傳》，頁674～675；卷15，〈張既傳〉注引《魏略‧嚴幹傳》，頁471～473。

〔註117〕《三國志》，卷1，〈武帝紀〉，「漢獻帝建安九年八月」條，頁26。

〔註118〕晉‧葛洪著，楊明照校箋，《抱朴子外篇校箋》（北京：中華書局，1991），卷15，〈審舉〉，頁393。

〔註119〕五井直弘，〈曹操政權の性格について〉，《歷史學研究》，第195號（1956，東京），頁14～23。

〔註120〕矢野主稅，《門閥社會成立史》（東京：國書刊行會，1976），頁441～536。

才令。然此三道求才令的實質意義有別，第一道求才令乃「唯才所宜」用人方針的制度化，而第二、三道求才令則可能與曹操、儒門名士間的矛盾有所關連。故這裡僅先說明第一道求才令，作爲探討曹操集團第四期人事政策的總結，而第二、三道求才令則於本章第三節再討論。

建安十五年（210）春，曹操頒佈第一道求才令：

> 自古受命及中興之君，曷嘗不得賢人君子與之共治天下者乎！及其得賢也，曾不出閭巷，豈幸相遇哉？上之人不求之耳。今天下尚未定，此特求賢之急時也。「孟公綽爲趙、魏老則優，不可以爲滕、薛大夫」。若必廉士而後可用，則齊桓其何以霸世！今天下得無有被褐懷玉而釣于渭濱者乎？又得無盜嫂受金而未遇無知者乎？二三子其佐我明揚仄陋，唯才是舉，吾得而用之。〔註121〕

這道求才令反映出：其一，即使曹操已在華北佔絕對優勢，但仍突顯出其求才之切。其二，標榜「唯才是舉」的舉薦標準，期勉在朝諸臣均能爲國舉賢，勿因德行有缺而不舉。筆者以爲，這裡的二三子當特指當時執掌國家人事的丞相東西曹掾屬，即崔琰、毛玠等人。吾人若再從這些人之基本背景，及其主持選舉時的基本立場來觀察，便不難理解曹操的用意所在。

首先是清河崔琰，建安九年（204）曹操領冀州牧後，即辟琰爲別駕從事，〔註122〕史載當時平冀州後，郭嘉便建議曹操「多辟召青、冀、幽、并知名之士，漸臣使之，以爲省事掾屬」，〔註123〕此議之目的不難想像是欲透過當地名士層的清望，安定士庶民心，並進行人才推舉的工作，以吸收地方儒門名士進入統治集團。此類作法，不久前也實施過。在官渡之戰前夕，劉備反叛於下邳，之後「東南多變」（指徐州），曹操便「以陳群爲酇令，何夔爲城父令，諸縣皆用名士以鎮輔之，其後吏民稍定」。〔註124〕顯然曹操十分瞭解具清望之名士，對於穩定地方政局與社會秩序，極具效力。當然曹操任用這些名士，除了重其名之外，亦重其才。否則如果僅是飽讀經書的儒雅之士，恐怕亦不堪其任。這可說明第二期以後，儒門名士成了曹操集團的主幹，恐怕非徒恃其名或唯重其德，而是取其「名實相符，德才兼備」。

〔註121〕《三國志》，卷1，〈武帝紀〉，「漢獻帝建安十五年春」條，頁32。
〔註122〕《三國志》，卷12，〈崔琰傳〉，頁367。
〔註123〕《三國志》，卷14，〈郭嘉傳〉注引《傅子》，頁434。
〔註124〕《三國志》，卷12，〈何夔傳〉注引《魏書》，頁380。

　　崔琰隨後出任丞相東曹掾屬，與毛玠共典選舉。曹操之所以授崔琰典選之重任，主要是稱許崔琰有「伯夷之風，史魚之直」，希望藉由重用這類「清忠高亮，雅識經遠」之士，樹立士大夫之仕宦風範，使「貪夫慕名而清，壯士尙稱而厲」，〔註125〕至於先前任用陳留毛玠爲司空東曹掾（後亦爲丞相東曹掾），亦是特重其「清公忠亮」之人格特質，方足堪此主管人事之重責大任。

　　再者，關於崔毛二人主持選舉事務的基本立場，《三國志·毛玠傳》載：

　　太祖爲司空、丞相，（毛）玠嘗爲東曹掾，與崔琰並典選舉。其所舉用，皆清正之士，雖於時有盛名而行不由本者，終莫得進。〔註126〕

又《先賢行狀》載崔琰任丞相東曹掾云：

　　（崔）琰清忠高亮，雅識經遠，推方直道，正色於朝。魏氏初載，委授銓衡，總齊清議，十有餘年。文武群才，多所明拔。朝廷歸高，天下稱平。〔註127〕

同書復載毛玠云：

　　（毛）玠雅亮公正，在官清恪。其典選舉，拔貞實，斥華僞，進遜行，抑阿黨。〔註128〕

由上列三條史料合觀，可知崔毛二人所拔擢者，均是處世任官具貞實公亮特質的清正之士，所排斥者正是徒有盛名、行不由「本」者。這裡的「本」當指一套行爲規範或準繩，或與鄉論清議所重視的孝敬仁義等價值有關。結合前後文的脈絡來看，「行不由本」可能是指行爲未眞實符合當世價值，徒有虛譽。〔註129〕因此，二人主持選舉時，典選重心並非標榜重才或重德，其所關

〔註125〕《三國志》，卷12，〈崔琰傳〉，頁368～369。
〔註126〕《三國志》，卷12，〈毛玠傳〉，頁375。
〔註127〕《三國志》，卷12，〈崔琰傳〉注引《先賢行狀》，頁369。
〔註128〕《三國志》，卷12，〈毛玠傳〉注引《先賢行狀》，頁375。
〔註129〕這裡的「行不由本」之「本」，李樂民解釋爲忠孝節義，陳仲安、王素等則持不同看法，以爲「行不由本」是指「未覈之鄉閭」。筆者以爲，當時的鄉里社會秩序未完全恢復，若制定如此僵硬之規定，恐有導致賢才遺滯之虞，故在平定荊州之後，曹操也最多委託當地名士韓嵩進行人事調查，蓋因當時的社會狀況實在很難恢復東漢的鄉舉里選。再者，若說崔毛典選時已有「覈之鄉閭」的作法，那麼其繼任者何夔又何必多此一舉地向曹操建議「自今所用，必先核之鄉閭」？故筆者認爲此種解釋恐有疏漏之處。請參考李樂民，〈崔琰被殺原因考辨——兼論曹操的用人——〉，《史學月刊》，1991年第2期（鄭州），頁16；陳仲安、王素，《漢唐職官制度研究》（北京：中華書局，1993），頁267；《後漢書》，卷74下，〈劉表傳〉，頁2424。

心者乃是名實問題，此問題應是針對漢末以來士林的浮華朋黨之風而發。吾人可再從王昶〈誡子姪書〉中，得到進一步的訊息：

> 夫孝敬仁義，百行之首，行之而立，身之本也。孝敬則宗族安之，仁義則鄉黨重之，此行成於內，名著于外者矣。人若不篤於至行，而背本逐末，以陷浮華焉，以成朋黨焉；浮華則有虛偽之累，朋黨則有彼此之患。此二者之戒，昭然著明，而循覆車滋眾，逐末彌甚，皆由惑當時之譽，昧目前之利故也。〔註130〕

這裡指明了儒家倫理體系中的「孝敬仁義」正是百行之首，而浮華朋黨之行源於「逐名競利」之心，此乃背本逐末之行。尋此脈絡，重新檢視崔毛二人典選工作之核心，「拔貞實，斥華偽，進遜行，抑阿黨」，取士不由盛名而選行之有所本者，顯然「名實問題」正是崔毛二人典選時的焦點。桓靈以降，名士清議普及海內，連起事前的曹操也不能免去此一俗尚，〔註131〕但末期已逐漸變質，士人逐虛譽、尚浮華，使得士林清議已嚴重干預國家用人。對曹操政權而言，漢末各項危機的共相，便是鄉里社會與地方政府離心力過強，「中央集權」實乃解決危機的總路線，而當務之急便是統一民間輿論。是以，由丞相東曹負責「總齊清議」，以「鎮異同，一言議」，〔註132〕此實為曹操集團君臣上下之共識。因此，曹操稱許毛玠，「用人如此，使天下人自治，吾復何為哉！」〔註133〕舉例言之，崔琰所薦之鉅鹿楊訓，雖「才好不足」，但「清貞守道」，故曹操仍禮辟之。〔註134〕復如邴原、孔融這類海內名士，前者雖是「名高德大，清規邈世」，但對曹操而言，卻表現出一副「魁然而峙，不為孤用」的態度，〔註135〕這種入仕不為官僚身分所制約、不願受法令節度的態度，有挑戰政治權威之嫌，這正是崇法術、尚集權的曹操所忌諱者；而後者縱使有高名異才，但在曹操眼裡，卻是個「浮華交會之徒」，〔註136〕而非具「清世志」

〔註130〕《三國志》，卷27，〈王昶傳〉，頁744～745。
〔註131〕早年的曹操，任俠放蕩，不治行業，唯梁國橋玄、南陽何顒異焉。橋玄謂曹操曰：「君未有名，可交許子將。」許劭便給他一個「治世之能臣，亂世之姦雄」的評語。此後，曹操聲名益重。足見在國家威信淪喪的漢末亂世，名士清議在鄉里社會與政治學術圈的影響力甚鉅。請見《三國志》，卷1，〈武帝紀〉，頁2～3。
〔註132〕《晉書》，卷45，〈劉毅傳〉，頁1274。
〔註133〕《三國志》，卷12，〈毛玠傳〉，頁375。
〔註134〕《三國志》，卷12，〈崔琰傳〉，頁369。
〔註135〕《三國志》，卷11，〈邴原傳〉注引《原別傳》，頁353。
〔註136〕《後漢書》，卷70，〈孔融傳〉，頁2273。

之名士，最後便因「浮豔亂俗」，〔註137〕為曹操所收治。由此可看出，曹操最忌諱者實乃有礙中央集權發展之言行，在用人上絕非排斥德行之士，而是重視士人是否能清正公亮，遵守為臣之道，嚴守君臣分際。如代郡韓珩「清粹有雅量，少喪父母，奉養兄姐，宗族稱孝悌焉」，曹袁之爭後期，袁尚將焦觸叛尚，驅率諸郡太守令長，背袁向曹，但韓珩以其受袁氏厚恩，如此實為不義之行，後曹操高其節，屢辟不至，〔註138〕顯見曹操之所以欲辟用之，乃重其德行（包括孝悌忠義等）；復如「少師事陳寔，以義行稱」的王烈，曹操聞其高名，「遣徵不至」；〔註139〕又如世為名儒的鄭渾，曹操聞其「篤行」，召為司空掾；〔註140〕又如建安十七年（212）任丞相東曹屬的徐奕，曹操便稱其「君之忠亮，古人不過」；〔註141〕又如建安十八年（213）以後接任丞相東曹掾的邢顒，時人稱之「德行堂堂邢子昂」；〔註142〕又如世為著姓的任嘏，建安十九年（214）後被舉為「海內至德」，為臨菑侯庶子。〔註143〕諸例均為曹操用人並非唯才斥德的明顯事證。因此，筆者以為在崔琰主持選舉下，所謂的「文武群才，多所明拔」，對曹操而言，或許關鍵不在於才，而在於能「識清幽明」，選拔出具尊君奉法精神之士。萬繩楠認為崔琰是依循「唯才是舉」精神典選，〔註144〕或許值得商榷。

綜上所論，曹操君臣們對於崔毛二丞相東曹掾的典選立場，應有一定的共識與默契，且崔毛二人在官僚的選拔與黜陟進退方面，均已善盡本分，深得曹操欣賞，否則怎會在魏國建後，讓毛玠、崔琰分別從右軍師、丞相東曹掾轉任魏國尚書，續掌選舉事務。但建安二十一年（216），崔琰以「言論罪」賜死，而毛玠也因此事不悅而於論「政刑之失」時，得罪曹操，遭罷黜免官。這件事雖暴露出建安末年曹操的專制君主性格，已隨著其代漢鼎革野心的急速表面化而日益高漲。但是從崔毛二人在曹操集團中的地位與貢獻，及曹操對二人的重用等方面來思考，二人死因並不單純，或許先前君臣雙方已存在一些價值理念的衝突。

〔註137〕《三國志》，卷12，〈崔琰傳〉注引《魏氏春秋》，頁373。
〔註138〕《三國志》，卷6，〈袁紹傳〉，頁206～207。
〔註139〕《後漢書》，卷81，〈獨行·王烈傳〉，頁2696～2697。
〔註140〕《三國志》，卷16，〈鄭渾傳〉，頁508～509。
〔註141〕《三國志》，卷12，〈徐奕傳〉，頁377。
〔註142〕《三國志》，卷12，〈邢顒傳〉，頁383。
〔註143〕《三國志》，卷27，〈王昶傳〉注引《嘏別傳》，頁748。
〔註144〕萬繩楠，《魏晉南北朝史論稿》（合肥：安徽教育出版社，1983），頁25。

　　以崔琰爲例，其任丞相東曹掾時，除了展現對以名取士的痛惡，及中央集權路線的堅持外，更重要的是在選才考課方面，他也強調了「士行當有所本」的另一基本價值，先前已提到所謂的「本」正是孝敬仁義，此乃東漢選舉的中心標準，表示崔琰典選除留意名實問題外，可能欲開始著手恢復東漢以德行爲核心的用人方針。可是對曹操而言，這種以德爲中心的選舉標準，在政社秩序尚未穩定的情形下，欲有效檢覈名實，確有其困難。況且漢末名士清議之所以能影響鄉舉里選，正是由於傳統儒家價值過度政治化，致使選舉標準無法多元化，這特別不利於急需各類人才的政治時局。從國家統一的立場來看，選舉標準多元化，不拘泥於「德」，以收各類人才進入統治集團，非但已是第一期以來曹操集團君臣之共識，更是完成國家統一的基本方針。因此，當崔琰以國家選舉機構首長的名義，揭示其「行之有本」的用人方針時，已同時突顯其有將前三期曹操集團「唯才所宜」的用人方針，予以導正的傾向。分析至此，吾人再回頭檢視曹操的第一道求才令，它是發佈於建安十五年（210），即崔毛二人任丞相東曹掾的初期，曹操之所以在這時候發佈，或許正因他已察覺到兩位選舉機構長官的用人方針有若干調整的跡象，是以便公布這道「唯才是舉」的求才令，藉以提醒這主掌國家選舉機構的「二三子」，並澄清政府用人之基本路線，仍維持先前的「唯才所宜」方針，其政治宣示與消毒作用不難理解。

　　那麼爲何曹操採取這種政治途徑解決，而非將這兩位長官撤換，以一勞永逸呢？筆者以爲：其一，二人典選期間，確實選用了所謂的清貞忠正之士，對於鞏固政權，極有貢獻。其二，若無充分理由而予以調任，恐人心不服，亦與政權之刑名法術主義精神，〔註145〕產生矛盾衝突。其三，華北境內尚有關中之馬超、韓遂及漢中的張魯等地方軍閥尚未實質臣服，因此集團內部的路線之爭當先緩和處理，以安撫朝野人心。其四，曹操本身的用人主張並非

〔註145〕刑名法術主義的具體實踐至少包括考核名實、知人善任、科教嚴明、賞罰必信、無惡不懲、無善不顯、以法治國等，這種政治理念即是曹操統一華北、整頓政治綱紀、恢復社會秩序的精神基礎，也在當時興起一股名法思潮。故西晉陳壽稱魏武「攀申、商之法術」，南朝梁劉勰稱「魏之初霸，術兼名法」，曹魏杜恕稱「今之學者師商、韓而上法術」，西晉傅玄稱「近者魏武好法術，而天下貴刑名」。請參見《三國志》，卷1，〈武帝紀〉，頁55；南朝梁・劉勰著，周振甫注，《文心雕龍注釋》（臺北：里仁書局，1984），〈論說〉，頁347；《三國志》，卷16，〈杜畿傳附子恕傳〉，頁502；《晉書》，卷47，〈傅玄傳〉，頁1317。

一般所稱的「唯才是舉」，其實用人政策與世局狀態有密切關連，曹操更基本的態度是「治平尚德行，有事賞功能」，〔註146〕即桓範所言「帝王用人，度世授才，爭奪之時，以策略為先，分定之後，以忠義為首」。〔註147〕雖然此時國家尚未統一，華北仍有不臣勢力，但與黃巾起義以來的混亂局面相較，政社秩序確實有所恢復，日趨穩定，加上儒家倫理價值系統對於專制王權的維護確有正面作用，特別是那套從規範父子關係轉換而來的君臣大義。對曹操而言，崔毛二人主張「行有所本」，當然包括此種政治倫理規範，所謂的「清正貞實」，正是恪遵君臣大義之士的共通人格特質。因此，曹操對崔毛二人之主持選舉，特別重視名實問題，其基本立場還是稱許支持的，甚至建安十七年（212）朝議并省官僚組織時，〔註148〕曹操在眾朝臣施壓省東曹的情況下，仍堅持對毛玠的支持，進而併省西曹。〔註149〕

此外，曹操此一不排斥將德納為才以外的選舉標準之立場，可從另一丞相東曹掾何夔所提關於選舉制度之建制，曹操予以稱善的態度中，得到進一步合理說明。建安十七年（212）毛玠遷右軍師，新任的丞相東曹掾何夔嘗向曹操建議：

> 自軍興以來，制度草創，用人未詳其本，是以各引其類，時忘道德。夔聞以賢制爵，則民慎德；以庸制祿，則民興功。以為自今所用，必先核之鄉閭，使長幼順敘，無相逾越。顯忠直之賞，明公實之報，則賢不肖之分，居然別矣。又可修保舉故不以實之令，使有司別受其負。在朝之臣，時受教與曹並選者，各任其責。上以觀朝臣之節，下以塞爭競之源，以督群下，以率萬民，如是則天下幸甚。〔註150〕

何夔所云之「用人未詳其本，是以各引其類」，指的正是華北混戰期間，「在

〔註146〕《三國志》，卷 1，〈武帝紀〉，「漢獻帝建安八年五月己酉」條注引《魏書》載庚申令，頁 24。

〔註147〕《三國志》，卷 22，〈徐宣傳〉，頁 646。

〔註148〕據《三國志・毛玠傳》所載，此事發生在「大軍還鄴」之後，毛玠遷右軍師之前，而《三國職官表》將此事係於建安二十二年，因其將「大軍還鄴」當作征孫權後還鄴，但是建安十八年五月曹操進爵魏公時，毛玠已遷任右軍師，列名〈上尊號表〉中。因此，「大軍還鄴」當指建安十七年正月曹操征馬超等關中諸將後還鄴，而并省西曹事只能在是年正月或稍後，故筆者將此事繫於建安十七年。請參清・洪飴孫，《三國職官表》，頁 12；《三國志》，卷 1，〈武帝紀〉，頁 49、36、37、40。

〔註149〕《三國志》，卷 12，〈毛玠傳〉，頁 375。

〔註150〕《三國志》，卷 12，〈何夔傳〉，頁 381。

朝」本地人推薦「在野」本地人的軍中模式。即使是具有「唯才所宜」思想的荀彧，在當時也不得不先薦舉鄉里人士，先後向曹操薦舉九位鄉人（曹操集團本籍潁川者十二位）。〔註151〕當然，可能是曹操本要荀彧推薦鄉人，因爲汝潁固多奇士，再者「潁川士尚節義」，〔註152〕但最重要者或許還是因爲他是潁川人，對本地人的情形較熟悉。但是當曹操集團發展爲跨地域的政權時，這種模式的最大缺失，即缺乏共通標準、公正精神，有徇私護短之虞，此時已有重新檢討的必要。所謂的「各引其類，時忘道德」，更是此弊端核心。故何夔建議用人要先「核之鄉閭」，意即建立一套公開程序，對於被薦舉人進行人事資料覈實的工作，並制定人才保舉的法令規章，「使有司別受其負」，讓負責蒐集審核人事資料的朝官承擔保舉之責。其實此一選舉制度的草案，已相當接近後來的中正評品制度，可視爲其前身。不過，此方案立意雖佳，然時機可能尚未成熟，畢竟當時人士流徙的情形才剛緩和，這種近似東漢鄉舉里選之「核之鄉閭」的作法，更需要在編戶資料健全時方有實施的可能。因此，在「人士流移，考詳無地」〔註153〕的困境仍存之時，此草案的可行性並不高，曹操僅能稱許之，終其餘年，仍未見類似制度的建立，即使漢獻帝延康元年（220）始立之九品官人法，亦無法完全恢復東漢鄉舉里選，這是在考量中央集權路線的實現之外，另一個客觀環境上的限制。

　　但整體而言，曹操之所以會稱許何夔的議案，其一，正在於何夔間接指出了東漢選舉制度的弊端，即地方豪族與名士清議對鄉舉里選體制的滲透與破壞，的確需要重新建立由中央政府主導、具客觀標準的選舉制度。其二，本來「核之鄉閭，使長幼順敍，無相逾越」就具有強烈的覈實防弊意味，覈實功能較明，但怎有防弊意圖呢？其實，因爲覈實本身就國家立場來看，本就有防範政府官僚或地方勢力舞弊的意義。再者，從整個草案的總體精神來看，還是看得出何夔意欲恢復鄉舉里選之企圖，依此追溯東漢選舉制度「敗壞」發展的脈絡，其中一個關鍵點便是舉主與被舉者的恩義關係，即東漢明

〔註151〕包括：荀攸、荀悅、鍾繇、陳群、杜襲、辛毗、趙儼、郭嘉、戲志才。請見《三國志》，卷10，〈荀彧傳〉，頁318；本章附表2-1。

〔註152〕孔融與陳群共論「汝潁優劣」時，孔融以爲「潁川士雖尚節義，唯有能殺身成仁如（李）洪者也。」請參唐・歐陽詢等，《藝文類聚》（北京：中華書局，1965），卷22，〈人部六・品藻〉引孔融〈汝潁優劣論〉，頁407。

〔註153〕《晉書》，卷36，〈衛瓘傳〉，頁1058。

帝永平中樊儵所言「郡國舉孝廉，率取年少能報恩者，耆宿大賢多見廢棄」的問題，〔註154〕由此便不難理解「核之鄉閭，使長幼順敘，無相逾越」所代表的防弊意味。因此，這倒也提醒了曹操，即使刻意抬高「才」在選舉標準中的位階，但若過度打壓「德行」，導致有才之士輕視含括政治道德的儒家倫理體系，僅以功勳爵祿籠絡士子，恐怕採取再嚴密的防弊措施都很難解決結黨營私之弊。畢竟在當時現實政社局勢中要鞏固統治權，儒家所提倡之倫理秩序仍具有顯著效果。這或許正是長久以來，曹操並未明確表明反對儒家倫理價值體系，且無法徹底放棄鄉論與清議的一個考量因素。〔註155〕且何夔雖「慎德」與「興功」並舉，卻將德居首，顯然何夔選擇在第一道求才令不久後，給曹操上述建言，便是希望提醒曹操可能已有過重才能的傾向，〔註156〕若恢復「德行」於選舉標準中的優位性，仍可透過各種防弊措施，彌補舊鄉舉里選制度之疏失。

綜前所論，就選舉問題而言，崔琰、毛玠、何夔等人所關切的焦點，均是名實問題，故其典選多重視選舉方式，「總齊清議，以鎮異同」。然就選舉標準而言，前期的荀彧、郭嘉均主張「唯才所宜」的用人方針，其核心精神正是不偏廢德或才，即曹操「治平尚德行，有事賞功能」用人思想。後期的崔琰、毛玠等人，開始有恢復以德為主之選舉路線的傾向，故曹操乃有第一道求才令的發佈。而何夔則提醒曹操，求才令似有過重才能之嫌，乃提出用人「核之鄉閭」的構想，並輔以保舉之法，以解決以德舉人之不易檢覈名實的問題。

第三節　漢魏禪代前夕的政局與九品官人法的成立

本節的重點有二，第一，將以本章第二節的政局發展為基礎，續談漢魏禪代前夕的政局發展，一是曹操與儒門名士間的緊張關係，二是曹丕曹植嗣位之爭。第二，結合本章第一、二節的討論，探討九品官人法成立的因素。由於影響人事制度變動的因素眾多，本節欲討論的因素包括：政局變動、政

〔註154〕《後漢書》，卷32，〈樊儵傳〉，頁1122～1123。
〔註155〕當然就現實層面來說，鄉論與清議乃東漢選舉制度運作的運作基礎，無論官界或民間都已習慣這種運作模式，要全然廢棄實屬不易。又唐長孺曾探討過類似問題，請參氏著，〈九品中正制度試釋〉，頁96。
〔註156〕唐長孺，〈九品中正制度試釋〉，頁96。

權性格、社會結構等，筆者企圖從這幾個背景因素出發，來探討九品官人法制訂的目的、要旨，及其與東漢選舉制度的關係，〔註157〕並論述曹操與曹丕在人事政策與選舉制度上的繼承與批判關係。

一、漢魏禪代前夕的政局發展

（一）曹操與儒門名士的關係
——以選舉標準與漢魏禪代爲中心的討論

從第二節第二目的討論可知，站在國家利益與政權穩定的角度上來說，曹操在用人政策上的基本立場，仍是不排斥「德行」作爲選舉標準之一。可是曹操仍舊在建安十九年（214）、二十二年（217）陸續發出求才令。建安十九年（214）十二月乙未令曰：

> 夫有行之士未必能進取，進取之士未必能有行也。陳平豈篤行，蘇秦豈守信邪？而陳平定漢業，蘇秦濟弱燕。由此言之，士有偏短，庸可廢乎！有司明思此義，則士無遺滯，官無廢業矣。〔註158〕

建安二十二年（217）秋八月令曰：

> 昔伊摯、傅說出於賤人，管仲，桓公賊也，皆用之以興。蕭何、曹參，縣吏也，韓信、陳平負汙辱之名，有見笑之恥，卒能成就王業，聲著千載。吳起貪將，殺妻自信，散金求官，母死不歸，然在魏，秦人不敢東向，在楚則三晉不敢南謀。今天下得無有至德之人放在民間；及果勇不顧，臨敵力戰；若文俗之吏，高才異質；或堪爲將

〔註157〕 關於九品官人法成立之背景，楊筠如以爲九品中正成立之原因包括：漢末察舉的腐敗、清議的激烈與政局的混亂等；毛漢光以爲九品官人制度成立是爲了改進漢末察舉之流弊、統一漢末清議，以因應時代需要；唐長孺以爲九品中正制度之創立是爲了照顧人士流移的情況，並實現抑制浮華朋黨的政策；吳慧蓮論制九品官人法的原因包括：一是漢末戰亂，人士流徙，使以鄉舉里選爲主的察舉制度無法實施；二是漢末察舉制度腐敗，使選舉名實不符；三是曹魏想強化中央的人事權；四是與漢魏革命的關係。雖然前輩學者已多所論述，但多僅述其梗概，故筆者乃於本節較詳盡地考察其發展脈絡。請分參楊筠如，《九品中正與六朝門閥》，收入《民國叢書》第三編（上海：上海書店，商務印書館 1930 年版影印本），頁 2～12；毛漢光，《兩晉南北朝士族政治之研究》，頁 67～78；唐長孺，〈九品中正制度試釋〉，頁 85～99；吳慧蓮，〈六朝時期的選任制度〉（臺北：國立臺灣大學歷史研究所博士論文，1990），頁 22～26。
〔註158〕 《三國志》，卷 1，〈武帝紀〉，「漢獻帝建安十九年十二月乙未」條，頁 44。

守，負汙辱之名，見笑之行；或不仁不孝而有治國用兵之術：其各
舉所知，勿有所遺。〔註159〕

正如學者所主張的，魏武求才三令突顯出曹操人治法治並重的政治思想，用
人唯才而不唯族、唯德、唯名，實乃對東漢選舉之弊而發。〔註160〕但是筆者
在此所欲澄清者，魏武三令並非用人的「排除條款」。試略申如次。

其一，由於第一道求才令發佈之後，丞相東曹掾毛玠、崔琰、何夔等仍
舊堅持立場，曹操雖原則上默許此種人事政策，但對於重視「有行」的選舉
方針，顯然一直耿耿於懷，此中關鍵因素之一可能與儒家思想在政治運作上
具有龐大且複雜的操控機制有關。由於第一道求才令未能受到儒門名士層的
重視，於是乃再度發出第二道求才令，提醒主管人事的「有司」（即魏吏部尚
書），士之「才」與「行」並無存在必然之無德便無才的邏輯關係，才與行當
是兩種平行獨立的人格特質。況且聖賢難求，若要堅持非人格毫無瑕疵之士
不用，此恐非求賢治國之道，曹操希望能藉著求才令的發佈，破除傳統儒家
賢能觀念，但「破除」並非「反對」，而是一種「修正」與「改革」。因此，
筆者基本上贊成陳寅恪先生所謂孟德三令乃政治社會道德思想上之大變革的
說法，〔註161〕但不宜將之解釋為曹操已轉變態度，開始排斥德行作為選舉標
準之一。

其二，由於個人之「德行」優劣需仰賴鄉里人物之「日常觀察」，這種以
鄉論為基礎的選舉機制易為地方豪族或名士清議所操控，此乃選舉方式上的
一大瓶頸，而何夔之建議，是要以強有力的中央政府為前提，否則實施效果
必大打折扣。因此，曹操最迫切需要的仍是「中央集權」路線的堅持，諸如
破浮華交會之徒、整齊風俗、重豪強兼併之法等，均是集權統治路線的展現。
〔註162〕然而，在君主專制政體下，一切權力根源在於皇權，現在的曹操是有
實權，卻無正當名分，是以對存有作「文王第二」念頭的曹操而言，建立轉
移天命的過渡體制成為首要之務。先前的丞相制是第一步，接下來便是建安

〔註159〕《三國志》，卷1，〈武帝紀〉，「漢獻帝建安二十二年六月」條注引《魏書》，
　　　　頁49～50。
〔註160〕萬繩楠，《魏晉南北朝史論稿》（合肥：安徽教育出版社，1983），頁23～26。
〔註161〕陳寅恪，〈書世說新語文學類鍾會撰四本論始畢條後〉，頁45。
〔註162〕曹操所欲打擊的豪族，乃是那些與中央政府對抗，即不守王法、挾私勢撓公
　　　　權的豪族階層，並非打壓所有的豪族階層，對於那些世傳經術的大姓名族則
　　　　是採取合作政策。

十八年（213）封爲魏公後建立漢魏二廷並立體制，開始進行政權移轉的初步作業。在此過程中，首先浮上臺面的便是「準皇權」與名士層間的衝突，建安十七年（212）的「荀彧自殺」事件，〔註163〕以及建安二十一年（216）的「崔琰案」，正是此衝突的典型。曹操本屬地方豪族，與名士層間並無淵源、合作或衝突關係。在起事之後，彼此間的合作多於衝突，特別是誅殺邊讓導致兗州儒門名士之反感，曹操引以爲戒，對素具清望的楊彪便有所顧忌而不敢殺害。自第二期以後，儒門名士一直是集團主幹，就此而觀，曹操與儒門名士間的關係，當是合作遠過於衝突。但當初一些心存「倚霸佐王」心態者，因爲對曹操逐漸顯露代漢自立的行徑，已漸無法接受，於是在官僚系統中便演化出擁漢官僚與擁魏官僚，其中擁漢官僚多數屬儒門名士，如：荀彧、孔融、楊彪、崔琰、吉本、耿紀等，他們所秉持堅守者正是以儒術爲本的政治理念，而曹操之政治路線卻一直以刑名法術主義爲本。後二道求才令與第一道相同，其政治意義在於打破政界之萬事以儒道爲本的迷思，以解除長久以來的魔咒，三道求才令所揭示的正是這種新統治路線中的一環。因此，從此角度檢視，仍不宜過度窄化地將這兩道求才令視爲曹操反「德」之宣示。

　　不過，有一現象值得注意，即這三道求才令之語氣有愈形尖銳、態度愈趨強硬之態勢，特別是第三道求才令，更是其決心代漢的宣言書。〔註164〕至此，忠於漢室之擁漢官僚亦知，僅以儒家之道德輿論阻止曹操代漢已無濟於事，遂有矯制奪權與起兵謀誅曹氏之謀。建安二十二年（217），許中百官矯制，是時旦夕與獻帝侍講的漢黃門侍郎董遇，「雖不與謀，猶被錄詣鄴，轉爲冗散」。〔註165〕此事《三國志‧武帝紀》、《後漢書‧獻帝紀》、《通鑑》均未記載，故其詳情與結果不明，但從董遇之經歷，不難想像此事可能是擁漢官僚之反曹行動之一。建安二十三年（218）秋，太醫令吉本、少府耿紀、司直韋晃等，率家僮千餘人攻許，欲挾獻帝以攻在鄴的曹操，後因勢力太弱，吉本、耿紀等事敗被誅，〔註166〕「于時衣冠盛門坐紀罹禍滅者眾矣」。〔註167〕建安二十四年（219），

〔註163〕關於曹操與荀彧的衝突之相關問題，請參見丹羽兌子，〈荀彧の生涯──清流士大夫の生き方をめぐって──〉，《名古屋大學文學部二十周年記念論集》（名古屋：名古屋大學文學部，1968），頁355～371。

〔註164〕請參楊耀坤，〈從傅嘏《難劉劭考課論》看曹魏爲政的特點〉，收入《中國古代史論叢》第9輯（福州：福建人民出版社，1985），頁44。

〔註165〕《三國志》，卷13，〈王朗傳附肅傳〉注引《魏略》，頁420。

〔註166〕《三國志》，卷1，〈武帝紀〉，「漢獻帝建安二十三年正月」條，頁50。

又發生魏諷謀襲鄴誅曹操之事。關於魏諷生平，記載甚少，僅知其「以才智聞」、「有重名，自卿相以下皆傾心交之」，〔註168〕此一特質已有浮華亂俗之傾向，曹氏父子對浮華之士本有所顧忌，因浮華份子對統治秩序有潛在危險性。復加魏諷所潛結之義士，如：南陽劉廙弟偉、王粲二子、荊州經學家宋忠之子等，多有忠漢反魏的傾向。《通鑑》載魏諷謀逆事，「連坐死者數千人」，〔註169〕足見當時反魏勢力仍不可小覷。從這三次事件，足以瞭解曹操與儒門名士間的衝突已從政治意識型態，更進一步具體化為實質衝突。

總而言之，筆者以為魏武三令本質上並非純然「尊儒」與「反儒」兩大意識型態之爭，而應當從代表政治力中心之「皇權」與代表社會力中心之儒門名士間的矛盾關係中來理解，〔註170〕因此代表準皇權的曹操與儒門名士間的衝突實乃漢魏禪代前夕政局發展的第一關鍵。

（二）曹丕與儒門名士的關係
——以曹丕曹植嗣位之爭為中心的討論

順此皇權與儒門名士關係的脈絡，將焦點轉移至漢魏禪代前夕政局發展之第二關鍵，即曹丕曹植嗣位之爭，以及因之而起的曹操集團內部的派系分化，並以此為基礎，探討曹丕與儒門名士間的關係。

曹丕於建安十六年（211）便任五官中郎將、副丞相，且為曹操長子，接班態勢較明顯，但曹操較欣賞的卻是「以才見異」的曹植，「每進見難問，應聲而對，特見寵愛」，曹操還公開稱曹植為「兒中最可定大事」，〔註171〕足見曹操是有意將王位傳給曹植，但基於朝中官僚各有擁護者，且王儲人選攸關國家前途與政局穩定，故即使已於建安二十一年（216）進爵為魏王，仍未立太子。不過立嗣問題也正式進入白熱化階段，稍早表達強烈擁護曹丕之立場的是魏尚書系統典選的崔琰與毛玠。《三國志·崔琰傳》載：

〔註167〕《後漢書》，卷19，〈耿弇附耿紀傳〉，頁718。

〔註168〕《三國志》，卷6，〈劉表傳〉注引《傅子》，頁214；卷14，〈劉曄傳〉注引《傅子》，頁446。

〔註169〕司馬光，《資治通鑑》，卷68，〈獻帝·建安二十四年〉，頁2162。

〔註170〕封海清以為，「曹操的三次求才令並無徹底否定儒學之意，其所反映的思想是在當時特定的歷史條件下政治思想中具有普遍性的思想」，筆者即在此說的啟發下，重新思考魏武三令的現實意義。請參氏著，〈曹馬之爭辨析——陳寅恪先生說獻疑〉，《雲南教育學院學報》，1997年第1期（昆明），頁27。

〔註171〕《三國志》，卷19，〈陳思王傳〉，頁557～558。

時未立太子，臨菑侯植有才而愛。太祖狐疑，以函令密訪於外。唯
琰露板答曰：「蓋聞春秋之義，立子以長，加五官將仁孝聰明，宜承
正統。琰以死守之。」植，琰之兄女婿也。太祖貴其公亮，喟然嘆
息。〔註172〕

何焯以爲，「以密函下訪，乃露板以答，非所以處骨肉之間。季珪之禍，實萌
於此。」曹植乃崔琰的姪女婿，爲了避嫌，故露板回答，並以誓死捍衛的立
場公開支持曹丕，果然引發曹植黨徒丁儀等人的憎恨，故《傅子》稱：「崔琰、
徐奕，一時清賢，皆以忠信顯於魏朝；丁儀閒之，徐奕失位而崔琰被誅。」〔註
173〕後來揭發「崔琰案」的「與琰素不平者」極可能是丁儀。

　　另外，毛玠亦曾就立儲之事，與曹植黨產生摩擦。《三國志‧毛玠傳》載：

時太子未定，而臨菑侯植有寵，玠密諫曰：「近者袁紹以嫡庶不分，
覆宗滅國。廢立大事，非所宜聞。」〔註174〕

這裡所謂的「廢立大事，非所宜聞」，可能正是針對曹植黨徒密陳「廢嫡立
庶」之事而發。〔註175〕但與崔琰一樣，又遭丁儀密告，以謗毀朝政獲罪。〔註
176〕最後曹操在「欲兩全玠與言事者（丁儀）」的考量下，將毛玠免黜。當然
崔毛二人在曹操集團中長期執掌人事系統，以二人清正耿直之性格，確也樹
敵不少，建安十七年（212）眾議省併東曹便是很好的例子。因此，這場嗣
位之爭恐怕與集團內部的人事權爭奪以及人事政策方針之爭仍有一定的關
連性。〔註177〕

〔註172〕《三國志》，卷12，〈崔琰傳〉，頁368～369。
〔註173〕《三國志》，卷12，〈徐奕傳〉注引《傅子》，頁378。
〔註174〕《三國志》，卷12，〈毛玠傳〉，頁375。
〔註175〕《三國志‧陳思王傳》載：「植既以才見異，而丁儀、丁廙、楊脩等爲之羽翼。
太祖狐疑，幾爲太子者數矣。」此外，關於曹植黨徒進言立曹植爲太子，請
見《三國志》，卷19，〈陳思王傳〉注引《魏略》，頁562。
〔註176〕《三國志‧何夔傳》載傅巽語何夔：「（毛）玠等（丁）儀已害之矣。」又〈桓
階傳〉載：「毛玠、徐奕以剛蹇少黨，而爲西曹掾丁儀所不善，儀屢言其短。」
足見丁儀極可能是「毛玠案」的密告者。
〔註177〕此種觀點亦可參見葭森健介，〈六朝貴族制形成期の吏部官僚——漢魏禪代か
ら魏晉革命に至る政治動向と吏部人事〉，收入《中國中世史研究續編》（京
都：京都大學學術出版會，1995），頁227～228；柳春新，〈崔琰之死與毛玠
之廢〉，《武漢大學學報（哲學社會科學版）》，1997年第2期（武漢），頁86
～87。

　　除了崔毛二人之外，魏尚書系統的徐奕、何夔等亦與曹植黨不善；〔註178〕魏國建（建安十八年，213）後，丞相東曹掾邢顒亦以「以庶代宗，先世之戒」來提醒曹操；〔註179〕侍中桓階亦「數陳文帝德優齒長，宜爲儲副」；〔註180〕侍中陳群，曹丕亦待之以交友之禮；〔註181〕丞相戶曹掾衛臻亦以大義拒丁儀之勸結。〔註182〕顯見當時曹操雖有意立曹植爲嗣，但是官僚系統核心分子多數還是支持曹丕，在各方輿論壓力與袁紹、劉表經驗的警惕下，使得曹操有所顧忌，遲遲未立太子。〔註183〕當然曹丕也知道父親對曹植的寵愛，因此早期也曾對荀彧、荀攸二位集團首席謀臣，表達尊崇禮敬之意，〔註184〕希望能對曹操有所影響，此外更因爲曹丕深知二荀強調儒學禮法，與「任性而行，不自彫勵，飲酒不節」的曹植格格不入，希望塑造出與曹植迥異之外在形象與人格特質。雖然二荀早亡，但其影響力也間接轉移至東宮系統，曹丕四友當中的陳群與司馬懿，便是由荀彧所推薦。〔註185〕另外，曹丕也嘗問賈詡「自固之術」，賈詡授以「恢崇德度，躬素士之業，朝夕孜孜，不違子道」，〔註186〕這與吳質的建議近似，〔註187〕其關鍵正是透過「御之以術，矯情自飾」，〔註

〔註178〕請參《三國志》，卷12，〈徐奕傳〉、〈何夔傳〉注引《傅子》、《魏書》，頁378、381。
〔註179〕《三國志》，卷12，〈邢顒傳〉，頁383。
〔註180〕《三國志》，卷22，〈桓階傳〉，頁632。
〔註181〕《三國志》，卷22，〈陳群傳〉，頁635。
〔註182〕《三國志》，卷22，〈衛臻傳〉，頁649。
〔註183〕曹操曾爲立太子一事密訪賈詡，賈詡初嘿然不對，後曰：「思袁本初、劉景升父子也。」後太子遂定。顯然，曹操所顧忌者最關鍵並非朝中官僚或儒門名士的意向，而是擔心嗣位問題處理不當，恐重蹈袁劉二氏之覆轍。請參《三國志》，卷10，〈賈詡傳〉，頁331。
〔註184〕曹丕曾「曲禮事（荀）彧」；荀攸患病，曹丕前往探視時，更是「獨拜牀下」，以示尊異。正因曹丕深知二荀在官僚體系與儒門名士層中的地位，以及其對曹操立嗣的影響力，故方有這些舉動，以爭取有利地位。請參《三國志》，卷10，〈荀彧傳〉，頁319；卷10，〈荀攸傳〉，頁325。
〔註185〕四友爲陳群、司馬懿、吳質、朱鑠。請參《晉書》，卷1，〈宣帝紀〉，頁2。荀彧推薦陳群、司馬懿一事，請參《三國志》，卷10，〈荀彧傳〉注引《彧別傳》，頁318。
〔註186〕賈詡除了受計與曹丕外，另外當曹操問立嗣之事時，賈詡初嘿然不對，後答曰：「思袁本初、劉景升父子也。」曹操大笑，於是太子遂定。顯見賈詡在嗣位之爭中，作用極爲關鍵，因此《魏略》乃載：「文帝得詡之對太祖，故即位首登上司（太尉）。」請見《三國志》，卷10，〈賈詡傳〉及注引《魏略》，頁331。
〔註187〕《三國志》，卷21，〈王粲附吳質傳〉注引郭頒《世語》，頁609。

188〕恪遵君臣父子之道，〔註 189〕展現重德守禮的面目，以爭取儒門名士的支持。〔註 190〕更要者，原本對武藝雜伎的興趣並不在文藝之下的曹丕，受到賈詡指點要「躬素士之業」後，始「深自砥礪」，跳脫《與吳質書》中追述「南皮之遊」一類側重排場的文學，〔註 191〕要在爲曹操所欣賞、曹植所長的文才方面也有所表現。其中最著名者，乃是建安二十一年（216）秋冬之際撰寫編成的《典論》，曹丕透過〈自敘〉、〈姦讒〉、〈內誡〉、〈酒誨〉、〈論文〉等篇，一方面曉諭立嗣的利害，一方面諷刺其政敵。〔註 192〕

　　總之，從上列支持曹丕的人物，多數具有儒門名士的背景，以及曹丕本人的作法來觀察，似乎已隱約透露出在爭嗣過程當中，曹丕與儒門名士間的關係更加友好、密切。

　　順此脈絡，將這場嗣位之爭聚焦於人事系統。若吾人將支持曹丕的人物的仕宦經歷攤開來看，可發現崔琰、毛玠、徐奕、何夔、邢顒、桓階、陳群等無一不是曾爲丞相府東曹掾屬，後來也依據資歷深淺，陸續進入魏國尚書系統。與這些人對立最強烈的曹植黨徒丁儀，正是丞相西曹掾。其實先前提到的建安十七年（212）丞相府組織改造一事，出現了因東曹掾毛玠「請謁不行，時人憚之，咸欲省東曹」的情形，恐怕當時官僚系統中反毛玠者，可能正欲藉著西曹掾丁儀一黨的親貴勢力來排除以毛玠爲首的東曹系統，進行人事方面的權力鬥爭。後來東曹雖省併不成，但這幫官僚朋黨性格強烈，故同年何夔接任丞相東曹掾後，曾提出以「核之鄉閭」爲首的選舉制度改革，其改革目標正是所謂「各引其類，時忘道德」的問題，而此說恐非無的放矢，可能正是針對丁儀爲首的這幫朋黨而發。

　　在此背景下，這幫朋黨可能隨著嗣位之爭，逐漸往曹植黨靠攏。建安二

〔註 188〕《三國志》，卷 19，〈陳思王傳〉，頁 557。

〔註 189〕另外，建安十六年（211）曹操西征馬超時，留曹丕守鄴，時田銀、蘇伯等反河間，其中有賊請降，議者以爲宜如舊法誅降者，但參軍事程昱卻特別提醒曹丕當先請示曹操，後曹操還鄴，稱許程昱「非徒明於軍計，又善處人父子之間」。顯然程昱深知曹操性格，而曹丕亦懂得進退之分，採信程昱之見，不違子道又嚴守君臣分際，以爭取曹操之認同。請參考《三國志》，卷 14，〈程昱傳〉注引《魏書》，頁 429。

〔註 190〕近似觀點請參曹道衡，〈從魏國政權看曹丕曹植之爭〉，《遼寧大學學報（哲學社會科學版）》，1984 年第 3 期（瀋陽），頁 77。

〔註 191〕《三國志》，卷 21，〈王粲傳附吳質傳〉注引《魏略》，頁 608。

〔註 192〕請參王夢鷗，〈從典論殘篇看曹丕嗣位之爭〉，《中央研究院歷史語言研究所集刊》，第 51 本第 1 分（1980，臺北），頁 114。

十五年（220）曹操薨於洛陽，政治情勢相當緊張，稍早受驛召從長安入洛陽的曹彰，至洛曾謂曹植：「先王召我者，欲立汝也。」〔註193〕這表示即使建安二十二年（217）曹丕已被立爲太子，但這場嗣位之爭卻未結束。又當時朝廷也出現「可易諸城守，用譙、沛人」的傳聞。〔註194〕難免讓人聯想到丁儀兄弟的崛起背景，正是依侍其父丁沖與曹操的鄉黨舊友關係而登上政治舞臺。〔註195〕綜合來看，建安末年隨著嗣位之爭而表面化的官僚系統內派系分化，以丁儀爲首的曹植黨羽可能具有相當成分的鄉黨性格，而在洛陽散播耳語的恐怕正是這幫朋黨，使得這場嗣位之爭逐漸具有王室鄉黨集團與儒門名士集團對抗的味道。因此，結合前段所討論的曹操與儒門名士間日益緊張的關係，可以推測建安末年曹操在立嗣問題上遲遲未決，除了因屬意曹植接班以及考量政局穩定外，另也希冀乘機間接利用以丁儀爲首的王室鄉黨集團，作爲對抗儒門名士集團的工具，藉以防範儒門名士政治勢力的過度擴張發展，否則爲何建安十七年（212）已遭省併的丞相府西曹，不久後又復置，〔註196〕顯然是有意保留另一人事權力機構給王室鄉黨集團，而在表面上仍重用儒門名士，但又保留另一政治勢力來制衡之，既可追求政府施政品質、維持官僚系統健全運作，又可保持某種程度的權力平衡，這正是曹操政權性格中「權術主義」的最佳寫照。

　　若再比較兩個集團的人事結合紐帶與人事政策，更可體現出其對立性。曹氏鄉黨集團主要是以血緣與地緣關係爲中心的私親結合模式，而儒門名士集團則是透過以尊重鄉里秩序爲基礎的鄉論或清議的公義結合模式。再者，

〔註193〕《三國志》，卷19，〈任城王傳〉注引《魏略》，頁557。

〔註194〕《三國志》，卷22，〈徐宣傳〉，頁646。

〔註195〕《三國志》，卷19，〈陳思王傳〉注引《魏略》，頁561～562。

〔註196〕柳春新曾提出丞相西曹復置之說，但並無舉證。茲舉若干事例以證建安十七年（212）以後，丞相府仍設有西曹。其一，建安二十年（215）曹操西征張魯時，東郡郭諶時任丞相西曹掾；其二，建安二十一年（216）桓階任侍中時，毛玠與徐奕「剛蹇少黨，爲丁儀所不善，賴階左右以自全保」，而當時丁儀便任丞相西曹掾；其三，建安二十二年（217）陳群從御史中丞轉爲侍中，領丞相東西曹掾；其四，建安二十四年（219）關羽圍樊、襄陽時，蔣濟時任丞相西曹屬。柳春新之觀點，請參氏著，〈崔琰之死與毛玠之廢〉，頁85。桓階與陳群之任職時間，請參考萬斯同，《魏國將相大臣年表》，收入《二十五史補編》第二冊（北京：中華書局，1955），頁2605～2606。餘則請參《三國志》，卷8，〈張魯傳〉注引《世語》，頁265；卷22，〈桓階傳〉，頁632；卷22，〈陳群傳〉，頁634；卷14，〈蔣濟傳〉，頁450～451。

兩集團主要人物的基本性格亦呈現出這類對立性。丁儀便曾因曹丕阻止而未能尚清河公主，失去成為皇室姻戚的機會，而對曹丕懷恨在心，其對於政敵也是毫無留情地進行致命的打擊（如：崔琰之死、毛玠之廢）。至於崔琰，曹操「貴其公亮」；毛玠則「雅亮公正，在官清恪」；何夔與丁儀等不合，但終不屈志；曹操稱徐奕之忠亮，「古人不過」，又以「篤於守正」稱許桓階。另外，像是制訂九品官人法的陳群，亦是「在朝無適無莫，雅仗名義，不以非道假人」；文帝黃初年間（220～226）典選的陳矯，亦以「亮直」稱。因此從人事系統當權人物的性格來看，不論是先進的崔毛徐何，或是後進的桓二陳，他們均具有「清忠公亮，貞實守道」的共通特質。這種人事系統長官人選特質的一致性，正是魏武文二代在人事政策上的繼承關係之一。

　　隨著太子名分的確立，曹植黨聲勢受挫，而曹丕愈益倚重儒學名士集團的力量，到了曹丕即魏王位後改元延康，開始進行漢魏禪代前的各項準備工作。〔註197〕在人事佈局方面，延康元年至黃初元年（220年2月至11月）的官僚系統重要人事如下：文官系統包括相國華歆，御史大夫王朗，太尉賈詡，郎中令和洽，太僕何夔，大理鍾繇，大鴻臚張泰，大農袁霸，少府謝奐，中尉徐奕，將作大匠董昭，尚書令桓階，尚書僕射李義，尚書常林、陳矯、陳群、衛覬、杜畿，祕書令劉放，侍中劉廙、趙儼、鮑勛、鄭稱，散騎常侍傅巽、衛臻、孟達，太子太傅邢顒，御史中丞崔林，雍州刺史張既，兗州刺史裴潛，豫州刺史呂貢，揚州刺史溫恢，魏郡太守徐宣，鄴令賈逵等；武官系統包括大將軍夏侯惇，車騎將軍兼荊州刺史曹仁，衛將軍曹洪，鎮東將軍兼徐州刺史臧霸，鎮西將軍曹真，領軍將軍曹休，中領軍夏侯尚，前將軍張遼，後將軍朱靈，左將軍徐晃，右將軍張郃，中堅將軍許褚，射聲校尉吳質等（其他人事安排請詳見表2－1）。分析這份人事部署，有若干特點：其一，文官系統之核心成員多數具有儒門名士背景，其中以三公為首的九卿等舊官僚機構多為赤壁之戰前的先進官僚，而作為新政務中心的尚書系統及內廷系統（門下、散騎、中書）則多為後進官僚；武官系統則多是曹操時期征戰沙場的舊屬，其中京城禁軍由曹丕所親信的同輩宗室疏屬所統轄，只有吳質以曹丕密友關係出任禁軍五營中的射聲校尉；其三，政權核心已全然將曹植黨排除在外。

〔註197〕關於各項準備工作及其政治意涵，請參見宮川尚志，《六朝史研究‧政治社會篇》，頁93～99。

二、九品官人法之成立與精神要旨

總結前面的討論，漢魏禪代前夕政局發展關鍵有二：一是曹操與儒門名士間於治國理念上的緊張關係；二是曹丕曹植嗣位之爭，及其所衍生出之曹丕與儒門名士的親善關係。那麼這樣的政局情勢與此時九品官人法的制訂之間存有哪些關係呢？九品官人法的制度設計有哪些目的與功能？作為曹丕人事政策制度化產物的九品官人法與曹操時期的人事政策之間又有何繼承與批判關係呢？

（一）漢魏禪代前夕的政局動態與九品官人法的制訂

首先探究第一個問題，分成兩部分來說明。其一，漢魏禪代前夕政局發展與官制改革之關係。本章第一節已提到，「九品制」包括官品九品制與鄉品九品制，乃九品官人法運作的根基與關鍵所在。先從官品九品制的政治意義與目的來探討。回溯曹操集團的發展脈絡，吾人可發現，隨著形勢的推移，曹操政權進入第四期之後，功臣集團漸從曹操私人幕僚的身分，轉型為開國功臣，亦逐漸轉化為中央政府任用的官僚。一旦集團性質由私轉公，則成員社會身分的重要性便漸由官僚身分所取代。再加上隨著集團成員的擴大，集團當中不同背景出身的官僚開始有了集團分化，甚至對立的情形，而這種對立的表面化便深刻地展現在嗣位之爭當中。因此，身分等級分化的問題便日趨擴大與臺面化，在這種情勢之下，對於即將進行政權轉移的曹丕集團而言，便有必要從制度面來擺平這個問題，這時候便是一套新官階制度出現的契機。當然，促成新官階制度的誕生，其成因十分複雜，除了上述這種可能的現實迫切需要性之外，尚有一個因素亦不容忽視，那便是東漢以來職官系統名實不符的問題，也就是官位祿秩高卑與職權大小、於官僚體系中的重要性之間，呈現出十分不合理的不對應關係，因此這時候便有改革的需要。〔註198〕但這次改革仍以舊制度為基礎，且為避免新舊制度無法銜接，故有官品九品制與漢十七等祿秩官階制度共存的情形。

其二，九品官人法制訂的「時機」與漢魏禪代之關係。關於九品官人法的成立，《通典》的說法為：

> 延康元年，吏部尚書陳群以天朝選用不盡人才，乃立九品官人之法。
> 〔註199〕

〔註198〕關於九品官人法與官品九品制之關係，可另參吳慧蓮，〈六朝時期的選任制度〉，頁27～29。

〔註199〕唐・杜佑，《通典》，卷14，〈選舉二〉，頁326。

從政治動機設想，可能讓人聯想到建安十三年（208）以後政局發展的兩大關鍵，因此，一些學者便將九品官人法予以「政治工具化」，如：宮崎市定以為九品官人法的初始設置目的在於審查出仕魏王朝的東漢舊官僚的資格；〔註 200〕矢野主稅則以此為基礎加以發揮，以為是對全魏官僚進行人物調查；〔註 201〕狩野直禎則主張九品官人法的直接作用便是剔除反曹丕之曹植黨羽。〔註 202〕綜合學者研究及先前所提及的漢魏禪代前夕的政治動態來看，筆者以為九品官人法的附加政治目的，便是裁汰當時殘餘的反魏及反曹丕勢力。〔註 203〕

（二）九品官人法的制度目的與功能

再專就制度設計層面，探討第二個問題，即九品官人法設計的目的與功能。其一，有改革東漢選舉制度流弊的作用。首先，在東漢察舉、辟召等選舉制度下，各部門長官掌握人事權，中央不能控制人事，令主官和部屬、辟命者和被辟召者、察舉者和被察舉者之間產生了私的結合關係，其結合紐帶乃立基於東漢官界盛行的任俠習性，這種官人間的任俠關係或可統稱為門生故吏問題。另一方面，在中央徵拜制度下，國家又賦予公卿二千石官僚薦舉權，在國家權威不彰時，此薦舉權與這種私屬關係結合，使中高層官員容易結成朋黨。此一東漢選舉制度弊端，確實妨礙了皇權的實施。〔註 204〕曹丕於禪代之前面對這個舊官界流弊，為了在人事政策上進一步鞏固曹操中央集權路線，建立更直接有效的君臣關係，使官僚機構得以貫徹名法之治，勢必要對門生故吏之私屬關係予以制約，以強化君主對臣子的支配權力，淡化官人間的私人恩義關係。因此，將中央徵拜制度下的資格審查與薦舉權回歸中央，便是選舉制度改革的核心所在，由此便不難想像委任京官擔任中正此一規定所考量的理由。因為透過以皇權為核心的中央官僚，來統一執行官吏候選人資格審查的工作，使這些官吏候選人的資格認定與皇權產生直接關連，便可

〔註 200〕宮崎市定，《九品官人法の研究》，頁 10。
〔註 201〕矢野主稅，〈魏晉中正制の性格について一考察──鄉品と起家官品の對應を手掛りとして──〉，頁 25～26。
〔註 202〕請參見狩野直禎，〈陳群傳試論〉，《東洋史研究》，第 25 卷第 4 號（1967，京都），頁 480。
〔註 203〕福井重雅則從察舉制度的殘存之角度，進一步闡釋此一觀點。請參氏著，《漢代官吏登用制度の研究》（東京：創文社，1988），頁 466～469。
〔註 204〕越智重明，《魏晉南朝の貴族制》，頁 77。

淡化舊君故吏間的恩義關係。〔註205〕更關鍵者,曹操時期的君臣關係多以經由辟召制度建立的恩義關係爲基礎,這從曹操時期的功臣集團成員多曾擔任過曹操屬吏的情形得到驗證。〔註206〕因此,漢魏禪代之後,曹丕勢必要將這種私屬關係轉化爲最高位階的君臣關係,制訂九官人法之後,欲由中央直接徵拜者,必先通過中正評品,使中高層官僚的薦舉權受到制約,此乃九品官人法主要的制度功能之一。

再者,東漢士人或官府僚佐欲成爲朝廷命官有一定的途徑,例如擔任郎吏或太學博士,或是官府掾屬依功次察舉等方式,但是東漢末年以後徵辟制度破壞,官職選任毫無章法,飽受外力干涉作用,三公府、尚書臺對於官職選任權的濫用,導致官僚組織人事進退喪失秩序,人才與官職根本無法相應,無法發揮官僚政治運作的統治效能,因此需要重新整頓,擬定出官職選任的規章,並與新職官秩序得以相應,於是便有吏部銓選制度的成立。吏部銓選制度的確立,目的在於透過單一機構執掌人事權中的選授權,以矯正漢末以來用人無度的問題,讓官吏選授有了規範,代表國家選舉用人進一步地中央集權化。〔註207〕

其二,間接疏導並控制豪族官僚化問題。漢末割據的成因之一,便是東漢政權長期以來的豪族儒門化並官僚化的問題。此一問題的關鍵正在於察舉辟召制度下,地方豪族與儒門名士得以操控地方選舉,進一步擠身中央官僚。〔註208〕因爲漢末私議成俗,盛行臧否之談,而人物評論毀譽無端,

---

〔註205〕但薦舉權仍未有一中央機構統一執掌,直到魏末西晉才由司徒府統籌負責。

〔註206〕建安十八年(213)魏公國尚書系統及侍中十一人中,有九人均曾爲曹操辟召屬吏。而黃初元年(220)的重要中央官僚,包括尚書系統、侍中、三公九卿二十五人中十四人曾爲曹操辟召屬吏。從這種人事結構來看,辟召制度確實是曹操集團建立結合紐帶的制度工具。但曹丕所面臨的局面卻是名實相符的國家機構,當然必須擺脫這種君臣結合模式,況且爲了改革本地人相薦的軍中用人習慣,建立全國性的人事資料有其急迫性,九品官人法的制訂正有這方面的考量。請參考矢野主税,〈曹操集團の性格の一考察──寄生官僚制解明の爲に──〉,收入氏著,《門閥社會成立史》,第七章,頁 441~498;五井直弘,〈曹操政權の性格について〉,頁 17~21;福井重雅,《漢代官吏登用制度の研究》,頁 469~478。

〔註207〕越智重明亦認爲九品官人法制訂的目的之一,在於將國家人事權集中到單一中央機構。請參氏著,〈九品官人法の制定について〉,頁 36。

〔註208〕關於地方豪族與選舉的關係,請參見東晉次,〈後漢の選舉と社會〉,《東洋史研究》,第 46 卷第 2 號(1987,京都),頁 263~290。

漫無定準,易爲地方豪族與儒門名士所控制,〔註209〕就選舉程序而言,最易被操控的環節便是舉薦與初步考核。所以建立中正評品制度,「將以鎮異同,一言議」,由政府委命的中正來統一輿論,管制鄉論與清議,〔註210〕藉以疏導地方豪族或儒門名士等私家勢力,減少其對中央任用官僚產生直接干擾,以發揮官吏選任的「官才本位」理念,〔註211〕並且可抑制浮華朋黨問題。〔註212〕值得注意者,此法之創制和曹丕《典論》中的言論有一貫的精神,均表現出法家集權思想的崇上抑下精神,是以中正評品制度在選制之外的政治作用,便是立基於中央集權路線,建立起連結地方鄉里豪族勢力的政制媒介,因而在理論上便可間接緩和並控制豪族官僚化問題。〔註213〕但是實際上,九品官人法在政權轉移之際,本身就擔負了部分的政治目的,代表新政權對於地方勢力的懷柔收編策略,加上曹魏政權本身原具有豪族性格,〔註214〕薦舉權趨向中央化的結果,便導致了當權豪族或士族的中央官僚化與特權化、貴族化,即是西晉後期士族門閥政治的催生與醞釀。〔註215〕

其三,從郡中正時代的「官才本位主義」,過渡到州大中正時代的「鄉里階層秩序與政治階層秩序的調和」。關於九品制中鄉品制與官品制共用九品階層秩序的制度設計目的,有學者主張此乃由於鄉里社會的崩潰,以此爲前提條件的後漢鄉舉里選喪失作用,因而需要有與發展中的豪族社會結構相適應

〔註209〕 張旭華亦認爲,「反映在政治上要求防止私家干涉政府用人而要由國家掌握選舉,加強集權統治,九品中正制萌芽之根本原因在此」。請參見氏著,〈九品中正制萌芽探討〉,《中國古代史論叢》第5輯(福州:福建人民出版社,1982),頁116~125。

〔註210〕 請參劉顯叔,〈東漢魏晉的清流士大夫與儒學大族〉,頁227。

〔註211〕 請參神矢法子,〈魏前期の人才主義〉,《九州大學東洋史論集》,第3輯(1974,東京),頁38。

〔註212〕 請參見唐長孺,〈九品中正制度試釋〉,頁99。

〔註213〕 福井重雅亦認爲,九品官人法創制的眞正意圖之一,便是藉由郡中正的設立,透過對鄉論的尊重,作爲人才資格審核的基礎,促使地方鄉黨放棄親漢立場,故九品官人法亦可視作曹魏政權穩定地方鄉里秩序,收編地方豪族的基本方針的一環。請參見氏著,《漢代官吏登用制度の研究》,頁483。

〔註214〕 據五井直弘研究,曹操政權的核心組成份子,乃以曹操任司空時期所辟召的屬吏系統爲主,又這些屬吏的出身多具有名士身分或豪族背景。請參見氏著,〈曹操政權の性格について〉,頁21。

〔註215〕 此類觀點可見宮崎市定,《九品官人法の研究》,頁130~131;530~531;福井重雅,《漢代官吏登用制度の研究》,頁483~484。

的官吏任用制度。〔註216〕但筆者以爲此說當是州大中正制成立之後，以後果推前因的說法，因爲從魏正始（240～248）年間夏侯玄的觀點，以及本章第一節第二目所探討的魏初用人政策來看，郡中正時代所體現的制度設計目的是傾向「官才本位主義」。〔註217〕因此，筆者以爲最初「九品制」的制度設計目的，在於企圖透過國家官僚政治運作的力量，以及新選制的運作，讓體現人才等第的鄉品能有效地反映在官職等第的官品上，故共同採取九品等第，使人才等級構造能與官職等級構造能密切配合，而在運作機制上則希望透過中正評品制度，延續鄉舉里選制度精神，以鄉論與清議爲基礎，來建立人才等級秩序。〔註218〕但是隨著東漢以後地方豪族儒門化、清議運動以後由清議主導鄉論等局勢的發展，社會結構漸走向中央級士族——地方豪族——自由民之階層序列，選制的運作也漸漸受到此種結構的牽制，鄉品便無法反映官才等級，所反映的反而是社會結構之等級秩序，這種發展的關鍵便是州大中正制的出現。〔註219〕而且依據宮崎市定的觀點，鄉品與官品的結合導致高鄉

〔註216〕崛敏一這種分析的角度，不僅把問題限定在選舉制度上，並注意到制度和社會構造的關係，這與川勝義雄主張的在鄉論重層結構前提下，爲了將此作爲整個社會根本而設立九品官人法的觀點一脈相通。請參見氏著，〈九品中正制度の成立をめぐって——魏晉の貴族制社會にかんする一考察——〉，頁51～52。

〔註217〕一手史料中關於郡中正制時代中正評品制度的記載，最早的詳細資料便是魏正始年間夏侯玄一段關於人事制度的建議。其建言要旨在於恢復制度創始之「審官才」的精神，這與魏初馮邑郡中正王嘉評品吉茂一事所呈現的人事政策方針相符。筆者將之稱爲「官才本位主義」，即指國家人事政策的主要方針，乃是配合官僚體系運作所需的功能主義取向。此外，越智重明亦以爲，九品官人法的首要目地便是審查官僚任官才能，而神矢法子也主張魏文帝、明帝時期九品官人法的運作核心主要在於吏部銓選制度，其人事基本方針可稱之爲人才主義，郡中正制則是配合此方針來執行審官才的職務。請參考《三國志》，卷9，〈夏侯玄傳〉，頁295～296；卷23，〈常林傳〉注引《魏略》，頁660～661；越智重明，〈魏時代の九品官人法について〉，頁22～23；神矢法子，〈魏前期の人才主義〉，頁37～39。

〔註218〕但有學者持不同看法，如：宮川尚志便認爲中正九品與官階九品並無因果關係，前者是對於上中下三級制的批判，後者則屬整頓官僚組織的必要結果。請參見宮川尚志，《六朝史研究・政治社會篇》，頁266～267。

〔註219〕關於州大中正制的相關問題，請參見越智重明，〈州大中正の制に關する諸問題〉，《史淵》，第94輯（1965，福岡），頁33～67；葭森健介，〈魏晉革命前夜の政界——曹爽政權と州大中正設置問題——〉，《史學雜誌》，第95編第1號（1986，東京），頁38～61。

品、高官的世襲，產生了貴族制，同時出現了特定的門第（門地二品），帶來了流內、流外、官職清濁〔註220〕等貴族制現象。〔註221〕

（三）九品官人法與曹操時期人事政策的關係

關於第三個問題，可先溯及政治理念的衝突來談。原本曹操與儒門名士層合作以共圖穩定的政社秩序，因而彼此保有一定的和諧關係，然隨著華北局勢的穩定，雙方在治國理念上逐漸產生衝突，使得原有的合作關係出現裂痕。曹操擔心儒門名士層可能會以儒家政治理念作為號召，成為一個以恢復東漢名教為目標的龐大朋黨，故發佈求才三令，重申唯才所宜的用人方針，阻撓東漢以德、以名、以族等選舉標準思想的復興；繼司直復置後，〔註222〕再設非正規化的監察官員校事，任用「能刺舉而辦眾事」者，直接聽命於曹操，「使察群下」，〔註223〕以察官僚之不法，此乃專制皇權的基本特質；建安十九年（214），頒佈設置丞相理曹掾屬之令，「選明達法理者持典刑」，〔註224〕此即強調「治定之化，以禮為首；撥亂之政，以刑為先」的治國理念，〔註225〕且「置理曹掾屬令」與第二道求才令同時發佈，顯然此乃一整套法術主義之新統治路線的宣告。

但若進一步從選制運作方式的角度來檢視人事政策，則可發現從曹操崛起之初便急著尋求名士品評，打擊代表政壇濁流勢力的中央閹宦集團及地方豪族的作法，在政治立場上爭取儒門名士集團的認同，甚至在後期讚賞並支

〔註220〕關於清官與濁官的初期分化發展，可參考上田早苗，〈貴族的官制の成立——清官の由來とその性格——〉，收入《中國中世史研究》（京都：京都大學學術出版會，1970），頁103～132。

〔註221〕關於九品官人法與貴族制相連的形式這個問題，矢野主税則將之純粹做為官吏任用制度，因而重視官職的任用，例如重視吏部尚書的作用，進一步主張九品官人法乃是在自我演變中形成了貴族制。越智重明則似將九品官人法看做一種手段，起著促進士人階層分化、上級士人階層固定的作用，並由此形成貴族制。川勝義雄和崛敏一則是在將鄉黨社會構造原理轉化到九品官人法原理的基礎上，認識九品官人法與貴族制的關係。請參見中村圭爾，〈六朝貴族制論〉，收入《日本學者研究中國史論著選譯》第2卷（北京：中華書局，1993），頁383。

〔註222〕司直，秩比二千石，武帝元狩五年（118 B.C.）置，掌佐丞相，舉不法也。光武帝建武十一年（35）省，獻帝建安八年（203）復置，督中都官。請參見《後漢書》，卷9，〈獻帝紀〉，「建安八年十月己巳」條，頁383。

〔註223〕《三國志》，卷24，〈高柔傳〉，頁684。

〔註224〕《三國志》，卷1，〈武帝紀〉，「漢獻帝建安十九年十二月乙未」條，頁44。

〔註225〕《三國志》，卷24，〈高柔傳〉，頁683～684。

持崔琰典選時對清議的重視，從這些點上，均可體察出至少在價值判斷上，曹操終歸是承認人倫鑑識的優越性，或許這與其對自身出身存有自卑心態有關。〔註226〕事實上，選舉方式當與選舉標準屬於制度整體，兩者是一種有機關聯，因為人倫鑑識乃隨著重視人物性行與人格而發展出來的選舉機制，而曹操既承認人倫鑑識之優越性又要主張唯才所宜，顯見這其中存有弔詭之處。〔註227〕如此再進一步檢視曹操之唯才所宜的用人方針，便可發現曹操在面對集團內部儒門名士勢力的茁壯與擴張時，勢必要在人事權的分配上掌控力量，但基本上以人倫鑑識為核心的鄉論與清議，儼然已成為上從政府下到社會的選舉文化，因此在選舉方式難以短期轉變的情勢之下，將焦點集中到選舉標準，亦不失為另一種平抑儒門名士勢力的策略。

但這裡要進一步說明的是，即使曹操在價值判斷上承認人倫鑑識的優越性，但其強調中央集權的法術主義國家政策總路線，仍具有最高優位性，因此，就算承認清議的有效性，但仍由中央政府領導支配，絕不下放鄉里，這種由上而下的選舉運作機制，與東漢的由下而上的鄉舉里選相較，雖有結構上的類似性，〔註228〕但其基本精神已有所調整。再者，由中央人事機構「總齊清議」的作法，從丞相東曹掾、魏國尚書到曹魏吏部，一脈相承，這正是堅持由京官出任郡中正，並由吏部主掌最後銓選與任命權等制度設計的演化脈絡與政治意義，既保留鄉論清議的舊習慣，又可強化人事權的中央集權。因此，若比較中正評品制度與察舉制對鄉論的依存關係，則可看出在察舉制下鄉論具有地域性，但中正評品制度卻有著統一不同地域之鄉論成為單一體系之功能。

從前面的討論中可得知，至少在選舉方式上，曹丕仍舊繼承曹操的人事政策。那麼在選舉標準方面又是如何？有學者指出「九品官人法創立之日，也就是曹操求才三令廢止之時」，〔註229〕但是像是本章第二節所舉之吉茂的例

〔註226〕請參見謝大寧，〈才性四本論新詮〉，收入《第二屆魏晉南北朝文學與思想學術研討會論文集》（臺北：文津出版社，1993），頁832〜834。

〔註227〕類似情形同樣出現在魏明帝時期選舉標準向德行靠攏時，所出現的既要考慮道德標準，又要把用人權集中於政府，如此的兩難困境。請參見郭熹微，〈論魏晉禪代〉，《新史學》，第8卷第4期（1997，臺北），頁48。

〔註228〕這裡筆者所謂結構的相似性，指的是均由政府掌握任命權，鄉里透過鄉論清議參與人才推薦。但其差異性便在於九品官人法之下，郡中正握有評品權，國家得以更進一步透過具京官身分的郡中正來主導鄉論清議。

〔註229〕請參萬繩楠，《魏晉南北朝文化史》，頁40。

子，可能因郡中正評品之「德優能少」的狀語而左遷，便可說明魏武三令在
魏初仍未失效。也有學者以爲「九品中正制的推行完全體現了曹操唯才是舉
的思想」，〔註230〕但是「德行」確實也是中正評品的標準，而且據《魏略》載：
「黃初中，儒雅並進，而（楊）沛本以事能見用，遂以議郎冗散里巷」，此例
已突顯出魏文帝時期的選舉標準確實有所轉變，漸由重才幹與功能轉爲重德
行與學問。〔註231〕由此來看，就選舉標準而言，九品官人法並無特別偏重德
行或才能，至少可以說德才並重，這與曹操之「唯才所宜」用人方針並無太
大出入，但仍可看出德行因素正逐漸受統治階層重視的趨勢。

　　不過，值得注意者，選舉標準的爭議焦點正是選舉之實質內涵，究竟應
以何爲核心精神。但是一旦依據這類實質內涵進行人才選任時，兩種標準均
需有觀察之介面，重才者審其個人才學與行政能力，倚德者訴諸日常行爲與
家世門風，但無論何者，均需依託所謂的「名聲」或「名望」，即「內實」需
要「外名」作爲載體，就像語言是意念、概念的載體一般，這是難以避免的。
故即使像是曹操當權時期，主典選舉的崔毛二人貴清素之士，希冀以此作爲
欲仕與已仕者的行爲標準，藉以建立以清素爲主的新官場文化，但是正如魏
末的盧欽所言，「往者毛孝先、崔季珪等用事，貴清素之士，於時皆變易車服
以求名高」，〔註232〕正突顯出選舉文化改革之困境。因此，明帝時疾浮華朋黨，
所譴責的便是這些名士之不修學行、競逐高名的行爲，是以明帝對當時的吏
部尚書盧毓曾說：「選舉莫取有名，名如畫地作餅，不可啖也。」這裡的名所
指涉的實質內涵是包括德與才。但或許盧毓已認清選舉官吏時，存在於「名」
與「實」間的矛盾困境，因此認爲改革選舉弊端的核心不在名實問題或德才
問題，而在於考課制度是否完善健全，因爲「主者當以循名案常爲職，但當
有以驗其後」，〔註233〕如此便可檢驗其學行才能，是否名實相符。因此，德才
問題不過是表面的價值意識之爭，問題核心還是在於名實問題，再進一步提
升爲制度面向上的考課制度問題，建安末劉廙的上疏中業已清晰呈現這個實
際問題。〔註234〕

〔註230〕請參寧稼雨，《魏晉風度──中古文人生活行爲的文化意蘊》，頁 73。
〔註231〕《三國志》，卷 15，〈賈逵傳〉注引《魏略‧楊沛傳》，頁 486。
〔註232〕《三國志》，卷 27，〈徐邈傳〉，頁 741。
〔註233〕《三國志》，卷 22，〈盧毓傳〉，頁 651～652。
〔註234〕劉廙於建安末論治道，已特別注意到地方長吏的考課問題，建議黜陟當依事
　　　　而非依名，而首要在任期不宜過短，三年較合適，任期畢，依其任期內之戶

　　不過，吾人若將視野擴大，從整體人事政策方針來看曹丕與曹操在人事政策上的繼承與批判關係，筆者以為是繼承多於批判。因為九品官人法之創置，其制度上的理由便是「不盡人才」，而從「九品制」的設計來看，其制度意義乃是發揮「官才本位」選任理念，因為「官才本位」理念所重者正是人才與官職之間能有合理的對應關係，故理論上選制問題重心不在於「唯德」或「唯才」，而在於因官職差異所導致德、才要求不同的問題。由於「官才本位」理念乃繼承「唯才所宜」理念而來，意即九品官人法乃針對曹操軍政時期無法可循之人才選任程序，予以制度化後所創置。因此，就此一角度來看，是一種繼承關係。

　　不過，亦不能忽略曹丕與曹操所面對的政局情勢，以及其與儒門名士之關係的差異。在曹操時期，由於統治階層新選舉理念的催生與外在現實環境的需要，在此兩種力量作用之下，魏武求才三令的出現象徵著法家選舉理念克服了儒家選舉理念。但是事實上，主導東漢政治圈的儒門豪族，經黨錮事件、黃巾亂事之後，其勢力雖有所削減，然而儒家名教的影響力仍在，而且傳統鄉里社會仍舊受其支配，因此就選舉思想而言，就算曹操欲藉求才三令的頒佈，刻意強調才的重要性，希望能夠破除東漢以名教作為統治階層之指導思想的束縛，但是畢竟曹氏集團中的儒門名士力量仍強，加上曹操本身在面對儒門士族時，對自身社會身分存有一種自卑心態，是以除此三求才令外，在用人態度上，基本上並未刻意打壓有德之士，而且他個人也認同「亂世重才，承平尚德」的用人思想，顯然他並未對儒家重德的用人思想採取完全否定的態度，畢竟名教思想反而有益於局勢的穩定。順此形勢發展，當曹丕繼魏王位後，為了進一步達成政權的和平轉移，在選舉制度上，便展開九品官人法的籌畫，而且從日後中正評品的品狀內容來看，德與才至少是並重的，而且德的因素也愈形重要，這當然與統治集團結構與性質的轉變，以及君主的統治方針的轉變有關。因此，從此一角度來看，九品官人法代表的是「德才並重」之選舉標準的確立，〔註235〕基本上仍是曹操「唯才所宜」思想的修正，故繼承意味仍多於否定意味。

　　　　口多寡、歲收高低、地方治安狀況等，進行較客觀之評估，以此作為長吏黜陟的標準。請參《三國志》，卷21，〈劉廙傳〉注引《廙別傳》，頁616～617。

〔註235〕有學者持不同看法，如越智重明主張九品官人法的目的之一便是確認官人為官能力，因此在重要性上才優於德。請參見越智重明，〈魏晉南朝の貴族制〉，頁77。

　　最後，吾人可再從皇權與儒門名士的互動關係，來探討曹丕與曹操在人事政策上的繼承或否定關係。事實上，九品官人法乃是各自代表皇權立場與儒門名士立場的曹操與荀彧雙方，關於選舉標準爭端的一個妥協性產物。就選舉標準而言，中正評品制度代表皇權對儒門名士價值理念的承認與屈服，因為人物評價操於中正官之手，其評品基礎（即基本人事資料）正是鄉論與清議，〔註236〕而鄉論與清議所反映者正是儒門名士所服膺的儒家名教價值體系，所重者正是德行。可是中正官卻由中央選任並由京官兼任，勢必又要從官僚行政運作的立場設想，因此亦無法忽略才能的重要性，而且官職選授亦操於中央尚書吏部系統，這兩點又是名士層對於皇權和官僚政治的承認與屈服，九品官人法正是在這樣的背景下所設計出來的制度。〔註237〕因此，曹丕政權仍舊是一面對抗儒門名士，一面與之妥協，而九品官人法正是此種弔詭關係下的產物。〔註238〕而曹操時期，除了晚年出現了治國理念上的衝突之外，長時間均採取多合作、少衝突的基本策略。〔註239〕換言之，就皇權與儒門名士集團之關係來看，雖說曹操晚年與之有緊張關係，而曹丕卻與之維繫親善關係，但是就政權性格而言，曹氏父子基本上均是刑名法術主義路線，強調集權統治，〔註240〕因此，彼此基於統治階層共同利益的共識，造就了曹氏父子與儒門名士集團間合作多於衝突的關係，兩者相互妥協、相互靠攏，從丞

〔註236〕剛崎文夫便認為中正制度的意義，在於曹丕政權用人政策上對於曹操路線的否定與繼承，即既尊重地方名望家的意見，又將人才選定權回收至中央官僚之手，並將九品當作人才等第，而官品九品又是這種人才等級制在官階制度上的應用。意即在用人政策上，曹操較不尊重地方名望家的意見。但是像是曹操透過荀彧薦舉潁川士人，韓嵩條品荊州人士優劣等，均是曹操用人尊重地方名望家的實例，因此剛崎氏之說值得商榷。請參見氏著，〈九品中正考〉，收入氏著，《南北朝における社會經濟制度》（東京：弘文堂，1932），頁202～203。

〔註237〕渡邊義浩，〈三國時代における「文學」の政治的宣揚──六朝貴族制形成史の視點から──〉，《東洋史研究》，第54卷第3號（1996，京都），頁48。

〔註238〕田餘慶則認為曹操晚年的路線有向世家大族靠攏的情形，故九品官人法可說是順此形勢發展下的產物。請參田餘慶，〈曹袁之爭與世家大族〉，收入氏著，《秦漢魏晉史探微》（北京：中華書局，1993），頁148。

〔註239〕唐長孺亦認為，與大姓名士妥協乃曹氏政權一貫政策，九品官人法亦如此。請參見唐長孺，〈九品中正制度試釋〉，頁99。

〔註240〕張旭華亦認為曹操乃下層豪族地主之代表，其政策方針一貫是集權政治，而魏文帝時九品中正制度的出現，仍是這種強化集權政治路線的展現。請參見張旭華，〈九品中正制萌芽探討〉，頁125。

相東曹系統、魏國尚書系統到曹魏尚書系統，無一不是由儒門名士集團主導，這也說明了曹氏父子在人事政策上是繼承多於否定。

【表2-1】曹操集團成員各項資料總表

第一期、陳留己吾起事至挾天子都許之前（189～195）：共計二十六人

編號	人名	本籍	社會身分	初從模式	初從職務	延康元年曹丕即王位時職務
01	夏侯惇	豫州沛國譙	不詳（疑爲庶民）	從	裨將	大將軍
02	夏侯淵	豫州沛國譙	不詳（疑爲庶民）	從	別部司馬	219年亡
03	曹仁	豫州沛國譙	地方豪族	從	別部司馬	車騎將軍・荊州刺史
04	曹洪	豫州沛國譙	地方豪族〔註241〕	從	（從征戰）	衛將軍
05	曹純	豫州沛國譙	地方豪族	從	（從征戰）	210年亡
06	曹休	豫州沛國譙	不詳（疑爲地方豪族）	從	（從征戰）	領軍將軍
07	曹真	不詳	不詳（疑爲庶民）	從	（將虎豹騎）	鎮西將軍
08	丁斐	豫州沛國	不詳（疑爲庶民）	從	不詳	？
09	史渙	豫州沛國	庶民（疑爲庶民）	從	（從征戰）	209
10	衛茲	兗州陳留襄邑	地方名士、地方豪族〔註242〕	從	孝廉	190
11	鮑信	兗州泰山平陽	地方儒門著姓、地方名士	詣・表	濟北相	192

〔註241〕 曹洪之社會身分雖史無明載，但在曹操參與山東豪傑起事時，因兵少，故遣夏侯惇與曹洪向揚州刺史陳溫募兵，而曹洪當時便「將其家兵」同往。又其家本富，曹操曾言：「我家貲哪得如子廉（曹洪字）耶！」正因曹洪家富，得以散家貲以聚徒眾，對曹操起事初期之軍力有一定之貢獻，故操妻卞氏嘗言：「梁、沛之間，非子廉無有今日。」而筆者疑其伯父鼎之尚書令一職，恐是買官而得，故絕非學優而仕。從這兩點研判，曹洪之社會身分至少可算是縣級豪族，故有家貲得以養賓客、家兵，在曹操集團中與劉勳同被視爲「軍中豪右」。請參《三國志》，卷1，〈武帝紀〉，頁8；卷9，〈曹洪傳〉及注引《魏略》，頁277、278；卷15，〈賈逵傳〉注引〈魏略・楊沛傳〉，頁486。

〔註242〕 衛茲乃衛臻父，曾爲名士郭林宗嘉許，且能合兵數千人，當非無名之單家，故可能爲郡級名士、豪族。請參《三國志》，卷22，〈衛臻傳〉注引《先賢行狀》，頁648。

編號	人名	本籍	社會身分	初從模式	初從職務	延康元年曹丕即王位時職務
12	秦邵	不詳	不詳（疑爲庶民）	從	亡	191
13	韓浩	河內	不詳（疑爲庶民）	從	（從征戰）	建安末亡
14	任峻	司隸校尉河南中牟	地方豪族〔註243〕	歸・表	騎都尉	204 年亡
15	婁圭	荊州南陽	不詳（疑爲地方豪族）	詣・拜	大將	212 年亡
16	于禁	兗州泰山鉅平	不詳（疑爲庶民）	從	軍司馬	220 年亡
17	李典	兗州山陽鉅野	地方豪族〔註244〕	從	（從征戰）	216 年亡
18	樂進	兗州東郡衛國〔註245〕	不詳（疑爲庶民）	從	帳下吏	218 年亡
19	典韋	兗州陳留己吾	不詳（疑爲庶民）	從	軍司馬	197 年亡
20	朱靈	冀州清河	不詳（疑爲地方豪族）	歸・拜	不詳	後將軍
21	毛玠	兗州陳留平丘	不詳（疑爲單家寒士）	辟	兗州治中	213 年亡
22	程昱	兗州東郡東阿	地方名士〔註246〕	辟	兗州吏	免職

〔註243〕曹操起兵關東，入中牟界時，任峻別收宗族及賓客家兵數百人，願從曹操。故將之歸爲郡著姓豪族。請參《三國志》卷 16，〈任峻傳〉，頁 489。

〔註244〕建安五年（200），曹操與袁紹相拒於官渡時，李典曾率宗族與部曲輸穀帛供軍。鄴定，李典再徙部曲宗族萬三千餘口居鄴。依此判斷，李典可能爲郡級豪族。請參《三國志》，卷 18，〈李典傳〉，頁 533。

〔註245〕本傳原作陽平衛國人，但陽平郡至魏才增置，衛國於東漢本屬東郡，故於此改作東郡。請參《三國志》，卷 17，〈樂進傳〉，頁 521；《晉書》，卷 14，〈地理志上〉，頁 417。

〔註246〕青州黃巾攻東阿時，程昱嘗說服縣中大姓薛氏；張邈叛迎呂布時，荀彧以爲程昱乃「民之望」，當可說服甄城、范、東阿三縣使不反。故就此數例來看，程昱至少可算是郡級名士，但仍非荀彧、孔融等中央級名士。請參《三國志》，卷 14，〈程昱傳〉，頁 425～427。

編號	人名	本籍	社會身分	初從模式	初從職務	延康元年曹丕即王位時職務
23	呂虔	兗州任城	地方豪族〔註247〕	辟	兗州從事	泰山太守
24	滿寵	兗州山陽昌邑	地方豪族〔註248〕	辟	兗州從事	揚武將軍
25	棗祗	豫州潁川	不詳（疑爲庶民）	從	（從征戰）	建安末亡
26	荀彧	豫州潁川潁陰	海內儒門著姓、海內名士	從	軍司馬	212 年亡

第二期、挾天子都許至官渡之戰之前（196～199）共計三十八人

編號	姓名	本籍	社會身分	初從模式	初從職務	延康元年曹丕即王位時職務
01	荀攸	豫州潁川潁陰	海內儒門著姓、海內名士	徵	汝南太守	214 年亡
02	荀悅	豫州潁川潁陰	海內儒門著姓、海內名士	辟	鎮東將軍府掾	209 年亡
03	孔融	豫州魯國	海內儒門著姓、海內名士	徵	將作大匠	208 年亡
04	郗慮	兗州山陽	海內名士	徵	侍中	建安末亡
05	董昭	兗州濟陰定陶	不詳（疑爲地方豪族）	詣·遷	符節令	將作大匠
06	戲志才	豫州潁川	不詳（疑爲地方名士）	辟	不詳	建安初亡
07	徐晃	司隸校尉河東楊	不詳（疑爲庶民）	歸·拜	裨將軍	右將軍

〔註247〕曹操初辟呂虔爲兗州從事時，呂虔曾「將家兵」守湖陸；是時袁紹所置中郎將郭祖、公孫犢等，保山爲寇，百姓苦之，虔乃「將家兵」到郡，開恩信，降服祖等黨屬。依此來看，呂虔當屬地方勢力，故歸爲縣級豪級。請參《三國志》，卷18，〈呂虔傳〉，頁540。

〔註248〕本傳未明言，滿寵爲地方豪強。但滿寵年十八便任山陽郡督郵此一郡中要職，屬於庶民階層的可能性低，故將之歸爲地方豪強。請參《三國志》，卷26，〈滿寵傳〉，頁721。

編號	姓名	本籍	社會身分	初從模式	初從職務	延康元年曹丕即王位時職務
08	鍾繇	豫州潁川長社	海內儒門著姓、海內名士	拜	御史中丞	大理
09	衛覬	司隸校尉河東安邑	地方名士	辟	司空掾屬	尚書
10	司馬朗	司隸校尉河內溫	地方儒門著姓、地方名士	辟	司空掾屬	217 年亡
11	楊沛	司隸校尉馮翊萬年	庶民	詣・遷	長社令	議郎
12	路粹	兗州陳留	海內名士	拜	尚書郎	214 年亡
13	陳登	徐州下邳	海內名士〔註249〕	詣・拜	廣陵太守	？
14	李通	荊州江夏平春	地方豪族〔註250〕	詣・拜	振威中郎將	208 年亡
15	趙儼	豫州潁川陽翟	海內名士	召	朗陵長	侍中
16	李義	司隸校尉馮翊東縣	單家寒士	舉計掾	平陵令	尚書僕射
17	嚴幹	司隸校尉馮翊東縣	單家寒士	舉孝廉	蒲阪令	漢陽太守
18	許褚	豫州沛國譙〔註251〕	地方豪族〔註252〕	歸・拜	都尉	中堅將軍

〔註249〕陳登在廣陵素有威名，而許汜、劉備與劉表共論天下人時，汜稱陳登爲「湖海之士」，劉表稱其「名重天下」。故陳登可算是海內名士。請參《三國志》，卷6，〈呂布臧洪傳附陳登傳〉，頁229。

〔註250〕李通於朗陵起兵之初，憑其俠義性格，募集不少徒眾，而遭歲大饑，又傾家振施，與眾士分糟糠。依其性格與經濟能力來看，李通可能屬於郡級豪族。請參《三國志》，卷18，〈李通傳〉，頁534〜535。

〔註251〕東漢譙縣本屬沛國，後魏武分沛立譙郡（時間不詳）。建安二十二年（217），魏沛穆王曹林徙封譙，故改爲譙國。因此，許褚本傳載其本籍爲譙國，應是據二十二年以後稱呼。筆者以爲修正爲沛國爲宜。請參《三國志》，卷20，〈沛穆王林傳〉，頁582；卷18，〈許褚傳〉，頁542；《晉書》，卷14，〈地理志上〉，頁420。

〔註252〕漢末，許褚曾聚少年及宗族數千家，共堅壁以禦寇。依此來看，許褚具有豪族凝聚宗族力量之特質與實力，故將之歸爲郡級豪族。請參《三國志》，卷18，〈許褚傳〉，頁542。

編號	姓名	本籍	社會身分	初從模式	初從職務	延康元年曹丕即王位時職務
19	郭嘉	豫州潁川陽翟	地方名士	辟	司空軍祭酒	208年亡
20	袁渙	豫州陳郡扶樂	海內儒門著姓、海內名士〔註253〕	歸・拜	沛南部都尉	建安末亡
21	何夔	豫州陳郡陽夏	地方儒門著姓、地方名士〔註254〕	辟	司空掾屬	太僕
22	王朗	徐州東海郯	海內名士〔註255〕	徵	諫議大夫	御史大夫
23	張遼	并州雁門馬邑	庶民	降・拜	中郎將	前將軍
24	臧霸	兗州泰山華	地方豪族	召	琅邪相	鎮東將軍徐州刺史
25	孫觀	兗州泰山	不詳（疑為地方豪族）	召	北海太守	217年亡
26	陳群	豫州潁川許〔註256〕	海內儒門著姓、海內名士	辟	司空西曹掾屬	尚書
27	溫恢	并州太原祁	地方豪族〔註257〕	舉孝廉	廩丘長	揚州刺史
28	杜襲	豫州潁川定陵	海內名士	召	西鄂長	丞相留府長史
29	劉馥	豫州沛國相	地方儒門著姓、地方名士	辟	司空掾	208年亡

〔註253〕曹丕與鍾繇書中，曾稱袁渙、王朗為「國士」，故渙當屬海內名士。請參《三國志》，卷10，〈荀彧傳〉注引《荀氏家傳》，頁316。
〔註254〕據《魏書》所載：「自劉備叛後，東南多變。太祖以陳群為酇令，夔為城父令，諸縣皆用名士以鎮撫之，其後吏民稍定。」故可知何夔同陳群，均為名士。請參《三國志》，卷12，〈何夔傳〉注引《魏書》，頁380。
〔註255〕王朗少曾與沛國名士劉陽交，跨越地域之交游乃漢末名士共同特性。又荀彧所引之當世知名之士名單當中便有王朗，故將王朗視為海內名士。
〔註256〕《三國志》書群為潁川許昌人，《後漢書》則載群祖寔為潁川許人，許昌與許縣為同地，魏文帝黃初二年（221）改許縣為許昌縣。今依《後漢書》之說。請參《後漢書》，卷62，〈陳寔傳〉，頁2065；《三國志》，卷22，〈陳群傳〉，頁633；卷2，〈文帝紀〉，「黃初二年正月壬午」條，頁77。
〔註257〕因溫恢父曾為二千石，又亂世時，曾盡散家財，振施宗族，故將之歸為郡著姓。請參《三國志》，卷15，〈溫恢傳〉，頁478。

編號	姓名	本籍	社會身分	初從模式	初從職務	延康元年曹丕即王位時職務
30	陳矯	徐州廣陵東陽	地方名士	辟	司空掾屬	尚書
31	徐宣	徐州廣陵海西	地方名士	辟	司空掾屬	魏郡太守
32	衛臻	兗州陳留襄邑	地方名士	舉計吏	黃門侍郎	散騎常侍
33	張繡	涼州武威祖厲	地方豪族〔註258〕	降‧拜	揚武將軍	207 年亡
34	賈詡	涼州武威姑臧	地方名士	表	執金吾	太尉
35	劉勳	徐州琅邪	地方豪族	降‧拜	平虜將軍	？
36	劉曄	揚州淮南成德	地方名士〔註259〕	辟	司空倉曹掾	丞相行軍長史
37	梁習	豫州陳郡柘	地方豪族	召	漳長	冀州西部都督從事
38	倉慈	揚州淮南	不詳（疑為庶民）	召	綏集都尉	綏集都尉

第三期、官渡之戰至平定荊州前（200～207）：共計三十三人

編號	姓名	本籍	社會身分	初從模式	初從職務	延康元年曹丕即王位時職務
01	蘇則	司隸校尉扶風武功	地方豪族	召	酒泉太守	護羌校尉
02	杜畿	司隸校尉京兆杜陵	地方名士	辟	司空司直	尚書

〔註258〕漢末，涼州亂，麴勝襲殺祖厲長劉雋，張繡為縣吏，閒伺殺勝，郡內義之。遂招合少年，為邑中豪傑，故其社會身分可歸為郡縣豪傑。請參《三國志》，卷8，〈張繡傳〉，頁262。
〔註259〕《傅子》載曹操所辟如：劉曄、蔣濟、胡質等五人，俱為揚州名士；又本傳稱其為高族名人。請參《三國志》，卷14〈劉曄傳〉本傳及注引《傅子》，頁443～444。

編號	姓名	本籍	社會身分	初從模式	初從職務	延康元年曹丕即王位時職務
03	鄭渾	司隸校尉河南開封	海內儒門著姓、海內名士	辟	司空掾	丞相掾
04	鮮于輔	幽州漁陽	地方豪族	歸・拜	左度遼將軍	虎牙將軍
05	閻柔	幽州廣陽〔註260〕	地方豪族	詣・遷	校尉	度遼將軍
06	華歆	青州平原高唐	海內名士	徵	議郎	相國
07	張既	司隸校尉馮翊高陵	單家寒士（家富門寒）	舉茂才	新豐令	雍州刺史
08	涼茂	兗州山陽昌邑	海內名士〔註261〕	辟	司空掾	建安末亡
09	國淵	青州樂安蓋	海內名士	辟	司空掾屬	218 年亡
10	張郃	冀州河間鄚	不詳（疑爲庶民）	歸・拜	偏將軍	左將軍
11	崔琰	冀州清河東武城	海內儒門著姓、海內名士	辟	冀州別駕	216 年亡
12	令狐邵	并州太原	衣冠子弟	辟	司空軍謀掾	弘農太守
13	高柔	兗州陳留圉	衣冠子弟	召	菅長	治書侍御史
14	陳琳	徐州廣陵	地方儒門著姓、地方名士	辟	司空軍謀祭酒	217 年亡
15	阮瑀	兗州陳留	地方儒門著姓、地方名士	辟	司空軍謀祭酒	212 年亡
16	徐幹	青州北海	地方儒門著姓、地方名士	辟	司空軍謀祭酒	217 年亡
17	崔林	冀州清河東武城	海內儒門著姓、海內名士	召	鄔長	御史中丞

〔註260〕《三國志》、《後漢書》〈公孫瓚傳〉均書燕國，而燕國乃廣陽郡之前身，漢昭帝時更名爲廣陽。請參《三國志》，卷 8，〈公孫瓚傳〉，頁 243；《後漢書》，卷 73，〈公孫瓚傳〉，頁 2363；志第 23，〈郡國志五〉，頁 3527。

〔註261〕據《英雄記》之說法，涼茂亦名列八友之中，故將之歸爲海內名士。但《漢末名士錄》則以劉表、汝南陳翔、范滂、魯國孔昱、渤海苑康、山陽檀敷、張儉、南陽岑晊列爲八友，並不見涼茂名列其中。請參《三國志》，卷 11，〈涼茂傳〉注引《英雄記》，頁 339；卷 6，〈劉表傳〉注引《漢末名士錄》，頁 211。

編號	姓名	本籍	社會身分	初從模式	初從職務	延康元年曹丕即王位時職務
18	王脩	青州北海營陵	地方名士〔註262〕	辟	司空掾	建安末亡
19	夏侯尚	豫州沛國譙	不詳（疑爲庶民）	從	軍司馬	中領軍
20	張燕	冀州常山眞定	不詳（疑爲庶民）	詣‧拜	平北將軍	？
21	張範	司隸校尉河內脩武	海內儒門著姓、海內名士	詣‧表	議郎	212年亡
22	張承	司隸校尉河內脩武	海內儒門著姓、海內名士	詣‧表	諫議大夫	213年亡
23	邢顒	冀州河間鄭	地方名士	辟	冀州從事	太子太傅
24	劉放	幽州涿郡	地方名士	辟	司空參軍事	祕書令
25	孫資	并州太原	地方名士	辟	司空掾屬	祕書右丞
26	牽招	冀州安平觀津	地方名士	辟	冀州從事	平虜校尉
27	辛毗	豫州潁川陽翟	海內名士	詣‧表	議郎	丞相長史
28	徐奕	徐州東莞	地方名士	辟	司空掾屬	219年亡
29	田疇	幽州右北平無終	地方豪族、地方名士	辟	司空戶曹掾	214年亡
30	常林	司隸校尉河內溫	地方豪族、地方名士	召	南和長	尚書
31	邴原	青州北海朱虛	海內名士〔註263〕	辟	司空東閣祭酒	217年亡

〔註262〕王脩年二十，嘗游學南陽，後又爲孔融、袁譚等辟用，而孔融、袁譚所辟用者多爲名士，再者本傳載王脩「世稱其知人」。王脩離鄉游學、有知人之鑒，此乃漢末名士之典型行爲特質，故暫將之歸爲郡縣名士。請參《三國志》，卷11，〈王脩傳〉，頁348。

〔註263〕建安十二年（207），曹操北伐烏桓三郡，還住昌國時，以爲邴原必不來迎，但是與所料正反，邴原乃首至者，是時軍中士大夫詣原者數百人，曹操問荀彧：「此君名重，乃亦傾士大夫心？」荀彧以爲：「此一世異人，士之精藻，公宜盡禮以待之。」再者，邴原未爲曹操所辟時，是時海內清議，已有「青州有邴、鄭之學」之語。依此二事例，故將之歸爲海內名士。請參《三國志》，卷11，〈邴原傳〉注引《原別傳》，頁353。

編號	姓名	本籍	社會身分	初從模式	初從職務	延康元年曹丕即王位時職務
32	賈逵	司隸校尉河東襄陵	地方儒門著姓、地方名士	舉茂才	澠池令	鄴令
33	孫禮	幽州涿郡容城	地方名士	辟	司空軍謀掾	太守

第四期、平定荊州至曹操逝世（208～220）：共計五十九人

編號	姓名	本籍	社會身分	初從模式	初從職務	延康元年曹丕即王位時職務
01	文聘	荊州南陽宛	地方豪族	詣·拜	江夏太守	江夏太守
02	蒯越	荊州南郡中廬	海內名士〔註264〕	拜	光祿勳	214年亡
03	韓嵩	荊州南陽〔註265〕	地方名士、地方豪族〔註266〕	詣·拜	大鴻臚	？
04	鄧義	荊州南陽章陵	地方名士〔註267〕	拜	侍中	？
05	劉先	荊州零陵	不詳（疑爲地方名士）	詣·拜	尚書	？

〔註264〕史書雖未明言其社會身分爲名士，但曾載何進任大將軍時，曾因其名，而辟爲東曹掾；曹操平荊州時，曾與荀彧書曰：「不喜得荊州，喜得蒯異度（蒯越字）耳。」足見蒯越在漢末至少爲荊州名士，富才智，通權謀，故爲曹操亟欲網羅之人才。請參《三國志》，卷6，〈劉表傳〉注引《傅子》，頁215。

〔註265〕韓嵩之本籍有二說，《後漢書》言其爲南陽人，而《三國志》則言其爲義陽人，但晉武帝太康二年（281）始分南陽，立義陽，故從前說。請參《後漢書》，卷74下，〈劉表傳〉，頁2422；《三國志》，卷6，〈劉表傳〉注引《先賢行狀》，頁215。

〔註266〕《三國志·武帝紀》稱韓嵩爲「荊州名士」，故其具名士身分。又劉表妻蔡氏又稱其爲「楚國之望」，因此又兼有大姓望族背景。請參《三國志》，卷1，〈武帝紀〉，「漢獻帝建安十三年九月」條，頁30；卷6，〈劉表傳〉注引《傅子》，頁213。

〔註267〕《三國志·武帝紀》稱鄧義（原書作義，疑有誤）爲「荊州名士」，故其具名士身分。請參《三國志》，卷1，〈武帝紀〉，「漢獻帝建安十三年九月」條，頁30。

編號	姓名	本籍	社會身分	初從模式	初從職務	延康元年曹丕即王位時職務
06	蔡瑁〔註268〕	荊州南郡襄陽	地方豪族	辟	丞相從事中郎	？
07	王粲	兗州山陽高平	海內儒門著姓、海內名士〔註269〕	辟	丞相掾	217年亡
08	傅巽	涼州北地	不詳（疑爲地方名士）	拜	尚書	散騎常侍
09	田豫	幽州漁陽雍奴	地方名士	辟	丞相軍謀掾	南陽太守
10	劉廙	荊州南陽安眾	海內名士	辟	丞相掾屬	侍中
11	司馬芝	司隸校尉河內溫	地方儒門著姓、地方名士	召	菅長	太守
12	司馬懿	司隸校尉河內溫	地方儒門著姓、地方名士	辟	丞相文學掾	丞相長史
13	裴潛	司隸校尉河東聞喜	地方儒門著姓、地方名士	辟	丞相參軍事	兗州刺史
14	和洽	豫州汝南西平	地方儒門著姓、地方名士	辟	丞相掾屬	郎中令
15	吉茂	司隸校尉馮翊池陽	地方儒門著姓、地方名士	舉茂才	臨汾令	酇相

〔註268〕蔡瑁宗族強盛，於漢末有名於襄陽地區，但其事蹟卻極少見於《三國志》與《後漢書》，唯習鑿齒《襄陽耆舊記》所載較詳。本表之蔡瑁資料即出自於此。請參考黃惠賢，〈蔡瑁及其親族──讀《襄陽耆舊記‧蔡瑁》札記──〉，收入谷川道雄編，《地域社會在六朝政治文化上所起的作用》（東京：玄文社，1989），頁145～153。

〔註269〕史書雖未明指其社會身分爲名士，但筆者以爲：其一，王粲祖父王暢，名在「八俊」，且在桓靈之際清流運動期間，被視爲清流集團之官僚系統代表，而其父王謙亦被視作名公之胄（指王暢之後），故王粲當屬名士層之清流派。其二，王粲年少時，當時名士蔡邕，「才學顯著，貴重朝廷」，卻自認才不如粲，如此王粲名氣自然大爲膨脹，而漸具有名士身分。其三，武陵人潘濬「爲人聰察，對問有機理」，王粲見而貴異之。由是知名，爲郡功曹。可見正是因王粲乃名士，故其識人之見，方有影響力。請參《三國志》，卷21，〈王粲傳〉，頁597；卷61，〈潘濬傳〉注引《吳書》，頁1397。

編號	姓名	本籍	社會身分	初從模式	初從職務	延康元年曹丕即王位時職務
16	沐並	冀州河間	不詳（疑爲庶民）	辟	丞相軍謀掾	丞相軍謀掾
17	時苗	冀州鉅鹿	不詳（疑爲庶民）	辟	丞相掾屬	太官令
18	楊俊	司隸校尉河內獲嘉	地方儒門著姓、地方名士	召	曲梁長	平原太守
19	傅幹	涼州北地	地方名士	辟	丞相參軍事	？
20	楊脩	司隸校尉弘農華陰	海內儒門著姓、海內名士	舉孝廉	郎中	219 年亡
21	桓階	荊州長沙臨湘	地方名士	辟	丞相掾	吏部尚書
22	潘勖	司隸校尉河南	地方儒門著姓、地方名士	辟	丞相二千石曹	215 年亡
23	韓暨	荊州南陽堵陽	地方豪族、地方名士	辟	丞相士曹屬	司金都尉
24	韓宣	冀州勃海	地方名士	辟	丞相軍謀掾	丞相軍謀掾
25	仲長統	兗州山陽高平	海內名士	徵	尚書郎	220 年亡
26	桓範	豫州沛國	地方儒門著姓、地方名士	辟	丞相掾屬	羽林左監
27	應瑒	豫州汝南	地方儒門著姓、地方名士	辟	丞相掾屬	217 年亡
28	劉楨	兗州東平	地方儒門著姓、地方名士	辟	丞相掾屬	217 年亡
29	蔣濟	徐州楚國平阿	地方名士	拜	丹陽太守	相國長史
30	胡質	徐州楚國壽春	地方名士	召	頓丘令	丞相屬
31	王觀	兗州東郡廩丘	地方名士	辟	丞相文學掾	任令
32	龐淯	涼州酒泉表氏	不詳（疑爲地方豪族）	辟	丞相掾屬	丞相掾屬
33	閻溫	涼州天水西城	不詳（疑爲地方豪族）	辟	涼州別駕	建安末亡

編號	姓名	本籍	社會身分	初從模式	初從職務	延康元年曹丕即王位時職務
34	吳質	兗州濟陰	單家寒士	召	朝歌長	射聲校尉
35	邯鄲淳	豫州潁川	海內儒門著姓、海內名士〔註270〕	辟	五官將文學掾屬	五官將文學掾屬
36	盧毓	幽州涿郡涿	海內儒門著姓、海內名士	辟	五官將門下賊曹	吏部郎
37	丁儀	豫州沛國	地方名士	辟	丞相掾	220年亡
38	丁廙	豫州沛國	地方名士	辟	丞相掾屬	220年亡
39	楊阜	涼州天水冀	地方豪族	舉孝廉	涼州別駕	武都太守
40	郭淮	并州太原陽曲	地方豪族	舉孝廉	平原府丞	鎮西長史
41	徐邈	幽州燕國薊	地方豪族	辟	丞相軍謀掾	南安太守
42	鮑勛	兗州泰山平陽	地方儒門著姓、地方名士	辟	丞相掾	駙馬都尉兼侍中
43	高堂隆	兗州泰山平陽	海內儒門著姓、海內名士	辟	丞相軍謀掾	歷城侯相
44	張魯	豫州沛國豐	不詳（疑為庶民）	降·拜	鎮南將軍	？
45	龐德	涼州南安狟道	不詳（疑為庶民）	拜	立義將軍	219年亡
46	魏諷	豫州沛國〔註271〕	不詳（疑為地方名士）	辟	相國西曹掾	219年亡
47	繁欽	豫州潁川	海內名士	辟	丞相主簿	218年亡

〔註270〕《魏略》以董遇、賈洪、邯鄲淳、薛夏、隗禧、蘇林、樂詳等七人爲儒宗。故將淳歸爲海內名士。請參《三國志》，卷13，〈王朗傳〉注引《魏略》，頁420。

〔註271〕王昶〈家誡〉稱魏諷爲濟陰人。請見《三國志》，卷1，〈武帝紀〉，「漢獻帝建安二十四年九月」條裴松之注語，頁52。

編號	姓名	本籍	社會身分	初從模式	初從職務	延康元年曹丕即王位時職務
48	劉劭	冀州廣平邯鄲〔註272〕	地方儒門著姓、地方名士	舉計吏	太子舍人	祕書郎
49	王淩	并州太原祁	海內儒門著姓、海內名士	舉孝廉	發干長	丞相掾屬
50	王象	司隸校尉河內	單家寒士	召	縣長	散騎侍郎
51	荀緯	司隸校尉河內	地方名士	召	縣長	太子庶子
52	王昶	并州太原晉陽	地方儒門著姓、地方名士	徵	太子文學	太子中庶子
53	繆襲	徐州東海	海內儒門著姓、海內名士	辟	御史大夫府掾	？
54	蘇林	兗州陳留	海內儒門著姓、海內名士	辟	五官將文學	騎都尉
55	韋誕	司隸校尉京兆	海內名士	舉計吏	郎中	？
56	司馬孚	司隸校尉河內溫	地方儒門著姓、地方名士	召	陳思王文學掾	太子中庶子
57	鄭沖	司隸校尉滎陽開封	單家寒士	徵	太子文學	太子文學
58	荀閎	豫州潁川潁陰	海內儒門著姓、海內名士	徵	太子文學掾	太子文學掾
59	武周	豫州沛國竹邑	地方名士	徵	下邳令	侍御史

〔註272〕本傳作廣平邯鄲。但廣平郡乃魏文帝所置，東漢地屬鉅鹿。邯鄲則舊屬趙國，建安十七年（212）割與魏郡。請參考《後漢書》，志第 20，〈郡國志二〉注引《魏志》，頁 3431、3433；《晉書》，卷 14，〈地理志上〉，頁 417。

【表2－2】曹操集團成員本籍統計表

州名	屬郡	第一期(189~195)		第二期(196~199)		第三期(200~207)		第四期(208~220)		合計(189~220)	
豫州	沛國	8		2		1		6		17	
	潁川	2		8		1		3		14	
	陳郡	0	10	3	14	0	2	0	11	3	37
	汝南	0		0		0		2		2	
豫州	魯國	0		1		0		0		1	
兗州	陳留	3		2		2		1		8	
	泰山	2		2		0		2		6	
	山陽	2		1		1		2		5	
	東郡	2	10	0	6	0	3	1	8	3	27
	濟陰	0		1		0		1		2	
	任城	1		0		0		0		1	
	東平	0		0		0		1		1	
司隸校尉	河內	1		1		3		5		11	
	馮翊	0	2	3	6	1	8	1	12	5	28
	河東	0		2		1		1		4	
	河南	1		0		1		2		4	

州名	屬郡	第一期（189～195）		第二期（196～199）		第三期（200～207）		第四期（208～220）		合計（189～220）	
司隸校尉	京兆	0		0		1		1		2	
	扶風	0		0		1		0		1	
	弘農	0		0		0		1		1	
冀州	清河	1		0		2		0		3	
	河間	0		0		2		1		2	
冀州	常山	0	1	0	0	1	6	0	4	1	11
	安平	0		0		1		0		1	
	鉅鹿	0		0		0		1		1	
	勃海	0		0		0		1		1	
	廣平	0		0		0		1		1	
徐州	廣陵	0	0	2	5	1	2	0	3	3	10
	楚國	0		0		0		2		2	
	下邳	0		1		0		0		1	
	東海	0		1		0		1		2	
	琅邪	0		1		0		0		1	
	東莞	0		0		1		0		1	

州名	屬郡	第一期 (189～195)		第二期 (196～199)		第三期 (200～207)		第四期 (208～220)		合計 (189～220)	
荊州	南陽	1		0		0		5		6	
	江夏	0		1		0		0		1	
	南郡	0	1	0	1	0	0	2	9	1	11
	長沙	0		0		0		1		1	
	零陵	0		0		0		1		1	
幽州	涿郡	0		0		2		1		3	
	漁陽	0		0		1		1		2	
	廣陽	0	0	0	0	1	5	0	3	1	8
	右北平	0		0		1		0		1	
	燕國	0		0		0		1		1	
涼州	北地	0		0		0		2		2	
	武威	0		2		0		0		2	
	天水	0	0	0	2	0	0	2	6	2	8
	南安	0		0		0		1		1	
	酒泉	0		0		0		1		1	
并州	太原	0	0	1	2	2	2	3	3	6	7
	雁門	0		1		0		0		1	

州名	屬郡	第一期 （189～195）		第二期 （196～199）		第三期 （200～207）		第四期 （208～220）		合計 （189～220）	
青州	北海	0		0		3		0		2	
	平原	0	0	0	0	1	5	0	0	1	5
	樂安	0		0		1		0		1	
揚州	淮南	0	0	2	2	0	0	0	0	2	2
合計		24		38		33		59		154	

【表2-3】曹操集團成員社會身分統計表

社會身分　　時期	第一期 （189～195）		第二期 （196～199）		第三期 （200～207）		第四期 （208～220）		合計	
海內儒門著姓、 海內名士	1		6		5		9		21	
地方儒門著姓、 地方名士	1	3	3	23	4	23	14	43	22	92
海內名士	0		6		5		5		16	
地方名士	1		8		9		15		33	
地方名士、 地方豪族	1	10	0	9	1	4	2	9	4	32
地方豪族	9		9		3		7		28	
衣冠子弟	0		0		2		0		2	
單家寒士	1		2		1		3		7	
庶民	12		4		3		4		23	
合計	26		38		33		59		156	

【表2－4】曹操集團成員初從模式統計表

時期 初從模式	第一期 （189～195）	第二期 （196～199）	第三期 （200～207）	第四期 （208～220）	合計
從	18	0	1	0	19
辟	4	11	18	31	64
舉上計掾吏、茂才、孝廉	0	4	2	7	13
表、徵、拜	0	7	1	10	18
詣‧遷	0	2	1	0	3
（詣、歸）‧（表、拜）	4	5	6	3	18
降‧拜	0	3	0	1	4
召	0	6	4	7	17
（小計）	4	23	12	20	60
合　計	26	38	33	59	156

【表2－5】曹操集團成員初從職務統計表

時間 職務	第一期 （189～195）	第二期 （196～199）	第三期 （200～207）	第四期 （208～220）	合計
低階軍職 （從征戰、軍司馬）	15	1	1	0	17
曹操屬吏 （兗州吏、司空掾屬、丞相掾屬）	4	10	18	25	57
曹丕屬吏 （五官中郎將掾屬、太子屬官）	0	0	0	7	7
其他屬吏 （相國、御史大夫掾屬，州屬吏）	0	0	0	6	6
地方長吏 （郡國守相、縣長令、郡國都尉）	1	12	6	11	30
中央文官	0	8	4	8	20
中階軍職 （中郎將、都尉）	2	4	1	0	7

時間 職務	第一期 （189～195）	第二期 （196～199）	第三期 （200～207）	第四期 （208～220）	合計
高階軍職 （各類將軍）	0	2	3	2	7
其他 （不詳、亡、孝廉）	4	1	0	0	5
合　計	26	38	33	59	156

第三章 曹魏選舉問題、制度改革與政局發展

第一節 魏初選舉問題及其對策的發展脈絡

　　第二章第二、三節探討九品官人法的成立背景時，曾提到九品官人法之成立，與政治局勢、制度思想等因素關係密切。就中正評品制度本身而言，如下文所揭示，進入魏齊王芳正始年間（240～248），亦出現改革郡中正制的聲音。如同九品官人法創制時的背景，州大中正制成立的過程亦是伴隨著政局的劇烈震盪而出現。魏齊王芳即位時才八歲，兩位顧命託孤大臣曹爽與司馬懿在各方面均格格不入，因此，一場政爭在所難免。畢竟人事權乃是專制皇權的核心權力之一，而要有效支配人事權，非得要有相應的選舉制度不可。而新制度的產生，當權份子除以治國思想為基礎外，尚須與舊制度達成部分妥協，即修正舊制度以創新制度，承舊（制度）應新（局面），以免引起過大動盪與反彈。因此，本節將先從選舉制度改革的角度出發，釐清選舉問題及其對策的發展脈絡，作為第三節探討州大中正制形成的制度背景。

　　此時期的選舉問題如：名實問題、考課問題、中正評品制度問題等，均與浮華現象有關，故先集中在浮華問題及其對策的討論。次分敘正始年間曹馬兩集團的選舉制度改革主張。後敘選舉問題的擴大，從選舉方式擴大至選舉標準，探討此一發展若干的關鍵，並尋此脈絡觀察「才性四本論」產生的背景。

一、魏初浮華問題及其對策的發展脈絡

東漢後期以來，隨著國家名教統治與正統經學教育的衰微，學風、士風
丕變，儒學之風衰微，士林競以「浮華」相尚。〔註1〕浮華之風的特質大致可
歸爲四點：其一是背離經學，不務根本；其二是相互交結，馳騖聲譽；其三
是不辨名實，疏於權謀；其四是爲文華豔，注重辭藻。〔註2〕浮華之風對國家
選舉最大的影響便是造成許多功名俗士，將浮華交游作爲獵取功名富貴之捷
徑，導致國家選舉名實不符的弊端產生，這在葛洪《抱朴子》中有生動的呈
現。〔註3〕因此，漢魏之際的政論家如崔寔、王符、仲長統、徐幹等都有抑浮
華、破朋黨的主張，其目的莫非是提倡循名核實，以澄清選舉。〔註4〕建安二
十二年（217）曹丕編撰《典論》，〔註5〕當中呈現的思想之一，正是曹操集團

〔註1〕《後漢書‧儒林傳》云：「（桓帝）本初元年……自是遊學增盛，至三萬餘
生。然章句漸疏，而多以浮華相尚，儒者之風蓋衰矣。」由此可見，桓帝
以降，東漢學風、士風確已轉變。請見《後漢書》，卷79上，〈儒林傳上〉，
頁2547。

〔註2〕請參見景蜀慧，《魏晉詩人與政治》（臺北：文津出版社，1991），頁31。

〔註3〕《抱朴子》載時人語：「舉秀才，不知書，察孝廉，父別居。寒素清白濁如泥，
高第良將怯如雞。」請見晉‧葛洪撰，楊明照校箋，《抱朴子外篇校箋》，卷
15，〈審舉篇〉，頁393。

〔註4〕王符《潛夫論‧實貢》曰：「是故選賢貢士，必考覈其清素，據實而言，其有
小疵，勿彊衣飾，以壯虛聲。……各以所宜，量材授任，則庶官無曠，興功
可成，太平可致，麒麟可臻。」同書〈考績〉云：「有號者必稱於典，名理者
必效於實，則官無廢職，位無非人。」荀悅《申鑒‧時事》：「去浮華，舉功
實，絕末伎，同本務，則事業修矣。」徐幹《中論‧考僞》曰：「名者所以名
實也，實立而名從之，非名立而實從之也。」仲長統《昌言》云：「天下之士
有三可賤，慕名而不食，一可賤。」同書〈損益〉曰：「表德行以屬風俗，覈
才藝以敘官宜。」劉廙《政論‧正名》云：「夫名不正則其事錯矣，……王者
必正名以督其實，……行不美則名不得稱，稱必實所以然，效其所以成。故
實無不稱於名，名無不當於實。」由此可知，深察名實以舉能進賢，進而使
天下達治，乃漢魏之際士大夫所關注的現實課題之一。請參見漢‧王符撰，
汪繼培箋，《潛夫論箋》，卷3，〈實貢〉，頁158；卷2，〈考績〉，頁65；漢‧
荀悅，《申鑒》（上海：上海古籍出版社，1990），卷2，〈時事〉，頁12；漢‧
徐幹，《中論》（上海：上海古籍出版社，1990），卷下，〈考僞〉，頁28；唐‧
馬總，《意林》（北京：中華書局，1991），卷5，引仲長統《昌言》，頁101；
《後漢書》，卷49，〈仲長統傳〉，頁1653；唐‧魏徵，《群書治要》（北京：
中華書局，1985），卷47，劉廙《政論‧正名》，頁2463。

〔註5〕關於曹丕《典論》成書時間的考辨，請參見王夢鷗，〈從典論殘篇看曹丕嗣位
之爭〉，頁98～100。

反浮華政策。〔註6〕至延康元年（220），建立中正評品制度，以整齊鄉論清議，正是針對東漢選舉制度之弊，落實「反浮華」選舉方針的制度改革。但浮華問題並未明顯改善，明帝乃於太和四年（230）春二月下詔罷退浮華不務道本者，且令「以文帝典論刻石，立于廟門之外」。〔註7〕綜此可知，漢魏之際，無論思想界、政策面、制度面，均充斥著循名核實的風潮。浮華問題對國家集權統治，無論是名教或是名法統治，對於政社局勢的穩定，均是一個不安定因素，因此，統治者多半進行無情的打擊，以維護統治權之穩定，如：桓靈之際的黨錮事件，建安年間（196～220）的孔融、魏諷事件，黃初年間（220～226）的曹偉事件等。

（一）魏初選舉問題的引爆點——太和浮華案

曹魏政權成立之後，以太和浮華案最能反映當時的選舉問題。〔註8〕由於史料過於零散、冗長，故筆者將太和浮華案關係人、浮華問題及其對策之相關史料整理成【表3－1】。從此表可以看出若干事實或問題，試條列如次：

其一，漢末「處士橫議」現象本為魏文帝所疾，《典論》之作便有反浮華的宣示意味，而中正評品制度之建，主要由國家主持並總齊清議，此乃從選舉方式的角度進行改革，然成效有限，故魏明帝時期乃從淨化士風的角度切入。

其二，釐革士風乃從崇尚並推廣儒家教化著手，此為當時解決浮華問題的指導方針，就選舉標準角度言之，即提高東漢常用之經明行修的地位。

其三，對於浮華現象，政府的實際對策主要有兩個方向，一是強化察舉制度中的試經考核，另一則是透過課試，提高太學博士學校教育入仕的地位。總體而言，便是針對察舉與學校兩條入仕途徑，加強試經課試程序，提高其仕進過程中的地位，特別是後者，後來齊王芳正始（240～248）與嘉平（249～254）年間，劉靖與王昶亦是提出相同對策。

〔註6〕《典論》載：「桓靈之際，閹寺專命于上，布衣橫議于下。干祿者殫貨以奉貴，要名者傾身以事勢。位成乎私門，名定乎橫巷。由是戶異議，人殊論。論無常檢，事無定價。長愛惡，興朋黨。」足見曹丕對處士橫議、名位成於私門橫巷等浮華現象，極為痛惡，反映其承襲曹操抑浮華朋黨的一貫主張。就統治者角度而言，此實係選舉問題的嚴重根源。請見唐・馬總，《意林》，卷5，引曹丕《典論》，頁103。

〔註7〕《三國志》，卷3，〈明帝紀〉，「太和四年二月戊子」條，頁97。

〔註8〕關於太和浮華案，本節僅就選舉問題的角度探究之，至於其他面向的討論，請參考王曉毅，〈論曹魏太和「浮華案」〉，《史學月刊》，1996年第2期（鄭州），頁17～25。

其四，從太和浮華案關係人的背景來看，幾爲當時活動於宮廷或京師的宗室貴戚、功臣子弟、地方名士，且多半善辭章，具才智，好言談交游，彼此間的互動密切，於是京師地區士人層逐漸形成。京師士人層有崇尚漢末清流士大夫的傾向，彼此間交游互動，逐漸塑造出一種集團式的論壇空間，且這些士人均有重名輕實的思想與行爲特質。其實，若依此標準來看，像是李豐、傅嘏、荀粲、裴徽、司馬師等，本與夏侯玄、何晏等人有所往來，應該也屬京師士人層的一員。〔註9〕

（二）魏初浮華問題成因探討

自曹操時期以降，浮華問題猶未能禁絕，其思想面上的因素爲統治階層對文學的宣揚。文學本亦儒學範疇，於西漢屬辭章派，迨至東漢章句之學發達，辭章派與經術派便漸行漸遠。一部分不滿章句作風的才智之士，開始往文學辭章發展，在漢末割據政權中多受重用。自曹操時期以來，因曹氏父子雅好文學辭賦、推展儒學，使得鄴、許昌、洛陽等政治中心，學術文化事業發達。有學者指出，曹操在統一華北之後，面對包圍在譙沛集團外圍的廣大儒學名士，頗具威脅感，而這些儒門士大夫的思想利器便是儒學經術，爲建立新政權主流學術文化思想，於是加速推展文學，以期跳脫傳統經學的桎梏，建安文學的興起便有此方面的背景因素。〔註10〕就學術史的角度言之，漢末以來，經學的權威地位就開始動搖，文學與玄學等學問陸續興起，曹氏父子提倡文學或出於個人興趣，或因掌握學術發展脈絡而興，但文學本身欠缺獨立、完備的價值或思想體系，欲以之作爲對抗

〔註 9〕 司馬師「少流美譽」，時「夏侯玄、何晏等名盛於時，司馬景王亦預焉」，因此司馬師與夏侯玄、何晏齊名。又裴徽（裴潛少弟）、荀粲（荀彧少子）、傅嘏（傅巽姪子）、夏侯玄四人在太和初常於京邑論談，足見彼此相互交游，均屬於京師名士層。又李豐爲功臣李義子，「始爲白衣時，年十七八，在鄴下名爲清白，識別人物，海內翕然，莫不注意」，「砥礪名行以要世譽」，「交結英儁，以才智顯於天下」，其名聲更是遠播江東，因此當亦屬京師名士層。請分見《三國志》，卷 9，〈曹爽傳〉注引《魏氏春秋》，頁 293；《晉書》，卷 2，〈景帝紀〉，頁 25；《三國志》，卷 10，〈荀彧傳〉注引《晉陽秋》，頁 320；卷 9，〈夏侯玄傳〉注引《魏略》，頁 301；卷 10，〈荀彧傳〉注引《晉陽秋》，頁 320；卷 16，〈杜畿附子恕傳〉注引《傅子》、《杜氏新書》，頁 498。

〔註10〕 關於曹魏政權與漢末文學興隆之關係，請參渡邊義浩，〈三國時代における「文學」の政治的宣揚——六朝貴族制形成史の視點から——〉，《東洋史研究》，第 54 卷第 3 號（1996，京都），頁 43～50。

經學的思想工具，恐難有著力之處。不過，國家過渡強調文學的結果，確實也導致尚文辭、鄙功實之風，逐漸背離經學，不務根本，此乃助長浮華現象的背景因素之一。

再者，曹丕性格「慕通達」，[註11] 內尚黃老並缺乏法治精神，可能也是加速浮華現象臺面化的另一背景因素。[註12] 魏文帝「慕通達」的個人特質，可以從田疇讓封與鮑勛事件來觀察，此二事已嚴重暴露出文帝不尊重國家法制，缺乏法治精神的特質。這種徇私護短，亦出現於人事布局當中。東宮四友，除陳群的元勛地位乃曹操時期聯合潁川集團政策的遺產外，餘者吳質、朱鑠，乃至於司馬懿，無一不是以君主私人親信崛起，對於吳質更是寵倖有加，是以質得以「怙威肆行」。[註13] 宗室疏屬如夏侯楙，「性無武略，而好治生」，[註14] 實因少時為文帝所親，而典兵鎮邊；至於夏侯尚，自少侍從，為文帝所器，視為布衣之交，雖有「籌畫智略」，但文帝寵待過甚，甚至賜其手詔云：「卿腹心重將，特當任使。恩施足死，惠愛可懷。作威作福，殺人活人。」[註15] 此外，當時雖嚴禁姻戚干政，但嬪妃郭氏卻因在嗣位之爭期間，為曹丕謀劃，[註16] 周旋於宮廷之中，[註17] 故得以在眾人反對下繼甄氏之後為后，其外屬孟康「既無才敏」，並因此「并受九親賜拜」，轉任當時皆「以高才英儒充其選」的散騎侍郎。[註18] 從這些事例來看，魏文帝優寵親信的用人態度，可能與其「慕通達」的特質有關，其法治精神已不及「尚刑名」

[註11] 西晉傅玄嘗對曹操曹丕父子之為政特質與政治社會風教，做一概括性的評語。傅玄曰：「近者魏武好法術，而天下貴刑名；魏文慕通達，而天下賤守節。」又柳春新曾對魏文帝慕通達之性格，進行詳實之探討與分析，對探討當時政風政局之演變與君主性格之關係，頗有參考價值。請參見《晉書》，卷47，〈傅玄傳〉，頁1317～1318；柳春新，〈魏文慕通達試釋〉，收入《魏晉南北朝隋唐史資料》第15輯（武漢：武漢大學出版社，1997），頁28～34。

[註12] 越智重明，《魏晉南朝の貴族制》（東京：研文出版，1982），頁94～95。

[註13] 正因如此，吳質身後才被封以「醜侯」的諡號。請參見《三國志》，卷21，〈王粲傳〉注引《質別傳》，頁610。

[註14] 《三國志》，卷9，〈夏侯惇子楙傳〉注引《魏略》，頁269。

[註15] 《三國志》，卷14，〈蔣濟傳〉，頁451。

[註16] 《三國志·后妃傳》載：「文帝定為嗣，（郭）后有謀焉。」請見《三國志》，卷5，〈后妃傳〉，頁164。

[註17] 請參張志岳，〈曹丕曹植爭儲考實〉，《東方雜誌》，第42卷第17號（1946，上海），頁41。

[註18] 《三國志》，卷16，〈杜恕傳〉注引《魏略》，頁506。

的曹操。而且魏文帝內尚黃老申韓，〔註19〕卻因循無方，導致「儒不儒」、「法不法」的矛盾治國風格，展現在對士人的態度上，便是容忍個性自由、通達不拘的基本性格，魏文帝這種對當朝官僚或在野士人採取寬鬆、放任的基本態度，當然使得以宗室貴戚與功臣子弟為核心的京師名士層有了發展的可能性。故魏文帝慕通達性格被學者視為加速浮華現象臺面化的說法，有其合理性。

（三）曹魏解決浮華問題的五大對策取向

那麼浮華問題與當時的選舉問題有何關連？從選舉問題的角度來看，「馳鶩聲譽、不辨名實」的浮華之風，使舊有的名實問題再度浮現，究其可能的制度根源之一，正是西晉劉毅所言，中正評品制度的弊端之一，正是「上奪天朝考績之分，下長浮華朋黨之勢」，〔註20〕顯然實施未久的中正評品制度對浮華問題、名實問題等也難辭其咎。當然還有其他制度性因素，如：吏部專銓選之權，易造成人事請託之弊。因此在對策方面，各家主張著重舊制度的檢討，約可將之分為五種取向。以下先對諸取向進行概述，再針對屬於魏初的前三大對策取向分項討論。至於第四、五項對策，因時間為正始年間，背後涉及曹馬集團的政爭，問題較為複雜，將置於第二目再討論。

第一種取向是強化非中正評品入仕途徑的考核功能，藉提高其他入仕途徑的地位，來革新士風。如董昭、劉靖、王昶等人，建議加強察舉與學校入仕途徑之考核。

第二種取向是強化吏部的考課功能，但不改變中正評品制度的考課機制。劉劭主張健全考課機制如試守制度等，以考核名實；盧毓則進一步主張透過代表鄉論的中正評品，審德行於先，再利用考課制度中的試守制度，課

〔註19〕 王沈《魏書》載魏文帝「常嘉漢文帝之為君，寬仁玄默，務欲以德化民，有賢聖之風」，並著有〈太宗論〉，稱「若賈誼之才敏，籌畫國政，特賢臣之器，管、晏之姿，豈若孝文大人之量哉」，魏文帝應是藉此彰顯漢文帝具有通達國體之才。從魏文帝對漢文帝的稱許來看，其政治思想應也會受到漢文帝的影響。關於漢文帝的政治思想，據《風俗通義》所載，則是「本修黃老之言，不甚好儒術，其治尚清靜無為」。由此而觀，魏文帝恐怕是心慕黃老治術。與曹操相較，曹丕就對法術主義頗不以為然，這也是其較乏法治精神的內在因素之一。請參《三國志》，卷2，〈文帝紀〉注引《魏書》，頁88；漢·應劭，《風俗通義》（上海：上海古籍出版社，1990），卷2，〈正失〉，頁19。

〔註20〕 《晉書》，卷45，〈劉毅傳〉，頁1276。

才能於後。而盧毓此主張，恰能反映其「先舉性行，而後言才」〔註 21〕的用人思想。

第三種取向，則是維持舊制度路線，特別強調中正評品制度所代表的鄉論精神。如：傅嘏、杜恕等主張持續儒家德治教化路線，強調鄉論與學行的重要性，亦即不反對暫由郡中正代表鄉論的舊制度，亦不主張強化吏部考課權，或改變吏部與中正官之權力關係。

第四種取向是改善中正官之資格審核品質，但不改變舊有吏部與中正官之權力關係。如：司馬懿主張應改革中正評品制度，將郡中正制改爲州大中正制，強化中央對郡中正的控制，以提升中正評品之素質，來作爲改善浮華問題的基礎。

第五種取向是強化吏部考課功能、削去郡中正的考課機制。如：夏侯玄主張強化吏部考課權，防止中正官權力擴張，侵犯吏部銓衡權，以提升吏部人事權。而由於對策的差異性，因而牽動了選舉標準方面的才性爭端，成爲齊王芳時期思想界的才性關係議題的現實根源。

關於第一種取向，可從魏明帝的治國方略與人事政策、用人方針之關係來看。承續魏文帝以降華北日趨穩定的發展局勢，就客觀環境而言，用人標準確實有從「有事賞功能」過渡到「治平尙德行」的需要。太和二年（228）六月詔曰：「尊儒貴學，王教之本也。自頃儒官或非其人，將何以宣明聖道？其高選博士，才任侍中常侍者。申敕郡國，貢士以經學爲先。」〔註22〕以「經學取士」作爲用人的標準，顯然是重視儒家思想中的「學」或「才」而非「德」，如此之用人標準顯然是「從才」轉化爲「尙德」的一個轉化措施。重「儒術經學」落實在實際用人上，最好的例子便是薛悌。

魏文帝時期雖「儒雅並進」，曹操時期以吏能顯的楊沛，「遂以議郎冗散里巷」，〔註23〕但這可能是較突出的例子，事實上文帝時期仍不乏出身吏道者受到重用，王思與薛悌爲最好的例子，也不斷有單門寒士入仕，如王基、州泰等，這表示文帝時期文吏在仕進上仍有生存空間。以東郡薛悌爲例，其爲地方豪族出身，爲官「忠貞練事，爲世吏表」，與濟陰王思「俱從微起」，兩人同樣是文吏，但可能因薛悌乃「差挾儒術」的「駁吏」，而王思卻是「傾意

〔註21〕《三國志》，卷22，〈盧毓傳〉，頁652。
〔註22〕《三國志》，卷3，〈明帝紀〉，「太和二年六月」條，頁94。
〔註23〕《三國志》，卷15，〈賈逵傳〉注引《魏略》，頁94。

形勢」的「純吏」，〔註24〕故王思反而為魏文帝所器重而提拔為尚書右僕射，仕途反較薛悌迅速。而太和年間（227～232），薛悌之得以出任尚書，可能與魏明帝為提倡儒術因而鼓勵文吏出身者兼修儒術的人事政策有關。可見國家用人政策上，儒學逐漸在選舉標準中佔有一席之地，「儒雅並進」之勢日益清晰。

前引太和四年（230）春二月壬午詔，正是此一政策的落實，這也正是董昭、劉靖、王昶等人所堅持的一貫路線。三人主張的共同精神，均是以釐革士風作為解決浮華問題、名實問題的關鍵，多主張強化察舉或學校入仕途徑的考核機制，特別是劉靖所提的太學入仕制度，更是觸及問題核心。因為「高門子弟，恥非其倫」，唯有國家重視此一制度，「使二千石以上子孫，年從十五，皆入太學」，進用「經明行修者」，黜退「荒教廢業者」，方能改變官僚貴族子弟的基本心態，再配合太學試經考核，便可逐步改善士風，「浮華交游，不禁自息」。

不過，重儒術之「經學」而非「德行」，無非是由於魏明帝的治國方略，仍主名法之治的路線所致。況且就現實層面來說，若全然「以德取士」，該如何避免長久以來困擾統治者的「名實問題」？畢竟太和年間，一批以當朝新貴子弟為核心的太和名士正活躍於京師地區，舊有的浮華名士問題尚存，若真的全盤「以德取人」，那不就等於雪上加霜，恐怕東漢末年，因「以名取人」、「以德取人」、「以族取人」等所致的種種選官制度弊端，將一併引爆。因此，魏明帝即位之後，「料簡功能，真偽不得相貿」，而太和浮華案爆發後，魏明帝秉持「務絕浮華譖毀之端」的基本立場，〔註25〕將夏侯玄、鄧颺、諸葛誕等「四聰八達」的浮華之士皆「罷官禁錮」。〔註26〕顯然，自曹操時期以來的「名實問題」，仍為魏明帝所重。

即使浮華案之後，景初年間（237～239），魏明帝對於浮華問題仍有所顧忌，時舉中書郎，魏明帝叮嚀吏部尚書盧毓，「選舉莫取有名」，而盧毓則以為：「名不足以致異人，而可以得常士。常士畏教慕善，然後有名，非所當疾也。愚臣既不足以識異人，又主者正以循名案常為職，但當有以驗其後。故古者敷奏以言，明試以功。今考績之法廢，而以毀譽相進退，故真偽渾雜，

〔註24〕《三國志》，卷15，〈梁習傳〉注引《魏略·苛吏傳》，頁471。
〔註25〕《三國志》，卷3，〈明帝紀〉，「景初三年正月癸丑」條注引《魏書》，頁115。
〔註26〕《三國志》，卷28，〈諸葛誕傳〉注引《世語》，頁769。

虛實相蒙。」〔註27〕帝納其言，即詔劉劭作考課法。這便是解決浮華問題的第二種取向。

但事實上，在此之前可能已存在未全面推行的試守制度。《三國志·衛臻傳》載：

> 中護軍蔣濟遺（衛）臻書曰：「漢祖遇亡虜爲上將，周武拔漁父爲太師；布衣廝養，可登王公，何必守文，試而後用？」臻答曰：「古人遺智慧而任度量，須考績而加黜陟；今子同牧野於成、康，喻斷蛇於文、景，好不經之舉，開拔奇之津，將使天下馳騁而起矣。」〔註28〕

蔣濟在這裡與衛臻爭執的用人原則，正是其在《萬機論》中所提出的「拔奇求異」的官人用士原則，〔註29〕兩人基本立場的差異，在於衛臻重視用人與時局之關係，即所謂「治平尚德行，有事賞功能」的基本路線，認爲在政社秩序頗爲穩定的曹魏，德行受到的重視較顯，而實務才幹反可能因局勢穩定，與漢末亂世下廣大表現舞臺相較，檢驗的機會相對減少，因此用人當需有試守制度（屬於考課制度的一環），以覈其才實。若執政者仍用亂世的用人方針，「好不經之舉，開拔奇之津」，將導致「天下馳騁而起」之弊端。〔註30〕

設若文帝時期與明帝初期吏部曾採行試守制度，〔註31〕那爲何還會有太和浮華案的發生？筆者以爲可能原因有若干，其一，或許文帝、明帝對於用人方針轉向尚德行雖有所意識，但應舉者與部分薦舉者習慣未改，仍在拔奇任能的思維中打轉，故浮華現象未能迅速褪去。其二，或許因爲浮華案關係人，均具有特殊入仕資格，只要經由中正評品後便可入仕，根本無須通過試守制度。因此，試守制度雛形的出現，恐怕是魏文、明二帝私下叮嚀衛臻用人，注意名實問題，而有「試而後用」的用人慣例的出現。或許成效不彰，

〔註27〕《三國志》，卷22，〈盧毓傳〉，頁651～652。

〔註28〕《三國志》，卷22，〈衛臻傳〉，頁648。

〔註29〕唐·魏徵，《群書治要》，卷47，蔣濟《萬機論·用奇》，頁825～826。

〔註30〕衛臻既然可能同意從賞功能向尚德行的用人方針的調整，表示至少屬於務實派的儒士，再者從其對試守制度的堅持立場來看，表示衛臻亦具有綜核名實的名家思想。

〔註31〕因爲根據《魏將相大臣年表》，蔣濟任中護軍時間爲太和二年（228），同年尋轉護軍將軍，故此段對話當發生於此年，試守制度當在此之前已著手試行。至於太和浮華案的時間有二說，一是太和四年（230），如：司馬光、陳啓雲，一是太和六年（232），如：王曉毅。不管何說，均在試行試守制度之後。

因此，在景初元年（237）衛臻卒於任內，盧毓接任吏部尚書後，魏明帝便再度重申此一路線，甚至態度更爲強硬，「選舉莫取有名」，但盧毓爲避免矯枉過正，乃提醒明帝，「名不足以致異人，而可以得常士」之理，並建議建立明文的考課制度，以防範「尚德取名」所可能同時帶來的弊端。

至於劉劭的都官考課法，就已知的內容來說，乃取法東漢的四科取士法，其目的主要在針對地方政府屬吏入仕爲朝廷命官前，先通過試守制度的考驗，再依考績優劣並循察舉途徑，決定其是否能成爲公府掾屬或縣令長。〔註32〕因此，此法即使實施，效果恐亦不佳，因爲以太和浮華案爲例，關係人幾爲出身宗室貴戚、功臣子弟的現任官吏，根本很難達到制約效果。

從上亦可知，魏明帝時期典選的衛臻與盧毓，分別重視試守制度與考課制度，其典選當是奉行「行不由本而徒具虛名者，終莫得進」的基本原則，此一典選立場顯然承襲漢末丞相東曹掾屬崔琰與毛玠之檢覈名實的路線。值得注意者，漢末丞相東曹掾屬所扮演的角色是兼具曹魏中正與吏部之職權，既負責整齊清議，又負責考核屬吏之行政知識與能力。即便曹魏自九品官人法實施之後，兩種人事權已逐漸分途發展，但中正與吏部行使個別職權時，仍本著共通的檢覈名實之精神。

至於採取第三種取向者，包括傅嘏、杜恕等人，主張延續魏文帝以來的崇儒尚德路線，冀以改革士風、重振鄉舉里選精神爲長期目標。《三國志・傅嘏傳》載司空掾傅嘏難劉劭考課法云：

> 夫建官均職，清理民物，所以立本也；循名考實，糾勵成規，所以治末也。本綱末舉而造制未呈，國略不崇而考課是先，懼不足以料賢愚之分，精幽明之理也。昔先王之擇才，必本行於州閭，講道於庠序，行具而謂之賢，道脩則謂之能。鄉老獻賢能于王，王拜受之，舉其賢者，出使長之，科其能者，入使治之，此先王收才之義也。方今九州之民，爰及京城，未有六鄉之舉，其選才之職，專任吏部。案品狀則實才未必當，任薄伐則德行未爲敍，如此則殿最之課，未

〔註32〕《三國志》，卷16，〈杜恕傳〉，頁500～501。又，由於劉劭的都官考課法在曹魏選舉問題與對策的發展脈絡中處關鍵地位，如：傅嘏、杜恕對選舉問題所提出的對策，均是針對劉劭所定考課法而發，而夏侯玄主張強化吏部考課權的主張，亦是淵源於此，且此考課法與曹魏西晉二朝的察舉制度變革有所關連，故將於本節第三目，簡述其與漢代四科取士的關係。此外，此一取向在晉武帝時期也受到重視，杜預、石苞、李重、劉頌等人對選舉問題之改革，亦以考課能否爲革新重點。這部分將詳論於第五章第二節。

盡人才。述綜王度，敷贊國式，體深義廣，難得而詳也。〔註33〕
顯然傅嘏的用意，在於將浮華問題擴大至用人方針與治道之根本的方向上，
強調為政之根本在於設官分職使人盡其才，並攻擊吏部專擅人事權之弊端，
表示吏部選才若據郡中正評品後的品狀授官，由於實際才能實難預期，因而
未能反映士人真實的才能所在，但若憑各官府衙門長官的官簿閥閱，〔註34〕
進行黜陟升降，恐怕未能反映為官所需的操守德行。故主張恢復三代的鄉舉
里選，才是正本清源之道。

　　又景初年間（237～239）黃門侍郎杜恕以為考課之制非為政之本，因為
「用不盡其人，雖才且無益，所存非所務，所務非世要」。《三國志・杜恕傳》
載杜恕上疏語：

> 書稱「明試以功，三考黜陟」，誠帝王之盛制。使有能者當其官，有
> 功者受其祿，譬猶烏獲之舉千鈞，良、樂之選驥足也。雖歷六代而
> 考績之法不著，關七聖而課試之文不垂，臣誠以為其法可粗依，其
> 詳難備舉故也。語曰：「世有亂人而無亂法。」若使法可專任，則唐、
> 虞可不須稷、契之佐，殷、周無貴伊、呂之輔矣。今奏考功者，陳
> 周、漢之法為，綴京房之本旨，可謂明考課之要矣。於以崇揖讓之
> 風，興濟濟之治，臣以為未盡善也。〔註35〕

杜恕所謂「世有亂人而無亂法」，主張為政之道在於得人，本質上屬於儒家主
教化路線，強調教化導善、崇揖讓之風，才是根本之道，這正體現其《體論》
一書以儒家德行禮義為中心的政治思想。〔註36〕不過從上引文末來看，杜恕
既稱劉劭考課法「明考課之要」，而又言此法「未盡善也」，顯見杜恕實又不
反對以考課法作為治標之策。而杜恕的主張實又與其對才性關係的觀點有
關。杜恕既以為「人之能否，實有本性」，〔註37〕即肯定人的先天本性決定人

〔註33〕《三國志》，卷21，〈傅嘏傳〉，頁623。
〔註34〕傅嘏所稱「案品狀則實才未必當，任薄伐則德行未為敘」，這裡的「薄伐」，
　　　　據《三國志集解》引何焯語：「薄伐疑作簿閱，官簿閱閱也，古字或通。」請
　　　　見晉・陳壽著，盧弼集解，《三國志集解》（臺北：藝文印書館，1982），頁558。
〔註35〕《三國志》，卷16，〈杜恕傳〉，頁500。
〔註36〕《杜氏新書》曰：「以為人倫之大綱，莫重於君臣；立身之本，莫大於言行；
　　　　安上理民，莫精於政法；勝殘去殺，莫善於用兵。夫禮也者，萬物之體也，萬物
　　　　皆得其體，無有不善，故謂之體論。」足見杜恕之尊儒學、貴德行、重名節的基
　　　　本思想。請見《三國志》，卷16，〈杜恕傳〉注引《杜氏新書》，頁507。
〔註37〕《三國志》，卷16，〈杜恕傳〉，頁504。

的後天才能，又以爲「水性勝火，分之以釜甑，則火強而水弱，人性勝志，分之以利欲，則志強而性弱」，故「考實性行，莫過于鄉閭，校才選能，莫善於對策」，〔註38〕即不完全否認後天實踐會引起人的本性發生變化的可能，故須察其才性，覈以名實。因此杜恕雖以教化崇讓爲治國之本，但也不否定以考課法察核才能的治標方案。

（四）魏明帝君主專制下的政治監督措施

而魏初解決以名實與浮華問題爲主的選舉問題，除了前三種取向的對策外，尚有從政治監督的角度，施行一連串的防範措施。最具代表性者，乃制訂「迎客出入之制」，並以小吏嚴守，企圖對尚書臺進行嚴密監管。《三國志・杜恕傳》載杜恕上疏語：

> 陛下又患臺閣禁令之不密，人事請屬之不絕，聽伊尹作迎客出入之
> 制，選司徒更惡吏以守寺門；威禁由之，實未得爲禁之本也。〔註39〕

此段文字前三句均針對尚書臺而言，爲何後接「選司徒更惡吏以守寺門」一語，似又牽扯到司徒府，頗教人費解。吳慧蓮以爲這是針對司徒府的防範措施，其理由是魏明帝時期司徒府已主管中正品評，但筆者以爲司徒府典選至少是魏末至魏晉禪代前夕的制度，而且吳氏並未對此語詳加解釋。〔註40〕筆者竊以爲此文之關鍵當在「寺門」。應劭《風俗通義》云：「寺者，嗣也。理事之吏，嗣續於其中也。」〔註41〕可知官府衙門大門均可通稱「寺門」，例如漢代縣府大門便稱爲寺門。〔註42〕但這裡的「寺門」究竟是指哪一官府衙門的大門？依文意，這裡寺門可能是尚書臺大門，南朝宋尚書臺大門便稱作「尚書寺門」。〔註43〕若再根據司馬光對此事之書法來看，或許更爲清楚。《資

〔註38〕 唐・馬總，《意林》，卷 5 引杜恕《篤論》，頁 106。

〔註39〕 《三國志》，卷 16，〈杜恕傳〉，頁 504。

〔註40〕 請參見吳慧蓮，〈曹魏的考課法與魏晉革命〉，《臺大歷史學報》，第 21 期（1997，臺北），頁 66。關於司徒府典選制的成立時間之考辨，請參見本文第四章第一節第一目。

〔註41〕 《後漢書》，卷 27，〈張湛傳〉注引應劭《風俗通義》，頁 929。

〔註42〕 《後漢書・樂恢傳》載：「（樂恢）父親，爲縣吏，得罪於令，收將殺之。恢年十一，常俯伏寺門，晝夜號泣。令聞而矜之，即解出親。」由此可知，這裡之寺門便是指縣府大門。請見《後漢書》，卷 43，〈樂恢傳〉，頁 1477。

〔註43〕 《宋書・顧琛傳》云：「尚書寺門有制，八座以下門生隨入者各有差，不得雜以人士。」可知當時已將尚書臺大門稱作尚書寺門。請見《宋書》，卷 81，〈顧琛傳〉，頁 2076。

治通鑑》對這段記載較《三國志》清楚，司馬光將之改作：「陛下又患臺閣禁令之不密，人事請屬之不絕，作迎客出入之制，以惡吏守寺門，斯實未得爲禁之本也。」〔註44〕若司馬光解讀不差，則此段文字之大意，當是魏明帝擔心主管人事的尚書臺徇私舞弊，故制訂迎客出入的限制規定，並派遣惡吏監守尚書臺大門，嚴格查核進出尚書臺人士的身分，以杜絕人事請託之事的發生。

此外，爲避免執掌人事的吏部官吏有不按規定選任、徇私弄權的情形，明帝便親自查核，以免爲吏部官吏蒙蔽。《魏氏春秋》載魏明帝查核吏部郎許允選舉事：

> 允爲吏部郎，選郡守。明帝疑其所用非次，召入，將加罪。允妻阮氏跣出，謂曰：「明主可以理奪，難以情求。」允領之而入。帝怒詰之，允對曰：「某郡太守雖限滿文書先至，年限在後，某守雖後，日限在前。」帝前取事視之，乃釋遣出。望其衣敗，曰：「清吏也。」賜之。〔註45〕

又《世說新語·賢媛》亦載此事，然稍有不同：

> 許允爲吏部郎，多用其鄉里，魏明帝遣虎賁收之。其婦出誡允曰：「明主可以理奪，難以情求。」既至，帝覈問之。允對曰：「『舉爾所知。』臣之鄉人，臣所知也。陛下檢校爲稱職與不？若不稱職，臣受其罪。」既檢校，皆官得其人，於是乃釋。允衣服敗壞，詔賜新衣。〔註46〕

從上引兩段史料，無論是「多用鄉里」或「所用非次」，總而言之，就是魏明帝對吏部郎許允在銓選郡守的過程有意見，疑其偏袒鄉里人士或違反吏部遷除官吏之法規，故魏明帝乃詰問盤責之，由此可見魏明帝事必躬親的爲政風格與猜忌多疑的個人性格。

事實上，上述這些措施的產生，實與魏明帝的專制集權與猜忌多疑性格有關。曹睿之身世、性格與其父祖有所差異，少年時代便是在宮廷鬥爭的陰影中度過，生母中山甄氏失寵被賜死，〔註47〕太子之位久懸未決，〔註48〕此

〔註44〕宋·司馬光，《資治通鑑》，卷72，〈魏明帝紀·太和六年〉，第13條，頁2281。

〔註45〕《三國志》，卷9，〈夏侯玄附許允傳〉注引《魏氏春秋》，頁303。

〔註46〕南朝宋·劉義慶撰，南朝梁·劉孝標注，余嘉錫箋疏，《世說新語箋疏》，下卷上，〈賢媛第十九〉，頁673。

〔註47〕黃初初，郭氏、李氏、陰氏等嬪妃並受愛幸，甄氏失意，有怨言，故爲文帝賜死。魏明帝即位後，大量啓用甄氏一族，恐是欲彌補其父之失。請參《三國志》，卷5，〈后妃傳〉，頁160～163。

一複雜環境迫使他謹慎從事,「自在東宮,不交朝臣,不問政事,唯潛思書籍而已」,〔註49〕使他在即位前未能形成自己的政治羽翼,也較其父祖缺少政治經驗。不過,從其「好學多識,特留意於法理」的特質,以及自幼「每朝宴會同,與侍中近臣並列帷幄」的經驗來看,〔註50〕恐怕在即位前,已從若干法家著作與禮法之士的思想行為當中得到啟發,進而奠定其治國的基本方針,因此劉曄稱之為「秦始皇、漢武帝之儔」的皇帝,〔註51〕當有所據。總之,在複雜的成長環境與法家思想的影響之下,造成魏明帝猜忌多疑的性格,無疑深化了君臣矛盾問題;加上其剛愎自用、「沉毅好斷」之性格,因此除了陳群外,輔政大臣均「以方任出之,政自己出」,〔註52〕甚至欲「究盡下情」,而有「主勞而臣逸」之勢,故杜恕以「不治其本而憂其末」諷之。〔註53〕

綜上所論,魏明帝基本上仍繼承父祖的名法之治路線,而且專制性格更為強烈。首先,在人事權方面,正如前面的兩項措施,企圖透過對中央人事機構的監督,以期能防範人事請託的問題發生,這種以小吏箝制大臣的作法,與曹操設立校事官「以刺舉而辦眾事」,〔註54〕實有異曲同工之妙,均屬典型君主專制集權的手法。再者,連吏部郎銓選官吏,亦受到明帝的猜忌,疑其進用鄉里,所舉非次,有徇私舞弊之嫌,而欲將其治罪,足見明帝對官僚的不信任,此又與其猜忌性格有密切關連。而此兩項措施並非制度性的改革,僅是基於君主集權性格,所產生的非常態行政運作手段,故補敘於本目之末。

二、曹馬兩集團的選舉制度改革主張

以上所論,乃曹魏解決選舉問題的三種取向,多數主張或政策均是魏初穩定政局下的產物,至於第四、五種取向的出現與政策的實施,則產生於政局多變的魏晉禪代初期的正始年間(240～248),因此,此二種取向實又與當時政局的轉變與曹馬二集團間的競爭、集團性格等,有著密切的關連。此部

〔註48〕 曹睿於黃初七年(226)五月魏文帝疾篤時,方被立為太子。請參見《三國志》,卷3,〈明帝紀〉,「魏文帝黃初七年五月」條,頁91。

〔註49〕 《三國志》,卷3,〈明帝紀〉,「景初三年正月癸丑」條注引《魏書》,頁115。

〔註50〕 《三國志》,卷3,〈明帝紀〉注引《魏書》,頁91。

〔註51〕 《三國志》,卷3,〈明帝紀〉,「魏文帝黃初七年五月丁巳」條注引《世語》,頁91～92。

〔註52〕 《三國志》,卷3,〈明帝紀〉,「景初三年正月癸丑」條注引孫盛語,頁115。

〔註53〕 《三國志》,卷16,〈杜恕傳〉,頁504。

〔註54〕 《三國志》,卷24,〈高柔傳〉,頁684。

分將置於本章第二節作較完整的討論。這裡僅將各自主張的基本內容進行辨析。

　　關於曹爽集團的選舉制度主張，以夏侯玄的主張最具代表性，其要點乃是以吏部、各級行政長官與中正間的三角權力關係爲中心，〔註55〕檢討舊制度，並提出以吏部爲選舉系統核心的改革主張，從曹魏解決選舉問題的脈絡來說，此即解決浮華問題的第五種取向。夏侯玄以爲問題的關鍵之一，便是中正評品制度。《三國志‧夏侯玄傳》載夏侯玄答太傅司馬懿問以時事（以下簡稱〈時事議〉）云：

> 夫官才用人，國之柄也，故銓衡專於臺閣，上之分也，孝行存乎閭巷，優劣任之鄉人，下之敘也。夫欲清教審選，在明其分敘，不使相涉而已。何者？上過其分，則恐所由之不本，而干勢馳騖之路開；下踰其敘，則恐天爵之外通，而機權之門多矣。夫天爵下通，是庶人議柄也；機權多門，是紛亂之原也。自州郡中正品度官才之來，有年載矣，緬緬紛紛，未聞整齊，豈非分敘參錯，各失其要之所由哉！〔註56〕

顯然夏侯玄認爲曹魏的選舉問題在於分敘紛亂，其關鍵正是中正評品制度行用之弊。弊端根源之一，在於中正官由京官兼任，使中正評品較易受制於京師士人層的輿論，而這種問題將伴隨著浮華現象的蔓延而擴大，導致品度官才「緬緬紛紛，未聞整齊」的現象；根源之二，則是中正官的雙重矛盾性格，既要反映鄉論，又要代表國家監督輿論，一旦地方離心力強，中正官便容易爲地方大族操控，國家用人受制於地方大族，即是「下踰其敘」以致「天爵外通」、「庶人議柄」之弊，若是國家集權力量太大，中正官無法反映鄉論，則吏部用人恐怕會背棄鄉論，引發士人馳騁京師以邀譽求官的問題，即「上過其分，所由之不本」以致「干勢馳騖之路開」之弊。

　　那麼該如何革除這些弊端呢？夏侯玄提出吏部與中正各司其職而互不侵權的主張：

> 若令中正但考行倫輩，倫輩當行均，斯可官矣。何者？夫孝行著於家門，豈不忠恪於在官乎？仁恕稱於九族，豈不達於爲政乎？義斷

〔註55〕王曉毅對此亦有詳論，請參氏著，〈正始改制與高平陵政變〉，《中國史研究》，1990 年第 4 期（北京），頁 75～76。
〔註56〕《三國志》，卷 9，〈夏侯玄傳〉，頁 295。

行於鄉黨，豈不堪於事任乎？三者之類，取於中正，雖不處其官名，斯任官可知矣。行有大小，比有高下，則所任之流，亦渙然明別矣。奚必使中正干銓衡之機於下，而執機柄者有所委仗於上，上下交侵，以生紛錯哉？且臺閣臨下，考功校否，眾職之屬，各有官長，旦夕相考，莫究於此；閭閻之議，以意裁處，而使匠宰失位，眾人驅駭，欲風俗清靜，其可得乎？天臺縣遠，眾所絕意。所得至者，更在側近，孰不脩飾以要所求？所求有路，則脩己家門者，已不如自達于鄉黨矣。自達鄉黨者，已不如自求之於州邦矣。苟開之有路，而患其飾眞離本，雖復嚴責中正，督以刑罰，猶無益也。豈若使各帥其分，官長則各以其屬能否獻之臺閣，臺閣則據官長能否之第，參以鄉閭德行之次，擬其倫比，勿使偏頗。中正則唯考其行迹，別其高下，審定輩類，勿使升降。臺閣總之，如其所簡，或有參錯，則其責負自在有司。官長所第，中正輩擬，比隨次率而用之，如其不稱，責負在外。然則內外相參，得失有所，互相形檢，孰能相飾？斯則人心定而事理得，庶可以靜風俗而審官才矣。〔註57〕

夏侯玄是從整個選舉制度運作的精神來思考，企圖恢復魏初選舉制度的官才本位主義精神。認爲當時選舉問題最大的關鍵出在中正官既上干吏部銓衡權，下侵鄉論，又旁侵各級行政長官的考課權，此乃制度運作成效不佳的因素。這表示夏侯玄較關切的是，因中正官的雙重性格所導致的「上預吏部銓衡，下干鄉論清議，上下交相侵」之弊端，其宗旨看似非爲抑制浮華朋黨而發，但是從其建議恢復上從吏部下至各級行政長官的考課權，以健全考課制度來確立吏部人事權的優越性來看，這又是魏明帝末年強化選舉制度中的考課機制政策（即第二種取向）的延伸，顯然此方案實爲抑制浮華朋黨的對策，不過將問題的矛頭指向中正評品制度罷了。〔註58〕

進一步言之，從夏侯玄企圖強化吏部職權而非鞏固郡中正職權來看，恐怕當時「下踰其敍，庶人議柄」之弊是大於「上過其分，所由之不本」之弊。原本魏明帝乃典型專制君主，對人事權下移與分散當十分敏感，方有前述檢覈動作與防範措施，更何況是「下踰其敍，庶人議柄」，因此，夏侯玄所稱的兩種選舉弊端在魏明帝時期可能尚未顯著。然正始年間（240～248）以降，

〔註57〕《三國志》，卷9，〈夏侯玄傳〉，頁295～296。
〔註58〕吳慧蓮亦以爲夏侯玄的改革方案，正可彰顯劉劭考課法的精神。請參見氏著，〈曹魏的考課法與魏晉革命〉，頁73。

朝廷政爭日趨白熱化，地方大族乘機擴張勢力，於是「下踰其敘，庶人議柄」之弊逐漸臺面化。畢竟郡中正制時期的鄉論在中正評品時具關鍵地位，和東漢中後期一樣，仍爲地方大族（明確而言爲郡級豪族）所操縱，〔註59〕因此，「下踰其敘，庶人議柄」所欲批判者，恐怕是指地方大族藉由對郡中正的控制，進而造成對國家用人的過度干預。

　　需要澄清的是，縱使夏侯玄的主張有將人事權集中吏部的傾向，但這也不代表夏侯玄即反對依據鄉論審查士人德行的郡中正制，因爲只要郡中正確切考覈鄉論所議士人德行之虛實，輩擬品第，而吏部擁有充分的銓衡權，依據行政長官的考課資料，參考中正官的品第，使中正官不再干預官吏遷轉，則郡中正制仍有其存在價值。畢竟自曹操時期以來，德行一直是考核官吏的標準之一，因爲「孝行著於家門」、「仁恕稱於九族」、「義斷行於鄉黨」者，便能夠「忠恪於在官」、「達於爲政」、「堪於事任」，從這裡又可看出夏侯玄並不反對德行作爲一種選舉標準。

　　但值得注意者，夏侯玄對德行標準的認知，雖承認儒家仁恕孝義等德行的重要性，但就國家用人的角度視之，則須將儒家個人式的德行，轉換成國家官僚體制運作所需的政治道德，顯然名法之治與名教之治之下，國家用人對德行的要求，仍有本質上的差異。總而言之，夏侯玄對選舉問題的主張，實又承襲魏世三祖「官才本位主義」的用人方針，唯才所宜，不偏執於德或才，故主張選舉方式要「明其分敘」，中正依鄉論考德行之名實，吏部依各級行政長官對屬吏之考課而覈其才能之名實，最後由吏部根據這兩項人事資料進行銓衡，選賢任能。

　　至於司馬懿集團選舉制度改革的主張，則是企圖改革郡中正制，以解決選舉弊端，從曹魏解決選舉問題的脈絡來說，便是本節第一目所提的第四種取向。倡此議者爲司馬懿，據《通典・職官十四》「中正」條所載：

　　　　晉宣帝加置大中正，故有大小中正，其用人甚重。

下處並注引東晉干寶《晉紀》語：

　　　　晉宣帝除九品，置大中正。〔註60〕

<hr>

〔註59〕越智重明亦以爲九品官人法實施初期（指郡中正時期），地方豪族層對於官吏選舉仍有一定影響力，意即鄉黨輿論對九品官人法下的選舉制度運作仍有其作用力。請參見氏著，〈九品官人法の制定と貴族制の出現〉，《古代學》，第15卷第2號（1966，大阪），頁66～72。

〔註60〕唐・杜佑，《通典》，卷32，〈職官十四〉，「中正」條，頁892。

此外，《太平御覽·職官部六十三》「中正」條有更詳細的記載：

> 晉宣帝除九品，州置大中正。議曰：案九品之狀，諸中正既未能料
> 究人才，以爲可除九制，州置大中正。《曹羲集·九品議》曰：伏見
> 明論，欲除九品，而置州中正，欲檢虛實。一州闊遠，略不相識，
> 訪不得知，會復轉訪本郡先達者耳，此爲問州中正而實決于郡人。
> 〔註61〕

這三段史料的核心問題有二：其一，「除九品」所指爲何？這裡的「九品」當
指鄉品九品制，但是學界對於「除」的解釋，卻有「敘任」與「除去」兩種
看法，〔註62〕不過兩種解釋均不盡圓滿，因爲若釋作「敘任」，則與原本魏初
就已經存在的以九品品第人才的作法有何差異，何必多此一舉再提出相同建
議，若釋作「除去」，卻尚未從史料中找到曾有過「除九品」的痕跡。另有一
說，則是將「除九品」視作廢郡中正，矢野主稅認爲司馬懿廢郡中正，其目
的在削弱魏王室（曹爽集團）對地方豪族勢力的籠絡與支配，再利用州大中
正制對中央級官僚層進行政治籠絡，但在嘉平以後，與現實妥協，使得州郡
中正並置。〔註63〕而謝大寧則認爲最初曹爽集團欲架空郡中正，於是司馬懿
乃以改置州中正作爲妥協。〔註64〕矢野氏與謝氏之說均與學界多數說法不
同，多數學者支持《通典》的記載，〔註65〕即司馬懿是在郡中正之上加置州
大中正，而非廢郡中正後再置州大中正。

但是，若說曹爽集團的實力基盤源自於地方豪族勢力，爲何夏侯玄還要
提出「罷郡論」，〔註66〕這豈不是自廢武功？若曹爽集團欲架空郡中正，那爲
何夏侯玄〈時事議〉論選舉制度改革時，怎沒提出此一建議？筆者以爲，從

〔註61〕 宋·李昉等編，《太平御覽》，卷265，〈職官部六十三·中正〉，頁1243。
〔註62〕 宮川尚志讀作敘任，宮崎市定亦作「敘」解；楊筠如則讀作「除去」，越智重
　　　　明亦讀作「除去」。請分見宮川尚志，《六朝史研究·政治社會篇》，頁270；
　　　　宮崎市定，《九品官人法の研究》，頁150；楊筠如，《九品中正與六朝門閥》，
　　　　頁39～40；越智重明，〈州大中正の制に關する諸問題〉，頁39。
〔註63〕 請參矢野主稅，《門閥社會成立史》，頁539～542。
〔註64〕 請參謝大寧，《歷史的嵇康與玄學的嵇康——從玄學史看嵇康思想的兩個側
　　　　面》（臺北：文史哲出版社，1997），頁27。
〔註65〕 唐·杜佑，《通典》，卷32，〈職官十四〉，「中正」條，頁892。
〔註66〕 關於夏侯玄「罷郡論」的詳細內容，請參《三國志》，卷9，〈夏侯玄傳〉，頁
　　　　296～297。又劉顯叔對於「罷郡論」的內容與政治意義有精闢的分析，請參
　　　　氏著，〈論魏末政爭中的黨派分際〉，《史學彙刊》，第9期（1978，臺北），頁
　　　　27～29。

司馬懿反對夏侯玄廢郡方案的立場來看，顯然司馬懿亦不願得罪地方大族，因爲自東漢以來郡府屬吏一直是地方大族進出官僚層的基石，維持地方勢力的一個重要媒介，而從現存魏初郡中正唯二的兩條史料來看，郡中正一職多由中層官僚擔任，〔註67〕地方望族、郡姓可先仕郡，再透過擔任郡中正的本郡先達進行品評，此爲地方大族進身中央官界的捷徑，因此郡中正制實有維繫多數地方大族權益的作用。畢竟郡中正制最初的成立目的之一，正是筆者在第二章第三節所提的疏導並控制地方豪族官僚化問題，其要在避免地方大族壟斷地方選舉之勢進一步干涉國家用人，並落實官才本位主義的用人方針，而西晉衛瓘、司馬亮等人所謂「九品之制」、「猶有鄉論餘風」，〔註68〕即指郡中正制亦兼顧鄉論清議的舊選舉文化，而當時支配鄉里輿論者乃地方大族，故其政治作用乃在避免地方大族過度反彈，明言之，郡中正制本身就是一種過渡性、妥協性產物。而時值政爭時期，就連曹爽集團亦未敢爲了人事權中央集權化，而進一步提出廢郡中正，反而提出所謂「明分敘」的改革方案，透過強化吏部在人事權上的主導地位，而暫時維持郡中正制。因此，司馬懿當不可能完全爲了中央級官僚層的利益，便輕易冒險廢除郡中正，開罪於地方大族，而喪失這一部份的政治資源。顯然，矢野主稅與謝大寧的說法有待商榷。故筆者以爲，司馬懿當是在郡中正之上加置州大中正。

　　至於「除九品」的問題，越智重明另倡新說，將之釋爲廢除舊郡中正制下的九品制，而成立新九品制，即通稱的鄉品九品制。亦即州大中正制的方案，除立州大中正外，另外也改變郡中正時代的運作方式，不僅有品狀，而且有九品品第，郡中正負責品評，州大中正依品狀決定最後鄉品，即州大中正制與鄉品制同時成立。〔註69〕筆者以爲此說頗值參考，越智重明之說的獨到之處，在於將州大中正制與鄉品制的成立，進行制度性的連結，相當有意義。郡中正時代與州大中正時代之品狀形式確實有異，前者如王嘉評吉茂，狀曰「德優能少」，〔註70〕而後者如王濟評孫楚，狀曰「天下英博，亮拔不群」，〔註71〕根據矢野主稅對西晉「狀」的研究，許多狀語之型態與特質亦多類此。

〔註67〕馮翊王嘉以散騎郎任郡中正，鉅鹿時苗以太官令任郡中正。請見《三國志》，卷23，〈常林傳〉注引《魏略》，頁661～662。
〔註68〕《晉書》，卷36，〈衛瓘傳〉，頁1058。
〔註69〕請參越智重明，〈州大中正の制に關する諸問題〉，頁33～39。
〔註70〕《三國志》，卷23，〈常林傳〉注引《魏略‧吉茂傳》，頁661。
〔註71〕《晉書》，卷56，〈孫楚傳〉，頁1543。

〔註 72〕而且品第等級的明確度亦有異，前者誠如胡三省所稱，九品為上上、上中、上下、中上、中中、中下、下上、下中、下下，〔註 73〕並未明確地標示為一品、二品、三品等數字等第，但後者則明顯已有二品、三品、四品等數字等第，這種形式的鄉品便很容易可與吏部銓選官職之官品進行關連。

這或可說明制度精神已有所轉變，從官才本位主義轉向勢族門閥主義，當中的關鍵，可能正與制度的轉變有關。州大中正成立後的鄉品制，本質上已異於郡中正時代的鄉品制，鄉品與官品之關係已更為緊密，唯有這種緊密關係，中央級士人層方足以有制度性的保障，否則若停留在郡中正時代的九品品狀與官品之關係，制度精神是難以迅速地轉向勢族門閥主義發展。而且唯有存在這種特殊的緊密關係，中正評品制度方有制度依據，使得中正官不僅擁有薦舉與資格審核權，更得以透過鄉品與官品之緊密關係，侵擾吏部銓衡權，此正是夏侯玄所攻擊的重點。而中正評品制度的運作程序與精神的轉變，亦與州大中正制與鄉品制的成立有關。這部分留待第四章第三、四節與第五章再做詳細討論。

其二，這三段史料亦說明司馬懿置州大中正的理由，在於郡中正未能發揮審查地方人才學行才能之虛實的制度功能，故主張置州大中正以救其弊。從本節第二目可知，此一方案亦是面對浮華問題下的產物，從前引上疏中，可看出司馬懿的思維邏輯是欲透過州大中正的設置，來進一步檢覈虛實，以達到抑制浮華之效。那麼州大中正制是否能夠解決此選舉問題？首先，設置州大中正似乎難以達到「檢覈虛實」、「料究人才」的制度功能，誠如前引反對陣營中領軍曹羲所言，州大中正所轄區域過大，若說由中正評品，事實上還不是要從當地先達（即任職京師的諸州郡先進）那兒蒐集人才資訊，顯然曹羲無法認同司馬懿的說法，認為設置州中正根本多此一舉。而曾任曹爽大將軍長史的應璩亦有類似見解：

> 百郡立中正，九州置都士，州閭與郡縣稀疏，如馬齒生不相識面，何緣別義理。〔註 74〕

〔註 72〕 請參矢野主稅，〈狀の研究〉，《史學雜誌》，第 76 編第 2 號（1967，東京），頁 32～46。

〔註 73〕 宋・司馬光，《資治通鑑》，卷 69，〈魏文帝紀・延康元年〉，第 8 條胡三省注語，頁 2178。

〔註 74〕 宋・李昉等，《太平御覽》，卷 265，〈職官部六十三・中正〉引應璩《新論》，頁 1243。

應璩的說法與曹羲大同小異。西晉劉毅〈九品八損議〉之第五項亦有類似看法。顯然，曹羲、應璩等人都認為，即使透過州大中正與本郡先達合作，以檢覈虛實、料究人才，恐怕亦未能解決問題。因此，郡中正制「未能料究人才」的問題根源，郡中正徇私或者郡中正層級過低，恐怕是次要因素。

那麼問題的關鍵在哪兒？若從浮華問題與郡中正制的關連性來思考，問題便一目了然。問題的關鍵應在於京官兼任中正的制度設計，而非郡中正徇私、郡中正層級過低，未能料究人才虛實。西晉劉毅〈九品八損議〉以為，「中正知與不知，其當品狀，采譽於臺府，納毀於流言」，使「進官之人，棄近求遠，背本逐末」。〔註75〕也就是說由於京官兼任中正，就客觀環境而言，中正僅能根據京師地區的社會輿論或朝廷宮掖的官方資訊進行品第，當然會鼓勵各地求官士子湧入京師，反而因「干勢馳騖之路開」〔註76〕而導致浮華問題。再者，從曹爽集團人事結構可發現，無論其出身是地方名族之後、開國功臣子弟，抑或宗室貴戚子弟，其共同特質便是同屬於京師士人層，太和浮華案的關係人便多有京師士人層背景，故浮華問題與選舉制度的直接關連，當在於京師士人層多可透過中正評品、任子、襲爵、賜爵等途徑直接入仕，特別是中正評品一途，更是不受其出身限制，由於中正官由京官兼任，京師地區成為品評資訊的匯集中心，這就導致士子不願老死鄉里，因而馳騁京師，群集邀譽，此為浮華問題肇因之一，故欲從改革中正評品制度方向來解決浮華問題，當從「京官兼任中正」著手，州置大中正以檢覈人才虛實，對問題之解決並無太大作用。

既然浮華問題可能僅是州大中正制所要解決的次要問題，那麼司馬懿的選舉改革對策，其主要目的又為何？而且從上面的討論來看，此方案顯然與夏侯玄的強化吏部人事權、抑制郡中正制方案，存有對立性。這當中的政治因素，當與魏晉禪代初期的曹馬之爭有密切關連，且待本章第二節討論完魏晉禪代之後，再結合此部分的重要結論，於第三節做進一步的綜合性分析。

三、選舉問題的轉變——從名實問題、浮華問題到才性四本論

從第二章第三節與本節第一、二目的討論中可知，曹魏的選舉問題始於漢末以來的名實問題，進入魏初，逐漸轉以浮華問題為主，而官僚系統之相

〔註75〕《晉書》，卷45，〈劉毅傳〉，頁1276。
〔註76〕《三國志》，卷9，〈夏侯玄傳〉，頁295。

關對策多從選舉方式切入，欲改革現狀。像是九品官人法的制訂，其制度目的亦在改革東漢察舉制度的弊端，這亦是就選舉方式角度，去解決當時以名實問題爲主的選舉問題。

但事實上選舉方式與選舉標準息息相關，故不同取向的對策實會爲指向不同的選舉標準。若以簡單的賢能觀念來區分選舉標準，則可劃分爲德行與才能兩大範疇，名教之治下，儒家德行爲德，經術、文章、吏幹爲才，名法之治下，德行則廣義地包括儒家德行、政治道德與經術，才能指文章與吏幹。依此來看，魏文帝時期中正評品制度乃依官才本位主義運作，故才能較德行具有優位性，但在「治平尙德行」思維作用下，有轉向以德爲主的傾向，提高經術於選舉標準中的地位，即爲此發展的一項指標。至於魏明帝以後，第三、四種取向較傾向德行，第一種取向所重者爲傳統經術，究其內容而言，實又標榜儒家倫常，本質上屬東漢經明行修的基本路線，故其長遠目標仍傾向德行，第二、五種取向較傾向德才並重，但第二種則又以德爲優先，第五種則以才能爲優先。然而這些傾向僅是相對的，如同曹操重才亦不排斥德行一般，這些差異性乃是以官才本位主義爲基準而言。不過，綜觀這些方案，值得注意的是，官僚系統對選舉標準的立場，有向「以德爲主，以才爲輔」路線靠攏的傾向，顯然官才本位主義有動搖的趨勢，其本質逐漸從名法轉向名教。

（一）從盧毓典選看選舉問題的轉向

筆者以爲最足以反映此種轉變現象的關鍵課題，便是正始至嘉平年間（240～253）流行於上層士人層間的才性四本論。其實，魏明帝景初年間（237～239）盧毓典選時，已可看出選舉問題從浮華問題轉向才性問題的跡象。景初中，魏明帝曾下詔「選舉莫取有名，名如畫地作餅，不可啖也」，吏部尙書盧毓答曰：

> 名不足以致異人，而可以得常士。常士畏教慕善，然後有名，非所當疾也。愚臣既不足以識異人，又主者正以循名案常爲職，但當有以驗其後。故古者敷奏以言，明試以功。今考績之法廢，而以毀譽相進退，故眞僞渾雜，虛實相蒙。〔註77〕

此事隱藏若干問題。其一，原本「名」僅是聲譽，其所負載的至少包括德行之名與才能之名，而魏明帝此詔原就浮華問題而發，太和浮華案關係人多是「以才能稱」，非「以德行顯」，故此詔之名當指向才能而言，但從盧毓所稱

〔註77〕《三國志》，卷22，〈盧毓傳〉，頁651～652。

「畏教慕善，然後有名」來看，似將以名取士的「名」直接指向德行，難道是盧毓會錯意而答非所問？恐怕不盡然，若從選舉標準方向思考，或可解釋此一矛盾。〔註78〕筆者以為，東漢以名教立國，其選舉制度的主體之一為察舉制度，而察舉制度的選舉標準多以儒家德行為必要條件，再搭配經術或文才，〔註79〕曹操於建安末年頒佈的三道求才令所要打破的正是這種以儒家德行為核心的用人方針。而魏明帝恐怕是擔心，浮華問題從「以才能稱」進一步擴大至「以德行顯」的方向，進而引發「以德取士」、「以族取士」等更尖銳的選舉問題。〔註80〕如此發展下去，不但背離官才本位主義，更可能導致名法之治轉向名教之治，這顯然是魏明帝所最不願見到的局面。因此，即使魏明帝認同「治平尚德行」的觀點，但仍僅是提倡儒學經術，屬於儒家用人標準中偏才的部分。故魏明帝針對中書郎人選，提出「選舉莫取有名」的用人原則，這恐怕是借題發揮，欲防範「以德取士」思想的急速復興。

　　但盧毓也絕非省油的燈，拿出「名不足以致異人，而可以得常士」作為擋箭牌，更提出振興考課制度的方案，藉此再將問題丟回浮華問題中「以才能稱」的部分，既符合循名核實的名法之治路線，又可針對太和浮華案的問題核心進行選舉制度改革。顯然，盧毓並不願見到選舉標準老是停留在「以才」或「以學」舉士的階段，希望能夠恢復以學行舉士的舊傳統。否則他便應該客觀地分析問題關鍵所在，名實問題的範疇包括德或才，既然主張立考課制度以覈才之名實，也應當有加強檢德之名實的機制。若將焦點放在中正評品制度上，則可知盧毓對郡中正審查德行的制度功能，顯得相當有信心，因此才僅建議立考課制度覈才之名實，無須改革中正評品制度。

〔註78〕謝大寧亦從選舉標準的角度來解讀這段史料，以為明帝之重點，顯然是希望吏部選舉應多參考才能，不要徒恃有名。筆者以為此說與筆者最大不同者在於，謝氏是基於曹氏政權與士族間的階級意識型態的差異進行論述，以為曹氏代表名法之治，主才能主義，而士族則代表名教之治，主德行主義；筆者則是從選舉問題的角度，去思考相關發展的合理性，故以為明帝是擔心漢末因以德取士所致以族取士的可能發展會再度出現，而不從階級意識型態的差異性去探討此一事件。請參見謝大寧，《歷史的嵇康與玄學的嵇康──從玄學史看嵇康思想的兩個側面》，頁31。

〔註79〕請參毛漢光，〈中國中古賢能觀念之研究〉，《中央研究院歷史語言研究所集刊》，第48本第3分（1977，臺北），頁352。

〔註80〕選舉標準從「以德取士」向「以族取士」演進，乃東漢選舉制度核心問題之一，也就是漢末王符所批判的「以族舉德，以位命賢」的問題。請參漢・王符撰，汪繼培箋，《潛夫論箋》，卷4，〈論榮篇〉，頁32～38。

其二，既然盧毓已將「名」之源頭指向「畏教慕善」，顯然所謂「主者正以循名案常爲職」，當是指中正官根據鄉論清議而來的「畏教慕善」之「名」進行評品，而其內涵便是儒家道德。那麼該如何從這些常士中察知其特殊才能呢？因此盧毓主張要建立考課制度，「以驗其後」，就是考覈其特殊專長之意。如此既可得有德常士，又可察覈其才能所在，而找到有特殊才能之異人，如此既可符合官才本位主義用人方針，又可改善「眞僞渾雜，虛實相蒙」之弊，故明帝才會接受其建議，詔令劉劭草擬考課法。

（二）從四科取士之選舉標準本質看劉劭考課法的核心精神

關於劉劭考課法草案之內容，主要是「欲使州郡考士，必由四科，皆有事效，然後察舉，試辟公府，爲親民長吏，轉以功次補郡守者，或就增秩賜爵」，〔註81〕此實取法東漢四科取士之法。〔註82〕

所謂的「四科」，最早起源於漢武帝時的「丞相故事」，乃丞相府辟召屬吏時的四個科目，〔註83〕故嚴格上應稱爲「辟召四科」，包含德行、明經、明法、治能等四種內涵。四科取士對選舉制度的影響最大的便是在取士標準上，〔註84〕西漢後期出現秀才三科，〔註85〕到了光武帝時已是三公府辟召屬吏的

〔註81〕 《三國志》，卷16，〈杜恕傳〉，頁500～501。

〔註82〕 關於四科取士在漢代選舉制度中的地位，請參見方北辰，〈兩漢的四行與四科考〉，《文史》，第23輯（1984，北京），頁303～306；閻步克，《察舉制度變遷史稿》（瀋陽：遼寧大學出版社，1997），頁15～22。

〔註83〕 衛宏《漢官舊儀》曰：「丞相吏員三百八十二人……故令丞相設四科之辟，以博選異德名士，稱才量能，不宜者還故官。第一科曰德行高妙，志節清白。二科曰學通行修，經中博士。三科曰明曉法令，足以決疑，能案章覆問，文中御史。四科曰剛毅多略，遭事不惑，明足以照姦，勇足以決斷，才任三輔令。皆試以能，信然後官之。第一科補西曹南閣祭酒，二科補議曹，三科補四辭八奏，四科補賊決。」據此可知，「丞相故事」本爲丞相府辟召屬吏的四個科目，而且本有選舉標準之性質。請參見清‧孫星衍等輯，《漢官六種》（北京：中華書局，1990），頁37～38。

〔註84〕 勞榦認爲四科取士乃漢光武察舉孝廉的四項選舉標準，而漢代察舉除去特殊與臨時特別需要而設的科目以外，餘者雖與孝廉異科，但其標準亦略同於孝廉之選。安作璋等以爲漢代察舉的標準大致不出四科。黃留珠亦認爲，四科取士即兩漢察舉的四項基本標準，而其他察舉科目雖與孝廉名稱有異，但究其察舉標準而論，卻基本上同於孝廉之選的四科取士標準。請參見勞榦，〈漢代察舉制度考〉，《中央研究院歷史語言研究所集刊》，第17本（1948，上海），頁637～639；安作璋、熊鐵基，《秦漢官制史稿》（濟南：齊魯書社，1984），下冊，頁312；黃留珠，《秦漢仕進制度》（西安：西北大學出版社，1985），頁89～90。

標準，〔註86〕順帝時更成爲察舉孝廉的四項標準，〔註87〕姑且名之爲察舉四科，以此爲基礎進一步擴大到察舉諸科目，〔註88〕並成爲郡國守相辟召屬吏的選舉標準，〔註89〕畢竟地方行政機構的組織形式與中央公府相近，〔註90〕故可成功地運用此一標準。

〔註85〕《漢官舊儀》載西漢秀才以三科取士之事：「刺史舉民有茂材，移名丞相，丞相考召，取明經一科，明律令一科，能治劇一科，各一人。詔選諫大夫、議郎、博士、諸侯王傅、僕射、郎中令，取明經。選廷尉正、監、平，案章取明律令。選能治劇長安、三輔令，取治劇。」此爲西漢後期制度，顯然秀才三科與丞相辟召四科僅少了德行高妙一科。這可說明四科取士對選舉制度影響最大者便是在選舉標準上。請參見清・孫星衍等輯，《漢官六種》，頁37。

〔註86〕應劭《漢官儀》曰：「世祖詔：方今選舉，賢佞朱紫錯用。丞相故事，四科取士。一曰德行高妙，志節清白；二曰學通行修，經中博士；三曰明達法令，足以決疑，能案章覆問，文中御史；四曰剛毅多略，遭事不惑，明足以決，才任三輔令。皆有孝悌廉公之行，自今以後，審四科辟召。及刺史、二千石察茂才尤異孝廉之吏，務盡實覈，選擇英俊、賢行、廉絜、平端於縣邑，務授試以職。有非其人，臨計過署，不便習官事，書疏不端正，不如詔書，有司奏罪名，并正舉者。」這裡的四科取士當仍是承襲西漢丞相故事，故仍爲辟召四科而非察舉四科。崔寔《政論》所載可證明之：「詔書：故事三公辟召以四科取士：一曰德行高妙，志節清白；二曰學通行修，經中博士；三曰明曉法令，足以決疑，能按章覆問；四曰剛毅多略，遭事不惑，才任三輔劇縣令。」故應劭所載當是將辟召與察舉並言，而非光武時已出現察舉四科。請參見《後漢書》，志第24，〈百官志一〉，「太尉」條注引應劭《漢官儀》，頁3559；南朝梁・蕭統編，唐・李善注，《文選》，卷36，〈王元長永明九年策秀才文五首〉注引崔寔《政論》，頁1645。

〔註87〕東漢順帝時期，尚書令左雄奏曰：「請自今孝廉年不滿四十，不得察舉，皆先詣公府，諸生試家法，文吏課牋奏，副之端門，練其虛實，以觀異能，以美風俗。有不承科令者，正其罪法。若有茂才異行，自可不拘年齒。」不久黃瓊續任尚書令，上疏奏立四科：「瓊以前左雄所上孝廉之選，專用儒學文吏，於取士之義，猶有所遺，乃奏增孝悌及能從政者爲四科，事竟施行。」又雄前議舉吏先試之於公府，又覆之於端門，後尚書張盛奏除此科。瓊復上言：「覆試之作，將以澄洗清濁，覆實虛濫，不宜改革。」帝乃止，維持覆試考核之法，以澄清濁、正名實。請見《後漢書》，卷61，〈左雄傳〉，頁2020；卷61，〈黃瓊傳〉，頁2035。

〔註88〕檢閱東漢察舉科目之名，如至孝、明經、明法、治劇等，連名稱都和四科名稱一致，就可見四科取士作爲選舉標準而言所具有的整體性與代表性了。

〔註89〕比方說，郡文學多用明經科，決曹獄吏多用明法科，功曹之類的綱紀上佐，則用有治能者。請分參《漢書》，卷77，〈蓋寬饒傳〉，頁3243；卷77，〈諸葛豐傳〉，頁3248；卷76，〈尹翁歸傳〉，頁3206；《後漢書》，卷20，〈王霸傳〉，頁734；卷77，〈黃昌傳〉，頁2496；卷26，〈馮勤傳〉，頁909。

〔註90〕《續漢書・百官志》載郡國組織曰：「諸曹略如公府曹。」請見《後漢書》，志第28，〈百官志五・州郡〉，頁3621。

　　就選舉制度的發展脈絡來看，四科在東漢以後已逐漸脫離選舉科目的本質，成爲選舉標準上的準繩。從這個角度再回頭看劉劭考課法內容，其要在「使州郡考士，必由四科，皆有事效，然後察舉」，不正是欲訂定一取士標準，使州郡政府有明確方針來辟召地方人才，經過行政實務歷練後，再進一步察舉至中央？而且從若干層面分析這四科性質與選舉制度的關連性，就儒法二家治術與儒生文吏兩種士人典型而觀，德行與經學代表儒家治術中的意識型態與政治思想，爲儒生之基本才性特質，治能與明法則代表法家治術中的行政技術與法規章程，爲文吏之基本才性特質。因此，四科當有整合並平衡儒法二家人才的意義。再者，就人才特質範疇來看，德行與治能各代表儒法二家的行爲取向，屬於人才的質性範疇，明經與明法各代表儒法二家的政治知識，屬於人才的才能範疇。就選舉制度的運作程序而言，質性範疇多仰仗主事者的主觀判斷，才能範疇可配合審查程序予以客觀考核。

　　綜上所論，可知劉劭考課法的核心精神之一，正是欲透過恢復漢代四科取士精神的考課制度，以進一步建立可行性較高、較具客觀性的選舉標準與選舉方式，以作爲調和儒法二家人才的制度基礎。

（三）魏明帝「選舉莫取有名」詔的實質意涵與選舉問題的轉變

　　最後將焦點回到魏明帝詔令「選舉莫取有名」一事。魏明帝與盧毓間的攻防，表面上雖是因浮華問題而起的名實之「辯」，最後雙方以下詔劉劭草擬考課法作終，但從前面關於考課法取法四科取士之精神，以及四科具有的選舉標準意義來看，顯然問題的焦點已有轉移的跡象。魏明帝當然明瞭「治平尚德行」、「分定以後以忠義爲首」的道理，可是一方面，浮華與名實等現實問題迫使他必須延續名法之治路線，而另一方面，面對官僚系統內強大的儒門名士層，實在也不能採取過度激烈的抑制與打擊措施，畢竟華北穩定局勢得來不易。

　　君權與儒門名士層官僚雙方在面對選舉標準方面的爭議時，曹操時代所重者爲治能與文法，〔註91〕東漢選舉則側重德行與經術，兩種選舉標準間的

〔註91〕特別是治能，曹操時期有相當比例的人才具有此一特質，像是《三國志》卷十五、卷十六的全部傳主，卷二十三的多數傳主，以及當中注引《魏略》的人物，如：楊沛、李孚、黃朗、游楚等人，均是以治能名，這可能與動亂世局急需穩定社會秩序有密切關連。治能特爲曹操所貴，此一現象，已有學者進行剖析，請參見川合安，〈九品官人法創設の背景について〉，《古代文化》，第 47 卷第 6 號（1995，京都），頁 314～317。

衝突在亂世中被模糊，可是局勢逐漸穩定後，問題日益浮現。面對此爭端，魏文帝採取制訂九品官人法的作法，但中正評品的弊端日益浮現，問題關鍵出在資格審查程序上，過於偏重人才特質中的質性範疇，況且質性範疇中的德行有強烈儒家意識型態色彩，不易覈實，而制度運作時，對於未入仕者，治能這項標準形同虛設，因為未有職事怎料其能？正如馬端臨所言：「未仕者居鄉有履行之善惡，所謂品也。既仕者居官有才能績效之優劣，所謂狀也。品則中正可得而定，狀則非中正可得而知。今欲為中正者以其才能之狀著於九品，則宜其難憑。」〔註92〕故若要建立中正評品與官府長官辟召的客觀標準，明經與明法確實可以兼收儒生與文吏，又可緩和彼此的衝突，甚至會受到較開明的禮法之士的支持，而且又可解決從「有事賞功能」向「治平尚德行」發展的不協調與尷尬問題。因此魏明帝既不斷提高儒家經術的地位，亦設置律博士，〔註93〕並修訂魏律，〔註94〕而劉劭考課法草案的出現，正是此

〔註92〕　元・馬端臨，《文獻通考》，卷36，〈選舉九・舉官〉馬端臨按語，頁342。

〔註93〕　原本律博士初建於曹操時期，《宋書・百官志》載：「廷尉律博士，一人。魏武初建，魏國置。」當時僅是魏國制度，直到明帝太和初才正式成為中央編制，此議乃尚書衛覬所奏，衛覬以為：「九章之律，自古所傳，斷定刑罪，其意微妙。百里長吏，皆宜知律。刑法者，國家之所貴重，而私議之所輕賤；獄吏者，百姓之所縣命，而選用者之所卑下。王政之弊，未必不由此也。請置律博士，轉相教授。」不過魏明帝置律博士與漢武帝置五經博士的時代意義有別，五經博士的設置象徵儒學的興起，而律博士之設乃在挽救律令學的沒落。筆者以為這種差異的出現，可能與儒生文吏分化、社會階層分化、經律分途後尊經卑律之風的發展相終始。請見《宋書》，卷39，〈百官志上〉，頁1231；《三國志》，卷21，〈衛覬傳〉，頁611；邢義田，〈秦漢的律學——兼論曹魏律博士的出現——〉，收入氏著，《秦漢史論稿》（臺北：東大圖書股份有限公司，1987），頁302～309。

〔註94〕　太和初，騎都尉劉劭與司空陳群、議郎庾嶷、荀詵、中郎黃休、給事黃門侍郎韓遜等刪約舊科，傍采漢律，定科令，作新律十八篇、州郡令四十五篇、尚書官令、軍中令，合百八十餘篇。魏律令雖不像晉《泰始律令》般受人矚目，《泰始律令》乃後世諸朝律令體制的基本型，但魏律令實乃第一部區分律（刑法典）與令（行政法規）的國家法典，就法制史的角度來看，魏律令上承漢律，實為晉泰始律令編纂的基礎。而魏令的編纂，當是整理並規範官僚體制運作的相關規定，就其次序來看，也代表官僚體制運作的一套流程與秩序，晉令篇目次序為戶令——學令——貢士令——官品令等，從選舉制度的角度檢視此一次序，似可理解為：鄉里民眾輿論向國家推薦人才，國家設立官品令，依此任命官吏，這顯然與九品官人法的運作理論相類，而此運作秩序的出現實與官僚體制的完備化有關，因此九品官人法的成立與運作，可能亦與官僚體制與機構完備發展有所關連。故魏晉禪代前夕，司馬昭令尚書僕射裴秀議官制，太保鄭沖總裁，始建五等爵，而賈充、羊祜等定律令，荀顗

一人事政策的高峰，這種儒法兼重、經律並貴的選舉方針，實具有調和儒法二家治國理念，以及平衡官僚系統儒法二家人才之積極意義。從這個角度來看，魏明帝與漢武、昭、宣、光武、明、章諸世治道兼雜王霸的情形，實有相類的歷史情境。

　　但是劉劭考課法草案議下群臣後，卻受到傅嘏、崔林等儒家意識型態較強烈的朝臣反對，〔註95〕僅有杜恕持較開明態度，予以初步肯定，但其基本立場仍舊傾向以儒家教化為治國之本，魏明帝的用心顯然未獲正面回應。隨著魏明帝的去世、曹爽集團權勢的擴張與曹馬雙方的對立衝突，名法與名教之治間的矛盾日益升高，於是選舉問題從選舉方式進一步擴大到選舉標準，並逐漸轉向思想層次上的才性關係之辨，這種帶有現實政治意味的哲學課題，正是正始嘉平年間上層士人清談論辯的核心課題之一，即後世所熟知的「才性四本論」。才性關係的探討雖流行於正始嘉平年間，但至晚在魏明帝晚年已有徵兆，〔註96〕前述考課法的制訂始末，本身就隱含才性問題（或可稱德才問題）。此外，陳壽在記敘此事之後便續言：「（盧）毓於人及選舉，先舉

定禮儀，這種國家法典儀制與官僚組織的完備，可能正是九品官人法運作更加成熟的重要基礎。請分參《三國志》，卷 21，〈劉劭傳〉，頁 618；《晉書》，卷 30，〈刑法志〉，頁 923；卷 33，〈鄭沖傳〉，頁 992；卷 35，〈裴秀傳〉，頁 1038；堀敏一，〈晉泰始律令の成立〉，《東洋文化》，第 60 期（1980，東京），頁 23～33；池田溫，〈中國律令と官人機構〉，收入《仁井田陞博士追悼論文集第一卷：前近代アジアの法と社會》（東京：勁草書局，1967），頁 152～156。

〔註95〕散騎常侍劉劭作考課法，制下百僚。崔林議曰：「案周官考課，其文備矣，自康王以下，遂以陵遲，此即考課之法存乎其人也。及漢之季，其失豈在乎佐史之職不密哉？方今軍旅，或猥或卒，備之以科條，申之以內外，增減無常，固難一矣。且萬目不張舉其綱，眾毛不整振其領。皋陶仕虞，伊尹臣殷，不仁者遠。五帝三王未必如一，而各以治亂。易曰：『易簡，而天下之理得矣。』太祖隨宜設辟，以遺來今，不患不法古也。以為今之制度，不為疏闊，惟在守一勿失而已。若朝臣能任仲山甫之重，式是百辟，則孰敢不肅？」清河崔氏乃冀州大族，此一言論很能反映官僚系統中出身地方大族的保守禮法之士的思想。至於傅嘏之反對意見，已見於本文。請參《三國志》，卷 24，〈崔林傳〉，頁 680～681。

〔註96〕有學者認為關於才性關係的討論，實淵源東漢中後期。當時的政論家如王充、王符、荀悅、徐幹、仲長統等，曾站在性是操行而才是幹才的含義下，探討才性分合與政治實用之關係。但筆者以為這些討論，多明確指向實用政治層面，與正始嘉平年間逐漸超越名理論辯、進入抽象義理層次的才性關係言談，實已出現本質上的差異。請參林顯庭，〈魏晉時代的才性四本論〉，《東海哲學研究集刊》，第 1 期（1991，臺中），頁 117～120。

性行，而後言才。」〔註 97〕顯然陳壽對選舉問題逐漸從選舉方式向選舉標準擴散一事，當有所意識，故採取如斯之敘述結構。

再者，劉劭《人物志》亦是完成於稍早的青龍年間（233～236），〔註 98〕《人物志》的出現雖說具有總結東漢中後期以降人倫鑒識的時代意義，且上承漢魏之際的名學，下開魏晉之際的玄學，爲漢晉之際學術變遷的轉捩點，〔註 99〕但從選舉問題的發展脈絡來看，未嘗不具有其開創性意義，因爲它正標誌著士大夫官僚對選舉問題的關照，已延伸至選舉標準上的才性問題。從這點來看，魏明帝會找上劉劭訂定考課法，而非他人，可能因劉劭對才性問題頗有心得（可從《人物志》之撰而得知），且注重名實，並曾參與魏律之編纂，作《律略論》，有典制之才，故成爲擬定考課法之最佳人選。

以上所論，乃從選舉問題的發展脈絡，觀察才性四本論出現的契機，因爲後世學者多強調才性四本論與曹馬政爭的關連性，但這僅是政治面的觀察，畢竟才性問題產生於現實政治，特別是選舉制度面向，故本目特從選舉問題出發，以釐清才性四本論之所以產生的制度脈絡，並作爲本章第三節探討曹馬集團選舉制度主張衝突之制度面向上的背景基礎。至於才性四本論內容部分，學者已有豐碩的研究成果，而且原非本目重點，故不加申述。〔註 100〕

〔註 97〕　《三國志》，卷 22，〈盧毓傳〉，頁 652。
〔註 98〕　關於劉劭著《人物志》時間的考辨，請參多田狷介，〈劉劭とその考課法について〉，收入《中嶋敏先生古稀記念論集》上卷（東京：汲古書院，1980），頁 28～31。
〔註 99〕　關於《人物志》在漢晉學術變遷中的重要地位，請參湯用彤，〈讀人物志〉，收入氏著，《魏晉玄學論稿》（北京：人民出版社，1957），頁 11～25。
〔註 100〕　才性之辯乃魏晉之際名理學家的重要論題，其核心乃在探討才性異同與才性關係，其中最有代表性的便是異、同、合、離四種論述，此即所謂的才性四本。四種論述的代表爲傅嘏論同，李豐論異，鍾會論合，王廣論離。論異同者，特就才性的本質或意涵論述。主同者以爲才性均指「質性」，按劉劭《人物論》所稱，質性均衡者必然爲有德者，質性有所偏者即是各種才能之士。主異者則在才性本質有異的基礎上論述，以爲性行決定道德表現，才能決定事功表現，曹操求才令中「治平尚德行」與「有事賞功能」之說，大抵亦是以才性異的基礎而論。論合離者，特就才性的關係論述。主合者大抵以爲性指德行，才指才能，二者關係正如袁準所言「性言其質，才名其用」，即如盧毓以才作爲成善的能力，類似以性爲體、以才爲用的觀念，此類皆從才性合的觀點出發討論才性關係。主離者大抵亦可以體用觀念理解之，即才性關係並非以性爲體以才爲用，而是互爲體用的關係。筆者於茲僅作重點敘述，學者對於才性四本論的內容仍存有部分歧見，但對於才性四本論的興起與當時政局之關係，學界已有一定程度的共識，論異論離者大抵持傾向魏氏或不苟

第二節　魏晉禪代與政權結構的轉變

本節的目的在提供第三節探討州大中正成立的政治背景基礎，結構之大要如下。首先，從魏明帝託孤的詭譎多變過程，觀察魏廷權力結構的調整與矛盾，此為第一目重點。事實上，魏明帝託孤僅是一連串政爭的序幕，曹魏政局的動盪則從曹爽集團的專權正式展開。嘉平元年（249）以司馬懿為首之反曹爽勢力集結，發動高平陵政變，進入魏晉禪代的第一波高峰，此為第二目與第三目的重點。這裡並不涉及曹馬之爭（或言魏晉禪代）本質的爭議，〔註

同司馬氏之立場，論同論合者大抵持傾向司馬氏或不滿曹氏政權之立場。請參唐長孺，〈魏晉才性論的政治意義〉，收入氏著，《魏晉南北朝史論叢》（北京：三聯書店，1955），頁 298～310；萬繩楠，《魏晉南北朝史論稿》，頁 84～89；田文棠，《魏晉三大思潮論稿》（西安：陝西人民出版社，1988），第 5 章，「傅嘏與四本才性之辨」，頁 87～103；謝大寧，〈才性四本論新詮〉，頁 823～842；林顯庭，〈魏晉時代的才性四本論〉，頁 121～143；謝大寧，《歷史的嵇康與玄學的嵇康——從玄學史看嵇康思想的兩個側面》，第 1 章第 3 節，「才性四本平議」，頁 33～43。

〔註101〕傳統的說法以陳寅恪先生的「階級升降說」為代表，認為司馬氏代魏乃是士大夫階級對閹宦階級鬥爭的結果，並將曹馬之爭擴大至意識型態上，即反儒與尊儒路線之爭。階級升降說經徐高阮、王仲犖、萬繩楠等人進一步立說，逐漸取得權威地位。王仲犖以為曹氏與司馬氏的政治鬥爭，意味著寒門大地主與世族大地主兩者勢力的互為消長；萬繩楠以為曹馬之爭，為譙沛集團（庶族地主集團含新興官僚地主集團）與汝潁集團（世族地主集團含部分庶族地主）之爭。劉顯叔則重新發明意識型態異同說，主張魏末政爭的本質乃儒學大族禮法之士與士大夫階級基於意識型態差異，所進行的一場掌握政權的鬥爭，並進一步將此兩種意識型態之爭延伸至西晉武帝朝士的派系政爭。此外的非主流說法，如：日本學者丹羽兌子主張曹馬之爭，乃賢才主義（反門閥主義）與門閥主義的對抗；徐德麟主張，曹馬之爭為新進派與元老派之政爭；馬植傑、鄭欣、楊希珍等則認為曹馬之爭，乃浮華派（皇族與浮華派世族地主）與事功派（事功派世族地主）官僚地主之爭；盧建榮認為曹馬之爭的本質，乃是追求理想的變法派與堅持現實的保守派間的政治立場差異之爭；伊藤敏雄則認為，曹爽派乃以與皇室有血緣與地緣關係之官僚、京師名士為核心的政治派系，司馬氏集團則是以後漢名族、名士或其子弟的官僚為核心的政治派系；封海清認為曹馬之爭的實質是世家大族與皇權的鬥爭；王曉毅則以為高平陵政變的性質，既不是士閹之爭，更不是統治階級內部的派系傾軋，而是曹魏新舊二代之間的衝突，即魏初名士與正始名士間的衝突，從意識型態方面看，則是魏初名實派與玄學流派的鬥爭。以上各家說法，請分別參見陳寅恪，〈書世說新語文學類鍾會撰四本論始畢條后〉，頁 41～42；徐高阮，〈山濤論〉，《中央研究院歷史語言研究所集刊》，第 41 本第 1 分（1970，臺北），頁 88～90；王仲犖，《魏晉南北朝隋初唐史》（上海：上海人民出版社，1961），頁 61～62；劉顯叔，〈論魏末政爭中的黨派分際〉，《史學彙刊》，第 9

101〕主要將焦點置於曹爽集團的人事權力結構、政權性格，以及非親曹官僚的集結等。

一、從魏明帝託孤看魏廷權力結構的矛盾與轉變

　　魏明帝託孤時，對顧命人選猶豫不決，其間數變，堪可玩味。《三國志・明帝紀》注引習鑿齒《漢晉春秋》語：

> 帝以燕王宇為大將軍，使與領軍將軍夏侯獻、武衛將軍曹爽、屯騎校尉曹肇、驍騎將軍秦朗等對輔政。中書監劉放、令孫資久專權寵，為朗等素所不善，懼有後害，陰圖間之，而宇常在帝側，故未得有言。甲申，帝氣微，宇下殿呼曹肇有所議，未還，而帝少閒，惟曹爽獨在。放知之，呼資與謀。資曰：「不可動也。」放曰：「俱入鼎鑊，何不可之有？」乃突前見帝，垂泣曰：「陛下氣微，若有不諱，將以天下付誰？」帝曰：「卿不聞用燕王耶？」放曰：「陛下忘先帝詔敕，藩王不得輔政。且陛下方病，而曹肇、秦朗等便與才人侍疾者言戲。燕王擁兵南面，不聽臣等入，此即豎刁、趙高也。今皇太子幼弱，未能統政，外有彊暴之寇，內有勞怨之民，陛下不遠慮存亡，而近係恩舊。委祖宗之業，付二三凡士，寢疾數日，外內壅隔，社稷危殆，而己不知，此臣等所以痛心也。」帝得放言，大怒曰：「誰可任者？」放、資乃舉爽代宇，又白「宜詔司馬宣王使相參」，帝從之。放、資出，曹肇入，泣涕固諫，帝使肇敕停。肇出戶，放、資趨而往，復說止帝，帝又從其言。放曰：「宜為手詔。」帝曰：「我困篤，不能。」放即上牀，執帝手強作之，遂齎出，大言曰：「有詔

期（1978，臺北），頁45；丹羽兌子，〈いわゆる竹林七賢について〉，《史林》，第50卷第4號（1967，京都），頁523；徐德嶙，《三國史講話》（香港：文昌書局，1955），頁106～107；萬繩楠，《魏晉南北朝史論稿》，頁89～92；馬植傑，〈論漢末魏晉之際世族地主勢力的消長與曹魏政權的興亡〉，《史學月刊》，1965年第4期（鄭州），頁26；鄭欣、楊希珍，〈論司馬懿〉，《史學月刊》，1981年第6期（鄭州），頁22～23；盧建榮，〈魏晉之際的變法派及其敵對者〉，《食貨月刊》，復刊第10卷第7期（1980，臺北），頁271；伊藤敏雄，〈正始の政變をめぐって──曹爽政權の人的構成を中心に──〉，收入《中國史における亂の構圖──筑波大學創立十週年記念東洋史論集──》（東京：雄山閣，1986），頁262～263；封海清，〈曹馬之爭辨析──陳寅恪先生說獻疑〉，頁28；王曉毅，〈正始改制與高平陵政變〉，頁81。

免燕王宇等官，不得停省中。」於是宇、肇、獻、朗相與泣而歸第。
〔註102〕

對於這種託孤顧命之大事，「沉毅好斷」的魏明帝當早有擘劃，但為何會有如此猶疑不決、優柔寡斷的情形出現？這可以魏文帝以降官僚系權力結構核心的轉變，以及魏明帝的用人方針等，作為觀察的起點。

魏文帝時期（220～226），魏廷權力結構主要仍是以譙沛集團與潁川集團為核心的格局，但儒門名士層中以司馬懿為首的官僚系統新勢力有逐漸茁壯的趨勢。魏明帝在即位之後，為了制衡以陳群為首的潁川集團勢力，特別拉拔司馬懿與徐宣、司馬孚，分別進佔軍政系統與行政系統要職。司馬懿與譙沛集團的曹休、曹真共掌軍政，徐宣與司馬孚分以尚書左僕射、度支尚書，制衡錄尚書事陳群與尚書令陳矯。但是曹休、曹真、陳群、陳矯、徐宣等人相繼亡故，到了景初年間（237～239），素有朝望者僅剩司馬懿一人。因此，司馬懿當是最有資格擔任輔政大臣之人選。

但是，為何當魏明帝託孤顧命之時，首次名單中的首輔是燕王曹宇，而輔政名單當中獨缺司馬懿？其實魏明帝首次託孤選擇燕王宇、排除司馬懿的決定，是有若干跡象可尋。首先，魏明帝晚年，大臣曾累諫魏明帝防範司馬懿。青龍四年（236），發生地震之後，侍中高堂隆以為「地震者，臣下強盛，地故震動，冀所以警悟人主，不可不深思是災」。〔註103〕景初元年（237），陵霄闕始構，有鵲巢其上。光祿勳高堂隆以為，「今興起宮室而鵲來巢，此宮室未成身不得居之象也。天戒若曰，宮室未成，將有他姓制御之，不可不深慮」，魏明帝嚇得「改顏動色」。〔註104〕同年末，高堂隆疾篤，口占上疏，以為「宜防鷹揚之臣於蕭牆之內」，並建議「可選諸王，使軍國典兵」，以「鎮撫皇畿，翼亮帝室」。〔註105〕景初二年（238）司馬懿奉詔討公孫淵時，散騎常侍何曾也提醒魏明帝當立監貳，以「盡思謀之功，防安危之變」，〔註106〕這也使得明

〔註102〕《三國志》，卷3，〈明帝紀〉，「景初二年十二月甲申」條注引習鑿齒《漢晉春秋》，頁113～114。

〔註103〕晉·臧榮緒，《晉書》，見清湯球輯，《九家舊晉書輯本》，收入《晉書并附編六種》（臺北：鼎文書局，1997），卷3，〈五行志〉，頁26。

〔註104〕《晉書》，卷28，〈五行志中〉，頁862。

〔註105〕《三國志》，卷25，〈高堂隆傳〉，頁716。

〔註106〕關於何曾奏立遼東遠征軍監貳一事，《魏名臣奏》與《晉書》均有所載，但對於魏明帝是否接受此議，則有不同說法。裴注續引《毋丘儉志記》：「時以儉為宣王副也。」但《晉書》則曰：「帝不從。」再察〈毋丘儉傳〉，僅曰：「明

帝不得不嚴加防範，促使魏明帝初次立輔政大臣時便將司馬懿排除在外。

其二，連大臣都看得出司馬懿有窺竊神器之心，難道「政自己出」、〔註107〕「秦始皇、漢武帝之儔」〔註108〕的魏明帝，會體察不出司馬懿有雄豪之志？其實從幾個事件中便可看出魏明帝在重用司馬懿的同時，也開始有所猜疑。像是魏明帝曾問尚書令陳矯：「司馬公忠正，可謂社稷之臣乎？」陳矯答曰：「朝廷之望，社稷，未知也。」〔註109〕表示魏明帝已有所警戒。因此這便可以解釋，為何司馬懿於太和四年（230）已任大將軍，但青龍三年（235）卻又轉降為太尉？正因曹真死後，對蜀作戰需有足以對抗諸葛亮的善籌畫謀略的軍事統領，因此由司馬懿續任大將軍，以應時局所需，但當青龍二年（234）諸葛亮死後，蜀國為穩定國內政局而暫緩北伐，是以司馬懿階段性任務已完成，故將之轉為太尉，當然魏明帝更是有意把握時機，將大將軍一職空出，讓未來的首席輔政大臣擔任，可見司馬懿很早便被排除在輔政班底之外。

其三，那為何選擇燕王曹宇為首輔呢？分析魏明帝時期官僚系統權力結構核心，便可發現魏明帝一直謹守兩大用人原則，一是官才本位主義，一是系統權力平衡。〔註110〕因此，類似魏文帝的託孤顧命一樣，以朝廷大臣與宗室疏屬對輔，是最佳的選擇，可兼顧兩個用人原則。事實上，排除初所防範

年（景初二年，238），帝遣太尉司馬宣王統中軍及儉等眾數萬討淵，定遼東。」這裡僅能看出毋丘儉曾參與征遼東之役，且以其時任幽州刺史的角色來看，除率領州郡兵外，當亦需負責後勤補給之任，職權不可謂不重，且青龍四年毋丘儉曾與公孫淵有交戰經驗，其在這次征中參與軍事謀略的可能性極高。再者，同年（景初二年）十二月明帝疾篤待立後事時，第一次的輔政大臣名單中並不包括司馬懿，表示魏明帝對司馬懿存有戒心，想必魏明帝對司馬懿懷不臣之心當早有所察，很難想像在年初司馬懿的信任，在一年之內急轉直下，因此，毋丘儉是否居監貳地位，雖難以斷定，但仍有其可能性。請見《三國志》，卷3，〈明帝紀〉，「景初二年正月」條注引《魏名臣奏》，頁111～112；《晉書》，卷3，〈何曾傳〉，頁994；《三國志》，卷28，〈毋丘儉傳〉，頁762。

〔註107〕《三國志》，卷3，〈明帝紀〉，「景初三年正月癸丑」條注引孫盛語，頁115。

〔註108〕《三國志》，卷3，〈明帝紀〉，「魏文帝黃初七年五月丁巳」條注引《世語》，頁91～92。

〔註109〕《三國志》，卷22，〈陳矯傳〉注引《世語》，頁644。《通鑑》將此事繫於太和六年（232），當有所據，故採之。請參見宋·司馬光，《資治通鑑》，卷72，〈魏明帝紀·太和六年〉，第13條，頁2282。

〔註110〕關於此兩大用人原則之論證，因資料龐雜，故不在本文詳論之。請參拙著，〈魏明帝時期人事結構、人事政策與政局變化〉，《中正歷史學刊》，第4期（2001，嘉義），頁247～286。

的潁川集團之陳群、陳矯，以及後所提防之司馬懿，朝廷大臣部分能信任者，非徐宣莫屬。因此，當徐宣於青龍四年（236）薨時，魏明帝詔曰：「宣體履至實，直內方外，歷在三朝，公亮正色，有託孤寄命之節，可謂柱石臣也。常欲以爲台輔，未及登之，惜乎大命不永！其追贈車騎將軍，葬如公禮。」〔註111〕顯見徐宣曾爲魏明帝心中託孤顧命的人選。但是事與願違，徐宣早薨，因此將希望轉向宗室。

自魏文帝以降，鑑於漢末的嗣位之爭，復加上曹植威望不減，甚至在太和二年（228）明帝行幸長安之際，京師曾傳出「帝崩，從駕群臣迎立雍丘王植」之訛語，〔註112〕因此魏明帝仍持續採用「疏離近支，重用疏屬」的宗室政策。君權專制路線的結果，導致皇權周圍出現空虛，致使明帝有「繞樹三匝，無枝可依」的強烈孤獨感。而部分忠正大臣亦察覺此一危機，故不斷上疏請求起用宗室近支，前期如楊阜陳「九族之義」，以導正當時「藩國至親，法禁峻密」之宗室政策的不當；〔註113〕後期如前舉之高堂隆議用諸王典兵以鎮輔皇畿、棧潛上疏「親親顯用」的「深根固本」大計等。〔註114〕

而在託孤輔政之際，重臣司馬懿非社稷之臣，予以排除。至於宗室部分，優先考慮宗室疏屬，但朝中所剩之宗室疏屬二代，多是才智平庸之輩，實不堪重任，至於宗室近支部分，自太和六年（232）曹植薨後，宗室近支對皇權的威脅大減，因此，明帝便開始考慮以宗室近支擔任首輔。至於人選方面，前引文中劉放曾言：「陛下不遠慮存亡，而近係恩舊」，表示燕王宇可能曾有恩於魏明帝。再者，原本魏明帝「少與宇同止，常愛異之」，〔註115〕而魏明帝即位以後，燕王宇「寵賜與諸王殊」，從這裡均可見兩人的密切關係其來有自。因此，首輔便由曹宇出任。

從第一次輔政大臣名單中可發現，魏明帝僅用宗室而將大臣排除在外，此一最初決定，除了順應當時政治情勢的轉變外，其早年「好學多識」，博覽群籍，從歷朝政治經驗中有所體悟，故稍早射聲校尉缺時，乃言：「圖萬年後計，莫過使親人廣據職勢。」〔註116〕用曹宇、夏侯獻、曹爽、曹肇、秦朗輔

〔註111〕《三國志》，卷22，〈徐宣傳〉，頁646。
〔註112〕《三國志》，卷3，〈明帝紀〉，「太和二年四月丁酉」條注引《魏略》，頁95。
〔註113〕《三國志》，卷25，〈楊阜傳〉，頁705。
〔註114〕《三國志》，卷25，〈棧潛傳〉，頁718～719。
〔註115〕《三國志》，卷20，〈武文世王公傳〉，頁582。
〔註116〕《三國志》，卷14，〈劉放傳〉注引《資別傳》，頁460。

政，正是此一想法的實踐。但是孰料因君主專權而掌機密典重權的中書監劉放、中書令孫資，與夏侯獻、曹肇、秦朗等有隙，雙方素所不善，加上明帝對宗室近支態度的轉變，實迫於形勢之無奈，「日在目前」的中書監、令當然十分清楚明帝內心的疑慮，是以當劉放提醒明帝，「陛下忘先帝詔敕，藩王不得輔政」，便使明帝「意變」。再者，明帝亦深知齊王芳年僅八歲，其身後的朝廷政令必然出於輔政大臣，特別是首輔，要推動國家政策，勢必要服眾望，方足以讓官僚機器順利運轉，因此政治才能與威望亦是選擇首輔的考量重點。故劉、孫二人乃提醒明帝，「委祖宗之業，付二、三凡士，寢疾數日，外有壅隔，社稷危殆」，第一部分乃針對政治才能而言，後面則是強調政治威望對穩定政局的重要性。因爲綜觀這些宗室成員，多乏實際政治經驗，本身才智又屬平庸，而所謂的「外有壅隔，社稷危殆」已暗指操縱軍政大權的司馬懿及其在朝的親善勢力已有不滿之情，恐有傾覆社稷之危機。〔註 117〕但是光用司馬懿亦有所不妥，最後雙方妥協，改以較無爭議的曹爽爲首輔，並以司馬懿相參，暫時解決託孤人選難定之困境。〔註 118〕由此可見，明帝在四日內便換下第一批輔政大臣，而二次任命時亦一日三改，〔註 119〕足以反映出君主與宗室近支、宗室與近臣間的矛盾，以及背離官才本位主義的用人方針等因素，實爲造成明帝對顧命大臣人選猶疑不定的重要因素。

那麼劉放與孫資舉曹爽代曹宇，是否可說明近臣對宗室疏屬的信任呢？其實，以曹爽代曹宇主要的目的在於爲司馬懿輔政鋪路。因爲劉、孫二人不可能不知明帝對司馬懿的疑慮，因此先薦才智平庸的曹爽任首輔，既符合前朝的宗室政策，又可兼顧明帝欲使親人廣據職勢的基本原則，以此爲基礎，既捉準明帝平時用人的「系統權力平衡」原則，又可達到推薦司馬懿對輔的目的。再者，劉、孫二人與司馬懿的親善關係其來有自，盧弼認爲雙方關係

〔註 117〕請參王永平，〈世族勢力之復興與曹睿顧命大臣之變易〉，《揚州大學學報（人文社會科學版）》，1998 年第 2 期（揚州），頁 62。

〔註 118〕《世語》與《漢晉春秋》所載稍有不同，前者言先以司馬懿輔政，再以曹爽對輔；後者則言先以曹爽代曹宇，再以司馬懿相參。筆者以爲，從二次更詔明帝反覆再三的情形來看，表示明帝對司馬懿的疑慮甚深，劉放、孫資當不至於過於明顯地力挺司馬懿爲首輔，因此筆者以爲當以《漢晉春秋》所載較可能符合實情。請分見《三國志》，卷 14，〈劉放傳〉注引《世語》，頁 460；卷 3，〈明帝紀〉，「景初二年十二月甲申」條注引《漢晉春秋》，頁 113。

〔註 119〕《三國志》，卷 3，〈明帝紀〉，「景初二年十二月甲申」條注引《漢晉春秋》，頁 113～114。

建立於遼東之役,「遼東平定,放、資以參謀立功,各進爵封本縣侯,則早與司馬氏有因緣矣」。〔註120〕而筆者以為明帝前期射聲校尉出缺而有意重用宗室姻戚時,孫資已曾暗示明帝即使用親人,亦宜使「輕重素定」,對於有所維綱之重大之任,更是如此,因此建議明帝「以聖恩簡擇,如平、勃、金、霍、劉章等一二人,漸殊其威重,使相鎮固,於事為善」。〔註121〕孫資所舉之例無一不是漢室歷朝之異姓功臣,以當時曹真、曹休等重臣均亡故的局面來看,孫資所暗示的人選似乎已指向司馬懿,而在明帝藉射聲校尉之遞補人選一事,展現其欲重用宗室姻戚的態度之際,孫資也仗勢明帝的寵信,藉機暗助司馬懿。以此來看,在遼東之役之前,司馬懿已與中書監、令等近臣聲氣相通。

再者,明帝寢疾之際,司馬懿領兵在外,正從遼東返京,但對洛陽政局的變化卻能密切掌握。《晉書・宣帝紀》載:

> 先是,詔帝便道鎮關中;及次白屋,有詔召帝,三日之間,詔書五
> 至,手詔曰:「間側息望到,到便直排閤入,視吾面。」帝大遽,乃
> 乘追鋒車晝夜兼行,自白屋四百餘里,一宿而至。〔註122〕

從前詔欲司馬懿順道直接留鎮關中來看,司馬懿當知此可能是明帝聽信排己之宗室集團之言的結果(此為曹宇等人之議),〔註123〕後又三日五詔改令直入禁中面帝,局勢出現逆轉,司馬懿深知事態緊急,擔心再有變故,故速返京穩定局勢。因此,司馬懿得以登輔政之位,劉、孫二人居中策應,實居首功。此又是司馬懿與宮廷近臣早有關連之證。

因此,曹爽的出線僅是一種妥協性、過渡性產物。對明帝而言,曹爽本曹真子,而曹真乃曹操養子,〔註124〕嚴格說來並非真正宗室,而且曹爽始仕於太和年間,景初年間僅是武衛將軍,未曾有任何戰功,位望較低,較無政

〔註120〕晉・陳壽著,盧弼集解,《三國志集解》,卷3,〈明帝紀・景初三年〉,頁152。
〔註121〕《三國志》,卷14,〈劉放傳〉注引《資別傳》,頁460~461。
〔註122〕《晉書》,卷1,〈宣帝紀〉,頁13。
〔註123〕燕王宇等人也瞭解司馬懿乃當朝最具威脅性的人物,因此燕王宇乃「為帝畫計,以為關中事重,宜便道遣宣王從河內西還,事以施行」,而原本欲召見司馬懿的明帝,也聽信曹宇之言,對司馬懿之疑懼之心再起,故再「詔止宣王勿使來」,同時並詔「便道鎮關中」。表示《晉書》所載不假,最初司馬懿確有先接到「便道鎮關中」的詔令。請參《三國志》,卷3,〈明帝紀〉,「景初三年正月丁亥」條注引《魏略》,頁114;卷14,〈劉放傳〉,頁459。
〔註124〕《三國志》,卷9,〈曹真傳〉,頁280。

治野心，此乃明帝所能接受的重要因素；對近臣而言，以內忠實、乏才智、位望低的曹爽與司馬懿對輔，對其地位的鞏固似較有利。因此，曹爽成爲雙方最後均能接受的人物。但曹爽本人亦無心理準備，故接詔時「流汗不能對」，孫資乃耳語「臣以死奉社稷」，〔註125〕化解窘境。最後，司馬懿終於在近臣內應的協力下，驚險地取得輔政大臣之位。

二、曹爽集團人事權力結構與正始改制

　　承上所論，曹爽是在匆促之間登上首輔之位，由於其官場經驗不足，在政治圈的人際網絡相對封閉，換言之，其執政班底的人員組成不僅深刻影響了正始政局，同時也左右了包含人事政策在內的政治主張。因此，本目首先聚焦於曹爽集團人事權力結構，以此爲基礎進一步討論以中正評品制度在內的人事制度在正始年間的變動。

　　關於曹爽集團成員，筆者將之分成核心成員與中層幕僚，製成【表3－2】、【表3－3】。根據此二表分析曹爽集團的人事結構，可得出幾項特色：其一，核心成員乃以宗室疏屬爲首（曹爽、曹羲、曹訓、曹彥、夏侯玄），明帝時期太和浮華案關係人爲主（何晏、鄧颺、李勝、丁謐、畢軌）。至於幕僚成員，多具功臣子弟身分，而且出身地方大族或名士之後，通常擔任曹爽大將軍府掾屬，散騎、黃門、中書侍郎等皇帝侍從官，或是尚書郎。其二，無論核心成員或中層幕僚，幾是魏明帝時代以後才入仕，就年齡結構而言，屬於中年與青壯年。其三，其聲望累積均源自京師地區，且多爲官僚後進，除了畢軌尚具姻戚關係，特受重用，而曹爽則是因其宗室疏屬身分得以進入中軍系統，餘者在明帝時期均未受重用。其四，中層幕僚如傅嘏、賈充、荀勗、荀顗、鄭沖、裴秀、王沈、鍾會、王渾、衛瓘等，後來均爲魏晉禪代期間，晉朝的佐命元勳。以下將分論之，並進一步從這些人事權力結構特點，分析集團性格對於雙方衝突的作用。

　　由第一點至第三點可約略看出其集團性格，由於曹爽本人並無才略，突然從一專管禁中宿衛的武衛將軍出任大將軍，其自身也感意外，對於突如其來的軍政大權，應有不知如何駕馭之感，因此，儘快建立執政班底當爲第一要務。但是其年紀輕、仕宦時間短，在官場上的人際網絡有限，在無心理準

〔註125〕《三國志》，卷14，〈劉放傳〉注引《世語》，頁460。

備且政治經驗貧乏的情形下，僅能從宗室和私交較好的親信當中物色人選。因此，先天上便決定了其集團年齡結構是以青壯年爲核心的第二個特點。由於這些核心成員多成長發跡於京師地區，與地方社會關係較疏遠，自成一個人際網絡，姑且稱之爲京師名士層，其組成份子不是宗室貴戚，便是入仕於曹操時期的功臣之子弟，而從【表3－2】、【表3－3】來看，曹爽集團成員便是以宗室貴戚與京師名士層爲主的政治集團。

　　這批官僚後進年輕有抱負，理想主義性格濃，〔註126〕急於在官場上有所表現，故致力於推動各項改革措施。而最足以展現曹爽集團改革思想本質者，莫過於夏侯玄的〈樂毅論〉與曹羲的〈至公論〉。先看〈樂毅論〉，其全文如下：

> 夫求古賢之意，宜以大者遠者先之，必迂迴而難通，然後已焉可也。觀樂生報燕惠王之書，其殆庶乎知機，合道以終始者與。其喻昭王曰：「伊尹放太甲而不疑，太甲受放而不怨，是以天下爲心者也。」夫欲極道德之至量，務以天下爲心者，必致其主於盛隆，合其趣於先王。樂生之志，豈其局跡當時，止於兼并而已哉！舉齊之事，所以運其機而動四海也。圍城而害不加於百姓，此仁心著於遐邇矣。舉國不謀其功，除暴不以威力，此至德令於天下也。邁至德以率列國，則幾於湯武之事矣。樂生方恢大綱，以縱二城，收民明信，以待其弊。將使即墨莒人，顧仇其上，願釋干戈，賴我猶親，善守之智，無所施之。然求仁得仁，即墨大夫之義也，任窮則從，微子適周之道也。開彌廣之路，以待田單之徒，長容善之風。以申齊之志，我澤如春，下應如草，道光宇宙，智者宅心。然則鄰國傾慕，四海延頸，思戴燕主，仰望風聲，二城必從，則王業隆矣。雖淹留於兩邑，乃所以致速於天下也，不幸之變，勢所不圖，敗於垂成，時運固然。樂生豈不知拔二城之速了哉，顧城拔而業乖也；豈不慮不速之致變哉，顧業乖與變同也。由是觀之，樂生之不屠二城，其亦未可量也。〔註127〕

〔註126〕盧建榮便將曹爽集團視爲變法派，此即就其理想主義性格出發，探討曹爽集團性格。請參見盧建榮，〈魏晉之際的變法派及其敵對者〉，頁273～276。

〔註127〕唐·歐陽詢等，《藝文類聚》，卷22，〈人部六·品藻〉引魏夏侯玄〈樂毅論〉，頁407～408。

〈樂毅論〉所彰顯的曹爽集團改制精神，有人已注意，〔註128〕這裡僅作重點說明。表面上，夏侯玄在講樂毅，實際上是在揭示其所景仰的模範，及其所戮力以赴的人間理想，一種以追求公正為首要價值的世界秩序之建構，簡言之，建立以「王道」為核心的政治秩序，正是夏侯玄的政治理想，顯示其對先王治世的嚮往。文中所宣示的「合其趣於先王」、「千載一隆之道」、「適周之道」、「天下為心」等語，均可顯示夏侯玄屬於托古改制型的理想主義者。

至於曹羲〈至公論〉全文如下：

> 夫世人所謂掩惡揚善者，君子之大義，保明同好，朋友之至交。斯言之作，蓋閭閻之日談，所以救愛憎之相謗，崇居厚之大分耳，非篤正文至理，折中之公議也。世士不斷其數，而係其言，故善惡不分，以覆過為弘，朋友忽義，以雷同為美，善惡不分，亂實由之，朋友雷同，敗必從焉。談論以當實為清，不以過難為貴；相知者以等分為交，不以雷同為固。是以達者，存其義，不察於交，識其心，不求於言。且在私論，猶行之有節，明處公議，則無所固之矣。凡智者之處世，咸欲興化致治者也。興化致治，不崇公抑割，情以順理，屬清議以督俗，明是非以宣教者，吾未見其功也。清議非臧否不顯，是非非賞罰不明，故臧否不可以遠實，賞罰不可以失中。若乃背清議，違是非，雖堯不能一日以治；審臧否，詳賞罰，故中主可以萬世安。是以君子知私情之難統，至公之易行，故季友鴆兄而不疑，叔向戮弟而不悔。斯二士者，皆前世之通士，晉魯之忠臣也，亦豈無慈愛骨肉之心，愍恤同生之仁哉。夫至公者，天之經也，地之義也，理之要也，人之用也。昔鯀者，親禹之父也，舜則殛鯀而興禹，禹知舜之殛其父無私，故受命而不辭，舜明禹知己之至公，故用之而無疑。無私者，雖父黜而子不言，況用之於他哉。〔註129〕

曹羲批判世俗之士以黨同伐異為是的錯誤觀念，認為「掩惡揚善」、「保明同好」，非君子交友之義，真正義理在於明辨善惡，非以私蔽公；並且進一步將

〔註128〕關於夏侯玄〈樂毅論〉的精神要旨，請詳參盧建榮，〈魏晉之際的變法派及其敵對者〉，頁273～274。

〔註129〕唐·歐陽詢等，《藝文類聚》，卷22，〈人部六·公平〉引魏曹羲〈至公論〉，頁402～403。

申論範圍從私領域擴大至公領域，以爲清議之核心精神在於顯臧否、明賞罰，若能效法智者通士，「崇公抑割，情以順理」、「厲清議以督俗，明是非以宣教」，即使是中庸之主，亦足以興化致治。若與夏侯玄〈樂毅論〉合觀，可知兩者之共通精神，均在於弘揚天下至公之理，說明兩位作者俱有澄清天下的濟世之志。而〈至公論〉則更進一步揭示，實現此一理想天下秩序的基本方向，也就是發揮清議力量，澄清善惡、審辨名實。〔註130〕

　　因此，自從曹爽陸續重用宗室親信後，便開始展開實現政治理想的各種人事權力結構的調整。然要推動正始改制，便須先握有實質權力，排除各種政治障礙，就積極面來說，便是擴充己方的勢力與基盤，就消極面而言，便是削弱其他勢力的權力，以減少改制阻力。

　　就積極面而言，其一，安排親信於中央與地方的政軍要職，以利迅速展開改制。其二，利用辟召制度，進用當世新生代名士，作爲長期執政的人事基礎。關於第一點，以下分爲尚書省、中軍系統、外軍都督、核心區地方首長（司隸校尉、河南尹、兗州刺史）、邊區刺史等分項說明。〔註131〕

　　自漢魏之際以降，尚書省已逐步成爲行政指揮機構，從組織架構的擴充、品秩的提升、行政文書的上傳下達程序等方面來看，均可說明此一事實。〔註132〕因此，曹爽才亟欲獨攬錄尚書事之權，畢竟尚書省乃政務中心。正始年間，尚書省半數以上尚書均由曹爽集團人馬出任，如：諸葛誕、畢軌、丁謐、鄧颺先後出任尚書，何晏更出任吏部尚書，而這些人最初也多有先任侍中或散騎常侍的情形。至於尚書令僕，則先後由裴潛、司馬孚兩個前朝重臣擔任。爲何未由曹爽集團成員出任？筆者以爲，根據魏初的仕進資次慣例，尚書令

〔註130〕〈至公論〉所論，不免又讓人聯想到嵇康所著〈釋私論〉。二文的共通之處，均是堅持一種道德理想與處世準則，但〈釋私論〉的精神要旨卻是藉由反覆申言「君子」的處世原則，將濟世之志轉變爲對「君子之節」的堅持，與〈至公論〉相較，兩者對於「道」之實現雖有不同的處理層次，但是作爲一個理想主義性格的知識份子的角色與態度實無異焉。而曹羲與嵇康在政治立場上均屬曹黨，但對於理想的實現層次卻有不同，從國家社群轉向個人，實因政局差異所致。曹羲所處時局，曹爽集團尚處執政之勢；而嵇康所處之世，正值司馬氏專政、翦戮反司馬氏或支持曹氏的官僚與名士，故嵇康退而處之，實非得已。請參見唐·《藝文類聚》，卷22，〈人部六·公平〉引魏曹羲〈至公論〉，頁403；景蜀慧，《魏晉詩人與政治》，頁113～117。

〔註131〕重要職官系統任職人物與任期，請參見【表3-5】曹魏重要文武官職人物表。

〔註132〕關於尚書省地位的提升，請參考祝總斌，《兩漢魏晉南北朝宰相制度研究》（北京：中國社會科學出版社，1990），頁154～156。

僕當由資歷深的尚書出任，〔註133〕而曹爽已錄尚書事，此時期的尚書令僕權力較爲被動，由司馬孚升任尚書令，一來可避免因破壞行政慣例而導致不必要的紛爭，二來因正始初方奪司馬懿錄尚書事大權，若再未讓司馬孚升任尚書令，恐會提早招致反彈，故有此人事調度。〔註134〕

曹魏武官系統中，軍政地位最高者，爲大司馬、大將軍、雜號大將軍。平時統領中軍或外軍，參與軍事會議，若加大都督或都督中外諸軍事，則有總領整個中央軍之權。屯駐京城內外、宿衛宮廷的中軍禁旅，由中領軍（資重者爲領軍將軍）與中護軍（資重者爲護軍將軍）統領，〔註135〕前者「掌禁兵」，〔註136〕「主五校、中壘、武衛三營」，〔註137〕後者「總統諸將，任主武官選舉」，〔註138〕中軍三營將領中又以武衛將軍位階最高，〔註139〕其職「主禁旅」。〔註140〕至於外軍系統，據魏明帝時期黃門侍郎杜恕所言：「荊、揚、青、徐、幽、并、雍、涼緣邊諸州，皆有兵矣，其所恃內充府庫，外制四夷者，惟兗、豫、司、冀而已。」〔註141〕故緣邊八州皆常設都督，一般由四征將軍擔任都督，各軍區都督統領本部中央常駐軍，並有指揮轄下州郡兵之權。平時駐防，戰時統領指揮軍事戰務。〔註142〕

〔註133〕請參見【表3－5】曹魏重要文武官職人物表的尚書系統部分。

〔註134〕裴潛任尚書令時間爲景初三年至正始四年（239～243），裴潛喪父去官後，曹爽屬意的接任人選本是司徒衛臻，衛臻本傳載：「曹爽輔政，使夏侯玄宣指，欲引臻入守尚書令」，未果，遂讓尚書右僕射司馬孚升任，因爲實在無更好的人選，再者又可安撫司馬懿。而先以裴潛、後再欲用衛臻任尚書令，其政治用意接近，均欲拉攏保持中立的若干重臣，特別是潁川集團的遺老衛臻，藉其資望以與司馬懿抗衡。請參《三國志》，卷23，〈裴潛傳〉，頁673；卷22，〈衛臻傳〉，頁649。

〔註135〕《宋書》，卷40，〈百官志下〉，頁1247。

〔註136〕《三國志》，卷9，〈夏侯惇附韓浩傳〉，頁269。

〔註137〕《宋書》，卷40，〈百官志下〉，頁1247。

〔註138〕《三國志》，卷9，〈夏侯玄傳〉注引《魏略》，頁299。

〔註139〕根據魏齊王芳嘉平六年（254）群臣共奏永寧宮文中的官僚位階排序，武衛在中堅、中壘、五校之前，故可推知其在諸宿衛兵營中，位階最高，地位最顯，故將之列爲中軍系統之重要官職。請參《三國志》，卷3，〈三少帝紀〉，「齊王芳嘉平六年九月甲戌」條注引王沈《魏書》，頁129。

〔註140〕《宋書》，卷40，〈百官志下〉，頁1250。

〔註141〕《三國志》，卷16，〈杜恕傳〉，頁499。

〔註142〕所謂外軍，是指從洛陽中軍系統中撥出，屯駐於沿邊諸州軍事重鎮的邊鎮都督所統之兵，因此，外軍系統仍屬中央軍性質，而州刺史、郡守所統之州郡兵才是真正的地方軍。沿邊有戰事，或是地方有動亂，各轄區都督仍握有最高軍事

正始年間，中軍系統部分，除蔣濟任領軍將軍（239～242）、司馬師任中護軍（243～250）外，餘者，曹羲任中領軍（242～249），畢軌、夏侯玄在司馬師前先後任中護軍（239～240，240～243），曹訓任武衛將軍（240～249）。因此，在政變爆發之前，整個中軍系統，曹爽集團並不具絕對優勢，畢竟司馬懿仍握有都督中外諸軍之權，並在此合法職權內，安排司馬師出任中護軍。外軍都督部分，王淩先後以征東將軍、車騎將軍、司空，都督揚州諸軍事（239～251）；夏侯儒（231～241）、王昶（245～259）先後以征南將軍，都督荊豫二州諸軍事，趙儼（240～243）、夏侯玄（243～249）都督雍涼二州諸軍事；程喜以征北將軍都督河北諸軍事（242～249）；胡質以征東將軍都督青徐二州諸軍事（245～250）。王淩、夏侯玄屬曹爽集團，程喜、胡質政治動向不明，王昶屬司馬懿集團。綜此研判，曹爽集團在外軍系統稍佔優勢。

核心區地方首長部分，負責京師地區政經治安的司隸校尉與河南尹，也逐漸落入曹爽集團的掌控當中，畢軌接替徐邈（241～242）出任司隸校尉（242～249），李勝接替王觀出任河南尹，〔註143〕因此，整個正始年間幾乎由曹爽

指揮權，且中外軍部隊與州郡兵的軍力相較，無論質與量，前者軍優於後者，故中外軍仍是國家軍事力量的主力。關於魏晉中軍的源流考辨，請參考何茲全，〈魏晉的中軍〉，《中央研究院歷史語言研究所集刊》，第17本（1971，上海），頁409～433。關於魏晉州郡兵的設置與罷省，請參唐長孺，〈魏晉州郡兵的設置和廢罷〉，收入氏著，《魏晉南北朝論拾遺》（北京：中華書局，1983），頁145～154。關於魏西晉中軍、外軍與州郡地方軍的關係，越智重明則支持胡三省的見解，即將外軍釋作屯住在洛陽城外之諸營兵，而祝總斌則將外軍釋作屯駐在洛陽城內、宮城外之諸營兵，二說均與筆者的見解有所不同。請參見越智重明，〈領軍將軍と護軍將軍〉，《東洋學報》，第44卷第1號（1961，東京），頁3～8；祝總斌，〈都督中外諸軍事及其性質、作用〉，收入劉方編，《紀念陳寅恪先生誕辰百年學術論文集》（北京：北京大學出版社，1989），頁225～227。

〔註143〕根據傅玄《傅子》所載，傅嘏於嘉平中任河南尹之前的幾任河南尹為：司馬芝、劉靖、李勝。但考諸史料，傅嘏之前除了這三位外，曾任河南尹者可能尚有：裴潛、王觀。司馬芝於黃初中起擔任河南尹十一年，換言之，文帝黃初至明帝太和年間（220～232）的河南尹應是司馬芝。裴潛於任尚書（230～232）後出為河南尹，故其始任河南尹的時間不會早於232年，後轉為太尉軍師、大司農，景初三年（239）入為尚書令；劉靖亦於任尚書（232）後出為河南尹，但正始初已轉任衛尉，之前也曾任大司農。綜此可知，裴潛與劉靖任職期間均當在明帝青龍至景初年間（233～239）。而王觀則於景初中任尚書後出為河南尹，故可能為正始初任河南尹。因此，正始年間至少有兩任河南尹，前為王觀，後為李勝。《三國志》，卷21，〈傅嘏傳〉注引《傅子》，頁624；卷12，〈司馬芝傳〉，頁387～388；卷23，〈裴潛傳〉，頁673；卷15，〈劉馥附子靖傳〉，頁464；卷24，〈王觀傳〉，頁694。

集團成員掌控京師地區的政經治警大權。而鄰近京師的兗州，地當冀、青、徐、豫四州要衝，爲最近京師之領兵刺史所轄之地，對京師有迅速的影響力。齊王芳即位後的正始年間，除了景初三年至正始二年（239～241）王昶任兗州刺史外，之後出任刺史者包括桓範（241）、劉昶（241～245）、令狐愚（245～249）等三人。桓範與令狐愚本爲曹爽集團核心成員；至於劉昶，沛國人，與曹氏有同鄉關係，僅知其「名知人」，〔註144〕但從其曾與阮籍共飲酒，〔註145〕則知其人格有相近之處，否則如何共飲言談，而阮籍本身屬理想主義性格濃厚的新生代名士，在政治思想與政治立場上是傾向於曹爽集團的，〔註146〕故保守估計，劉昶對曹爽集團的態度，至少無負面評價。

　　邊區刺史部分，曹爽集團支配的地區與時間如下：幽州刺史毌丘儉（236～248）、豫州刺史毌丘儉（248～252）、荊州刺史李勝（248～249）、揚州刺史諸葛誕（243～251）。至於非親曹勢力支配的地區與時間如下：雍州刺史郭淮（221～249）、徐州刺史王昶（241～245）、荊州刺史孫禮（245～246）、并州刺史陳泰（244～248）、冀州牧孫禮（246～247）、并州刺史孫禮（248～249）。由此可見，非如盧建榮所言，曹爽集團佔有絕對優勢。〔註147〕

　　關於第二點，基於長期執政的考量，曹爽集團乃利用辟召制度，進用當世新生代名士，進入大將軍府，成爲曹爽幕僚，這種作法與曹操的手法如出一轍。所不同者，曹操所辟用者多出身地方大族或名士，與鄉里社會有密切關連，但曹爽所進用者，出身或活動地域卻集中在京師地區，與鄉里社會有些脫節，此乃兩者最大的差異。所相同者，均是利用辟召制度，使得府主與掾屬之間得以建立起緊密的第二層君臣關係，即類似於皇帝與中央徵拜官吏之間的策命委質關係，〔註148〕以強化府主與屬吏間的人身關係。例如，當王

〔註144〕《三國志》，卷27，〈胡質傳〉注引虞預《晉書》，頁742。
〔註145〕南朝宋・劉義慶撰，南朝梁・劉孝標注，余嘉錫箋疏，《世說新語箋疏》，下卷上，〈簡傲第二十四〉，頁766。
〔註146〕關於阮籍與曹爽集團之關係，阮籍雖無直接參與曹爽集團政治活動之證，但從其《詠懷詩》中便可窺得其對曹爽集團敗亡所寄予的感慨之情，加上阮籍本身在思想上與何晏、王弼等人十分相近，因此至少在精神上會將曹爽集團視爲同道。景蜀慧曾有詳細論證，請見氏著，《魏晉詩人與政治》，頁131～140。
〔註147〕請參盧建榮，〈魏晉之際的變法派及其敵對者〉，頁277。
〔註148〕中古時期長官與僚屬之間君臣關係的建立，必須透過確實的作爲，而不能單憑自然的名分，這種儀式依上古傳統，稱之爲「策名委質」。其具體內容爲君主辟召僚屬時，應召者須將自己的名字寫於策表上，獻給君主，然後名字被

沈與羊祜同為曹爽所辟用時，王沈勸羊祜就官，但羊祜答稱：「委質事人，復何容易！」〔註149〕此事所見正是這種類似託付性命的緊密關係。正因為這種長官與屬吏間的關係非比尋常，因此嘉平元年高平陵政變後，曾任大將軍府屬者，多以曹爽故吏身分免官。此外，退一步的選擇，則是引為門下系統的散騎、黃門等侍郎，或是中書侍郎、尚書郎。因為當時曹爽獨攬朝政，故皇帝身邊中書門下系統的中層官僚，可算是半個曹爽幕僚，而尚書系統則為曹爽集團所支配，故引用京師名士層為尚書郎，亦不失為奠定長期人事基礎的選擇。

可是有人會質疑，曹爽集團成員為何不見宗室近支？既然眼前的最大政敵正是司馬懿為首的異姓大臣，曹爽為何不大量起用宗室成員，藉以捍衛曹氏政權？其實正始四年（243），宗室曹冏便已上疏建議起用宗室諸王，「是時天子幼稚，冏冀以此論感悟曹爽，爽不能納」。〔註150〕曹爽排斥宗室諸王，主要是為保障其執政地位，因為他以宗室疏屬身分執政，若起用宗室近支，其執政地位便會受到威脅。因此，筆者懷疑景初三年（239）夏燕王宇詣鄴一事，有可能乃丁謐之計，〔註151〕其因正如盧弼《三國志集解》所言：「殆昭伯（曹爽字）黨忌其屬尊地逼故出之耳」。〔註152〕

就消極面而言，魏明帝最初詔曹爽與司馬懿分以大將軍、太尉輔政，各領兵三千，並都督中外諸軍事，共錄尚書事，這種安排可能是考量曹爽雖為首輔，但畢竟經驗不足，因此司馬懿也共享軍政大權，從旁協助，另一方面也基於權力平衡的考量，避免曹爽權力過度膨脹，威脅皇權。

但是這種安排本身卻十分弔詭，畢竟都督中外諸軍事與錄尚書事，乃國

登記在君主的名簿上。唯有透過這種「策名委質」的程序與儀式，長官與僚屬之間才算締結了某種君臣關係。這類君臣關係也唯有透過這項儀式而予以制度化，才能產生一定的規範性。請參甘懷真，〈中國中古時期「國家」的型態〉，《東吳歷史學報》，第 1 期（1995，臺北），頁 87～94。

〔註149〕《晉書》，卷 34，〈羊祜傳〉，頁 1013。

〔註150〕《三國志》，卷 20，〈武文世王公傳〉注引《魏氏春秋》，頁 592～595。

〔註151〕《魏略》載：「奏使郭太后出居別宮，及遣樂安王使北詣鄴，又遣文欽令還淮南，皆（丁）謐之計。」但是考諸史籍，魏並無樂安王，未審此事所指為何？然據《三國志》所載，燕王宇於景初二年（238）冬十二月，受詔為大將軍，但僅四日，便遭免官，三年夏還鄴。燕王宇確有還鄴一事。筆者懷疑樂安王可能是燕王之誤。請參《三國志》，卷 9，〈曹爽傳〉注引《魏略》，頁 289；卷 20，〈武文世王公傳〉，頁 582。

〔註152〕晉‧陳壽著，盧弼集解，《三國志集解》，卷 9，〈曹爽傳〉，頁 310。

家最高軍事與政務領導中心，怎能由二人兼掌？過去魏文、明二世時期，陳群與司馬懿雖於黃初六年至七年間（225～226）共錄尚書事，但前者錄行臺，管行軍政務，後者主錄後臺，管日常政務，二者在職權上並無重疊；而後太和元年至青龍四年（227～236）陳群續以司空錄尚書事，亦是一人總理政務。至於大將軍一職，先後有曹仁（221）、曹真（226～230）、司馬懿（230～235）三人擔任，亦是一人統領軍政。顯然，這次曹馬兩人共掌軍政大權，並非常態，其最大弊端便是較易引起權力衝突。比方說，對同一問題兩人若有歧見，該如何處理？特別是在經驗上，曹爽遠不如司馬懿豐富，而曹爽性謹重、無大志，最初以司馬懿「年德並高，恆父事之，不敢專行」，〔註153〕這表示多數決策，曹爽可能均多尊重司馬懿之意見。這當然會引起其他曹爽集團核心成員的不滿，若要徹底進行政治改革，唯有架空司馬懿的總理政務大權，亦即卸除其錄尚書事之權。於是丁謐畫策，曹爽令其弟散騎常侍曹羲表司馬懿為太傅，〔註154〕「外以名號尊之，內欲令尚書奏事，先來由己，得制其輕重」。〔註155〕這也可看出兩人共錄尚書事時，司馬懿可能較具支配權。

　　有人可能質疑為何曹爽在薦司馬懿升太傅時，僅卸除其錄尚書事，而未將都督中外諸軍事一併剝奪？筆者以為，恐怕是司馬懿長期在軍政系統之威望，讓曹爽不敢剝奪其軍權，以免導致軍事系統將領及其他先進官僚反彈，再者也可藉司馬懿在軍政系統之威望，穩固自己的地位。因此，卸除司馬懿的錄尚書事，減少其參與政務決策的空間，乃曹爽集團剝奪司馬懿權力的第一步。

　　第二步則是先後以趙儼、夏侯玄都督雍涼，解消司馬懿在雍涼的兵權，以切斷其建立軍功的機會。第三步，由於尚書令僕需以具宿望之重臣為之，但曹爽集團內部並無此類人物，只好引入其他儒門名士層勢力，以制衡尚書系統殘餘的司馬氏勢力。最初引入大司農裴潛任尚書令，以制衡尚書右僕射司馬孚。裴潛因父喪去官，本欲再引潁川集團遺老司徒衛臻，入守尚書令，未果，只好與司馬懿妥協，將司馬孚升為尚書令。第四步，則以王淩為都督揚州諸軍事，諸葛誕由尚書外轉為揚州刺史，王淩甥令狐愚出任兗州刺史，屯淮南平阿，獨佔揚州、淮南地區軍權。

〔註153〕《三國志》，卷9，〈曹爽傳〉，頁284。
〔註154〕《三國志》，卷9，〈曹爽傳〉注引《魏書》，頁283。
〔註155〕《三國志》，卷9，〈曹爽傳〉，頁282。

　　曹爽集團確實在以上各重要職官系統，至少與司馬氏及其親善勢力達成相互抗衡之勢，在核心區的軍政權則略佔上風，尚書系統則明顯佔有優勢。足見這批新進官僚企圖心之強烈，急於鞏固執政主導權。那麼此舉之目的何在？若說權力支配為其目的，那為何他們願意冒險極力擴權，進行各項打擊政敵措施，如此不就是擴大戰線，反而不利於長期執政？與保守派官僚合作，不就最能夠達到永全福祿、長保權勢的目的嗎？顯然，擴權僅是手段。那其目的何在？由於西晉史家對魏晉禪代過程，多所諱言，即使有良史之稱的《三國志》亦不例外，但仍能從現存若干史料窺得曹爽集團政治活動的核心精神所在。

　　前引夏侯玄〈樂毅論〉與曹羲〈至公論〉，已透露出部分集團成員對政治理想與至公世界的嚮往，這可能是推動正始改制的動機之一。而司馬懿發動政變時，曾奏舉曹爽之罪行，其中有一條便是「敗亂國典」，〔註156〕亦即曹爽集團曾有過「毀壞」典章法度的若干措施。此外，《晉書》也有類似記載：「（正始八年，247）曹爽用何晏、鄧颺、丁謐之謀，遷太后於永寧宮，專擅朝政，兄弟并典禁兵，多樹親黨，屢改制度。帝不能禁，於是與爽有隙。」〔註157〕又《孫資別傳》亦言：「大將軍爽專事，多變易舊章。」〔註158〕曹爽集團改制度、易舊章顯然是個事實。

　　但這種行為看在元老派舊官僚眼裡，總覺得這批新進官僚未免過於躁進，將這種政治改革目為「輕改法度」。因此，正始年間，會有日蝕之變，詔群臣問其得失，蔣濟乘機將矛頭指向曹爽集團：「夫為國法度，惟命世大才，乃能張其綱維以垂于後，豈中下之吏所宜改易哉？」〔註159〕可知蔣濟對曹爽集團輕改法度的政治改革有所不滿。〔註160〕對於這些改革動作，就

〔註156〕《三國志》，卷9，〈曹爽傳〉，頁286。
〔註157〕《晉書》，卷1，〈宣帝紀〉，頁16。又《晉書》多載曹爽欲進一步專擅朝政，乃奉太后遷往永寧宮。《晉書・宣帝紀》載：「曹爽用何晏、鄧颺、丁謐之謀，遷太后於永寧宮。」《晉書・五行志下》載：「曹爽專政，遷太后于永寧宮，太后與帝相泣別。連年地震，是其應也。」但事實上據《三國志・后妃傳》所載：「齊王即位，尊后為皇太后，稱永寧宮」這表示正始年間，郭太后本居永寧宮，何言遷宮一事。此乃晉臣欲增曹爽之惡，故以遷字加之。請分見《晉書》，卷1，〈宣帝紀〉，頁16；卷29，〈五行志下〉，頁894；《三國志》，卷5，〈后妃傳〉，頁168。
〔註158〕《三國志》，卷14，〈劉放傳〉注引《資別傳》，頁461。
〔註159〕《三國志》，卷14，〈蔣濟傳〉，頁454。
〔註160〕《通鑑》將蔣濟上疏事繫於正始八年（247），而同年，司馬懿稱疾、不預政事，而何曾亦謝病，顯然雙方的衝突在正始八年進入高峰。請參宋・司馬光，

連大將軍府少數掾屬亦有所憂心。正始中，應璩任大將軍長史，時「曹爽秉政，多違法度，璩爲詩以諷焉。其言雖頗諧合，多切時要，世共傳之」。〔註161〕甚至有些改革已貫徹至基層。正始中，李勝任「內掌帝都，外統京畿」的河南尹，不惜「毀常法以收一時之聲」。〔註162〕顯然，部分改革措施也被曹爽集團作爲獵取名聲的工具，這已顯露其敗績之象。因此，就連曹爽集團核心成員王淩之子王廣也承認曹爽集團失敗的主要原因之一，正在於「變易朝典，政令數改」，「所存雖高而事不下接，民習于舊，眾莫之從」。〔註163〕

　　至於正始改制的實際內容，史多不載，但夏侯玄答司馬懿問時事時所留下的〈時事議〉，卻已能夠反映曹爽集團可能的改革方案。要點有三：其一，改革選舉制度；其二，調整地方行政機構層級，將州、郡、縣三級制，改爲州、縣二級制；其三，改革服制，務尚素樸。〔註164〕關於第一項已詳述於本章第一節第二目，至於第二項「罷郡論」，文長於茲不贅引，已有人論之。〔註165〕此論的基本原則乃「省官事簡」，實際治民單位爲縣，而州具有監察功能，因此可省郡。省郡之優點有若干，罷郡即省吏，撤廢眾多郡吏，使之歸農，既可省國家開支，又可「豐財殖穀」，一也；省郡乃抑制地方豪族繼續擴張的根本之道，因兩漢以來，地方政府屬吏例用本地人，爲有效統治地方，郡守多辟用地方著姓冠族爲綱紀大吏，造成地方豪族操持地方政事，藉由政治權勢，「營護黨親，鄉里故舊」，維護家族利益，鞏固在鄉里社會之支配地位，因此仕郡成爲地方豪族入仕要道，省郡則可抑制地方豪族發展，二也；郡縣並行時，地方著姓多貴郡賤縣，不願擔任縣職，罷郡之後，縣府地位可提升，自然地方豪族願意參與縣政，便可逐漸提高縣吏素質，以改善基層政治，三也。並附提實施要領，將縣分爲萬戶、五千戶、千戶三等，分別由郡守、都

　　　《資治通鑑》，卷75，〈魏邵陵厲公紀〉，「正始八年二月」條，頁2369；《晉書》，卷33，〈何曾傳〉，頁995。
〔註161〕《三國志》，卷21，〈王粲附應璩傳〉注引《文章敘錄》，頁604。
〔註162〕《三國志》，卷21，〈傅嘏傳〉注引《傅子》，頁624。
〔註163〕《三國志》，卷28，〈王淩傳〉注引《漢晉春秋》載王廣語，頁759。
〔註164〕《三國志》，卷9，〈夏侯玄傳〉，頁295～298。
〔註165〕請參松本幸男，〈夏侯玄と曹爽政權——正始の論壇の一考察——〉，《立命館文學》，第386～390號（1977，京都），頁1164；劉顯叔，〈論魏末政爭中的黨派分際〉，頁27～29；盧建榮，〈魏晉之際的變法派及其敵對者〉，頁274；王曉毅，〈正始改制與高平陵政變〉，頁76～77。

尉、令長統治，且依行政績效而行黜陟。至於夏侯玄〈時事議〉的第三項，則是主張改服制，崇簡樸，禁絕奢侈，「宜大理其本，準度古法，文質之宜，取其中則，以爲禮度」，以興樸素之教。

那麼其實施情形又是如何？第一項當無實施，否則中正評品便不會仍具有考課機制，而鄉品與官品間的關係亦不會日趨凝固。〔註166〕第三項亦不明，唯第二項似有實施跡象。《三國志》載齊王芳時期，「郡國縣道多所置省，俄或還復，不可勝紀」。〔註167〕置省情形不詳，但晉武帝時荀勖上〈省州郡縣半吏以赴農功奏議〉時，曾提及：「魏太和中，遣王人四出，減天下吏員，正始中亦并合郡縣，此省吏也。」〔註168〕從并合郡縣與罷郡均以省吏爲目標來看，或許爲緩和地方大族之反彈，乃先并省郡縣，逐漸減少郡數，最後達到罷郡之目標。而且從并合郡縣過程中，曾有「俄或還復」的情形研判，確實當時曾遇到頗大阻力，畢竟罷郡的直接受害者當然是地方大族，爲免權益受損，透過親黨向中央施壓，而當時司馬氏爲政爭需要，急於收攏人心，也不得不屈服，而暫時妥協，才會有并省後還復的情形出現。

綜上所論，曹爽集團急於擴權，目的是爲了迅速地獲得進行政治改革所需的舞臺。其中夏侯玄與曹羲雖有建構至公天下的崇高理想，但集團領袖曹爽與親信如何晏、鄧颺、丁謐之輩，卻逐漸將權力之追逐視作政治目標，因此對於司馬懿、蔣濟、高柔、孫禮、王觀、劉放、孫資等元老派官僚而言，他們在朝至少三世，在官僚體系中有一定的威望與份量，若非這批新進官僚政治動作過大，與元老派官僚的保守主義立場起了衝突，復加黨同伐異、疾惡如仇的政治手段已逐漸激怒元老派官僚，否則新官僚與舊官僚之間並不一定會有矛盾存在。因此，筆者以爲，這場政爭與雙方衝突的關鍵在於曹爽集團權力擴張速度過快，政治改革過於激進，得罪了不少既得利益者，讓這些元老重臣有所不滿。

三、司馬氏勢力之拓展與非親曹官僚的政治動向

關於司馬氏勢力之拓展與非親曹官僚的政治動向，擬從若干方面加以說

〔註166〕關於魏末西晉中正評品制度的實施情形、制度運作機制、鄉品與官品的關連性等，請參見本論文第四章諸節。
〔註167〕《三國志》，卷4，〈三少帝紀〉，「齊王芳嘉平五年八月」條，頁127。
〔註168〕《晉書》，卷39，〈荀勖傳〉，頁1155。

明。其一，司馬氏透過姻戚關係，擴展並強化與地方大族間的橫向串連。〔註169〕其二，對非親曹官僚進行安撫甚至策反，至少可使其於政變時採取消極不過問的立場，讓曹爽集團處於孤立。其三，廢除魏氏若干苛政，以爭取民心。以下再進一步析論之。

關於第一點，其實在漢末魏初，地方大族間已有連姻現象，但多是兩漢同郡或鄰郡連姻現象的延續，〔註170〕如：河內司馬懿娶同郡張春華、〔註171〕潁川陳群娶同郡荀彧女、〔註172〕潁川荀爽孫荀肸娶同郡鍾繇女、〔註173〕泰山羊耽娶潁川辛毗女辛憲英等，〔註174〕當然這些地方大族間的連姻，確實帶有源自鄉黨關係的自然地緣因素的色彩，但這些家族進入魏世已轉型爲中央級士族，表示這種連姻逐漸沾染政治性，其中司馬氏連姻的對象，甚至擴展至其他州郡的大族，其性質與魏初潁川荀氏、陳氏、鍾氏間連姻的情形，已有所不同，其政治性功能更強。最顯著之例便是司馬氏兄弟分別與泰山羊氏與東海王氏連姻。司馬師在魏明帝時本娶夏侯尚女夏侯徽，徽「雅有識度」，司馬師每有所爲，徽必預籌畫，正因如此，當夏侯徽察覺司馬氏父子「並有雄才大略」，知其「非魏之純臣」，遂引起司馬師的懷疑，乃於青龍二年（234）鴆害之。〔註175〕之後司馬師雖再娶魏文帝寵臣吳質之女，〔註176〕此當是對吳質在明帝面前那番抑陳（群）褒馬（司馬懿）言論的回報，〔註177〕但後來陳

〔註169〕 佐藤達郎亦有類似觀點。請參見氏著，〈曹魏文・明帝期の政界と名族層の動向——陳群・司馬懿を中心に〉，《東洋史研究》，第 52 卷第 1 號（1993，京都），頁 77。

〔註170〕 關於漢末至魏晉地方大族間的連姻現象及其變質過程，請參矢野主稅，〈魏晉社會と入流〉，《長大史學》，第 11 輯（1967，長崎），頁 1～53。

〔註171〕 《晉書》，卷 31，〈后妃傳上〉，頁 948。

〔註172〕 陳群爲荀彧少子荀顗的姊夫，故可知陳群娶荀彧女。請參《三國志》，卷 10，〈荀彧傳〉注引《晉陽秋》，頁 319。

〔註173〕 鍾繇爲荀勖外祖父，故可知鍾繇女適荀爽孫荀肸（即荀勖父）。請參《晉書》，卷 39，〈荀勖傳〉，頁 1152。

〔註174〕 《三國志》，卷 25，〈辛毗傳〉注引《世語》，頁 699。

〔註175〕 《晉書》，卷 31，〈后妃傳上〉，頁 949。

〔註176〕 司馬懿與吳質乃曹丕東宮時代的同僚，二人與陳群、朱鑠號爲「東宮四友」，表示司馬懿與吳質兩家連姻亦有舊情誼成分。

〔註177〕 太和四年（230）鎮北將軍吳質返回洛陽任侍中時，以「輔弼大臣，安危之本」，對帝盛稱「驃騎將軍司馬懿，忠智至公，社稷之臣也。陳群從容之士，非國相之才，處重任而不親事」。對於吳質這番褒馬懿而抑陳群的上疏，明帝竟「納許之」。顯然，打從魏明帝即位便提拔司馬懿，正有與陳群抗衡之用意，是以吳質這次的褒馬抑陳之說，當然爲魏明帝所認同。而吳質黨同司馬懿，

群薨於青龍四年（236），司馬懿於朝中已無競爭對手，且正始中曹爽專權之
勢日漲，在此政局詭譎之際，司馬師與泰山大族羊氏連姻，恐比和單家寒士
出身、〔註178〕已無太多政治資源的吳質家連姻，更有利於政治資源的累積，
故轉而復更娶泰山羊徽瑜（即景獻羊皇后）。〔註179〕泰山羊氏乃兩漢著名地方
大族，徽瑜先世歷兩漢，共八世二千石卿校，祖續更是東漢黨人之一，〔註180〕
父衜仕魏至上黨太守，母為漢末大儒蔡邕女，〔註181〕前母亦是漢末名士孔融
女。〔註182〕顯然司馬氏與羊氏之連姻，雖受門戶匹對之社會習慣制約，但不
容否認，在此蓄積政治實力與社會地盤的關鍵時機，實在有其政治上的作用。
司馬昭娶東海王肅女（即文明皇后，晉武帝、齊王攸之生母），〔註183〕司馬懿
女兒嫁給荀惲子荀寓（即荀彧孫），〔註184〕亦有相同的政治與社會意義。而司
馬氏得以利用與官僚大族通婚，達到政治連姻之目的，其內在樞紐，便是利
用官僚大族對曹氏政風的不滿，〔註185〕以及其自身大族背景與崇儒重教的雙
重聲望，藉以進一步拉攏名德碩儒，發展實力。

　　　　　兩家關係密切，更可從本文中所提到的兩家間的姻戚關係得到證實。但進入
　　　　　正始年間，司馬氏為了政爭的需要，最後還是拋棄吳質，足見伏膺儒教的司
　　　　　馬氏之現實與功利。請參《三國志》，卷21，〈王粲附吳質傳〉注引《質別傳》，
　　　　　頁 610。
〔註178〕吳質出身單家，僅因「少游遨貴戚間」而受重用，致使其「雖已出官，本國
　　　　　猶不與之士名」。不過吳質晚年不為司馬氏所善，並不僅是其單家身分，否則
　　　　　像是鄧艾、州泰、石苞、魏舒等出身寒微之士，仍因其智術、武略、儒學等
　　　　　才實而受重用，而吳質的政治地位係因魏文帝的寵任而來，對司馬氏而言，
　　　　　吳質實為一過氣的政治人物，本身亦無事功、才幹，又無家族勢力可恃，故
　　　　　為司馬氏所棄。請參《三國志》，卷 21，〈王粲附吳質傳〉注引《魏略》，頁
　　　　　609。
〔註179〕《晉書》，卷31，〈后妃傳上〉，頁949。
〔註180〕《後漢書》載羊徽瑜祖羊續，「其先七世二千石卿校」，而羊續仕至南陽太守，
　　　　　故泰山羊氏仕漢室合計八世。請參見《後漢書》，卷21，〈羊續傳〉，頁1109
　　　　　～1110。
〔註181〕《晉書》，卷31，〈后妃傳上〉，頁949。
〔註182〕羊祜為羊徽瑜同產弟，祜前母為孔融女，故可知羊徽瑜前母亦是孔融女。請
　　　　　參見《晉書》，卷34，〈羊祜傳〉，頁1024。
〔註183〕《三國志》，卷13，〈王朗子肅傳〉注引《世語》，頁419。
〔註184〕《三國志》，卷10，〈荀彧傳〉，頁319。
〔註185〕特別是魏明帝以後，不斷對外征伐、營修宮殿，過渡使用民力，使百姓負擔
　　　　　日益沈重，為強化剝削的有效性，更以嚴刑峻法來確保統治階層的利益，此
　　　　　乃官僚大族對曹氏政權產生離心力的幾個關鍵，也成為司馬氏奪權的最佳歷
　　　　　史機緣。詳細論證，請參郭熹微，〈論魏晉禪代〉，頁51～52。

關於第二點，正始年間，非親曹官僚基本上可分作兩類：與曹爽集團有嫌隙之官僚，以及對曹爽集團執政持對立看法者，前者包括劉放、孫資、孫禮、王觀、盧毓等元老派官僚，以及傅嘏、傅玄、鍾毓等官僚後進，後者包括蔣濟、衛臻、高柔、王基等元老派官僚，以及王肅、袁亮、袁侃、司馬岐等官僚後進。此外，另有未與曹爽集團有嫌隙，亦未有摩擦，但與司馬氏具友好關係者，如陳泰、何曾等。筆者將這十八位人物之家世、個人入仕情形、對曹爽集團之態度與雙方摩擦，以及政變前後的動向等基本資料，製成【表3－4】。分析此表，可得若干要點。

其一，就家世言，始仕於曹操時期的元老派官僚計九名，當中有七名父祖皆無官爵，而另九名官僚後進，除傅嘏與傅玄家世屬地方大族外，餘者俱為當朝勢族，父官品俱在三品以上。

其二，九名元老派官僚多為地方名士出身，在魏朝仕宦頗顯，官品俱在三品以上，屬於曹魏新興官僚大族，而九名官僚後進幾為京師名士，多經中正評品後入仕，初仕官亦多散騎或黃門郎。

其三，就人物與曹爽集團雙方衝突而言，多數均對曹爽之改制頗有微詞，特別是元老派官僚更將曹爽等人改制之舉，目為罔顧體制、輕改法度，顯示正始改制並未得到元老派官僚支持，或為改制未能成功的關鍵之一，而且陸續又與曹爽集團成員有若干摩擦或矛盾，此正是嘉平陵政變時多數元老派官僚持消極觀望態度的主因。

其四，就政變前或政變時的動向而言，除了蔣濟、高柔與王觀三人外，餘者動向多不明，少數則如劉放、孫資、衛臻、何曾等稱疾遜位或去官。由此可見，政變前夕的局勢演變難以預料，是以多數官僚均採取迴避姿態。這種為自家永全福祿，家族私人利益高於國家公共利益的心態，正是漢末以降士大夫對國家政治灰心，僅求局勢暫時穩定的心態所致，當時「忠孝先後論」之所以成為一個重要課題，原因正在此。

總而言之，司馬懿的如意算盤是，這些元老派官僚在朝有一定影響力，而那些新進官僚多為當世中央官僚大族二代，且為京師名士，對於在野士大夫有一定影響力。若能將這些非親曹勢力集結起來，即使未能令其參與政變，但至少對政變可保持消極不過問的態度。如此一來，既可爭取朝野輿論支持，取得政變之合法地位，又可防範過多龐雜勢力的介入，避免夜長夢多。政變之後，這些政變時採取迴避立場的官僚，俱為司馬氏重用，其或因本身德高

才優，然不容否認，司馬氏政變成功的關鍵之一，正是這些官僚的不過問態度，故司馬氏乃在事後予以重用。

關於第三點，正始初，曹爽與司馬懿關係良好時，已有一些爭取民心、鞏固民望與朝望的措施。《晉書‧宣帝紀》載：「初，魏明帝好修宮室，制度靡麗，百姓苦之。帝（司馬懿）自遼東還，役者猶萬餘人，雕玩之物動以千計。至是皆奏罷之，節用務農，天下欣賴焉。」〔註186〕對於司馬懿這種爭取民心之舉，丁謐、畢軌等十分憂心，乃數度提醒曹爽：「宣王有大志而甚得民心，不可以推誠委之。」〔註187〕因此丁謐乃畫策，將司馬懿轉升為太傅，奪其錄尚書事之權，以減少司馬懿利用職權之便，推行爭取人心的政策。不過，這未能阻止司馬氏此一基本策略的落實，例如：正始中，司馬昭任洛陽典農中郎將，「值魏明奢侈之後，帝蠲除苛碎，不奪農時，百姓大悅」。〔註188〕

其實，司馬氏這一連串舉動的基本思想基礎，正是針對曹氏政權過度「苛碎」的刑名法術之治而發，也就是太和年間兗州刺史王昶所言：「魏承秦、漢之弊，法制苛碎，不大釐改國典，以準先王之風，而望治化復興，不可得也。」〔註189〕這正是司馬氏與曹氏治術最大的差異點。因此，連反對陣營王凌子王廣都不得不承認，「司馬懿情雖難量，事未有逆，而擢用賢能，廣樹勝己，修先朝之政令，副眾心之所求」。〔註190〕但正始年間，礙於職權所限，相關措施都僅限於局部地區，直到政變之後，才陸續有幾項大幅度的改革。對被統治者而言，這些改革雖是良法，但是仔細檢視，若非統治階級內部正值權力鬥爭與轉移之際，欲從政治改革中獲取民心，爭取政治利益，否則在承平時期是很難見到這種大幅度的政治改革。如嘉平中，司馬師廢除朝野吏民怨望的校事制度；〔註191〕正元二年（255）廢除「犯大逆者誅及已出之女」的苛法，〔註192〕緩和統治階級內部緊張關係；咸熙元年（264），司馬昭下令賈充等十

〔註186〕《晉書》，卷1，〈宣帝紀〉，頁13～14。
〔註187〕《三國志》，卷9，〈曹爽傳〉，頁285。
〔註188〕《晉書》，卷2，〈文帝紀〉，頁32。
〔註189〕《三國志》，卷27，〈王昶傳〉，頁744。
〔註190〕《三國志》，卷28，〈王凌傳〉注引《漢晉春秋》，頁759。
〔註191〕嘉平中，黃門侍郎程曉奏請廢校事官，其上疏中尚提到校事尹模之奸事，而何曾於嘉平中任司隸校尉時，嘗舉發尹模奸事。而何曾任司隸校尉時間為嘉平三年至正元元年（251～254），故校事官之罷，最有可能是在司馬師執政時期。請參《三國志》，卷14，〈程昱附子曉傳〉，頁429～431；《晉書》，卷33，〈何曾傳〉，頁926；【表3－5】曹魏重要文武官職人物表諸州刺史部分。
〔註192〕《晉書》，卷30，〈刑法志〉，頁926。

四人改定律法，「蠲其苛穢，存其清約，事從中典，歸於益時」；〔註193〕同年，「罷屯田以均政役，諸典農皆爲太守，都尉皆爲令長」，〔註194〕使屯田農民轉爲自耕農民，提高生產積極性；次年，「諸禁網煩苛及法式不便於時者，皆奏除之」。〔註195〕

　　總而言之，就施政動機來看，從司馬懿以來的若干政策，當是司馬氏進行禪代前的準備工作。正如吳國丞相張悌所言：「司馬懿父子，自握其柄，累有大功，除其煩苛而布其平惠，爲之謀主而救其疾，民心歸之，亦已久矣。」〔註196〕連敵國大臣也都清楚司馬氏奪權成功的關鍵之一，正在於除曹氏之苛政，而使民心歸之。因此，征蜀護軍夏侯霸奔蜀，〔註197〕蜀朝問「司馬公如何德」？霸曰：「自當作家門。」〔註198〕而前所論述之三點，正是司馬懿「營立家門」〔註199〕最好的說明。

第三節　從選舉制度改革與魏晉禪代看州大中正制的成立

　　本節將以前二節討論的內容爲基礎，分別從制度面與政治面，探討州大中正制的成立。首先從若干原始史料與近人研究，辨析曹魏中正系統組織的變動。其次則是從制度面與政治面，探討州大中正制的制訂目的。最後，探討曹馬兩集團選舉制度主張彼此衝突的因素。

一、曹魏中正系統組織架構的建立

　　關於魏初文、明二帝時期（220～239）中正系統組織架構，各類史籍所載有所差異，約可歸爲三類。其一，據《通典・選舉二》載陳群立九品官人法云：

〔註193〕《晉書》，卷30，〈刑法志〉，頁927。
〔註194〕《三國志》，卷4，〈三少帝紀〉，「魏元帝咸熙元年十月丙午」條，頁153。
〔註195〕《晉書》，卷2，〈文帝紀〉，「魏元帝咸熙二年五月」條，頁44。
〔註196〕《三國志》，卷48，〈三嗣主傳〉注引《襄陽記》，頁1175。
〔註197〕政變發生後，征蜀護軍夏侯霸聞曹爽被誅，而朝廷詔征西將軍夏侯玄返朝，又先前與雍州刺史郭淮不合，而朝廷又以郭淮代夏侯玄爲征蜀將軍，而征蜀護軍統屬征西，夏侯霸懼禍相及，乃奔蜀。請參《三國志》，卷9，〈夏侯淵傳〉注引《魏略》，頁273。
〔註198〕《三國志》，卷28，〈鍾會傳〉注引《世語》，頁791。
〔註199〕《三國志》，卷28，〈鍾會傳〉注引《漢晉春秋》，頁791。

> 延康元年，吏部尚書陳群以天朝選用不盡人才，乃立九品官人之法，
> 州郡皆置中正，以定其選，擇州郡之賢有識鑒者為之，區別人物，
> 第其高下。〔註200〕

另同書〈職官十四〉亦載：

> 魏司空陳群以天臺選用，不盡人才，擇州之才優有昭鑒者，除為中
> 正，自拔人才，銓定九品，州郡皆置。〔註201〕

又《二十二史札記・九品中正》有類似記載：

> 魏文帝初定九品中正之法，郡邑設小中正，州設大中正，由小中正
> 品第人才，以上大中正，大中正核實，以上司徒，司徒再核，然後
> 付尚書選用。〔註202〕

依此記載，杜佑與趙翼均認為中正系統初期組織包括州郡兩級，各置一中正。
所不同者，趙翼特別指出郡級稱小中正，州級稱大中正，而杜佑之說則無此
區別。韓國磐支持州郡各立一中正之說。〔註203〕其二，《通典》同卷所載則又
有所差異：

> 按，九品之制，初因後漢建安中天下兵興，衣冠士族多離本土，欲
> 徵源流，慮難委悉，魏氏革命，州郡縣俱置大小中正，各取本處人
> 任諸府公卿及臺省郎吏有德充才盛者為之，區別所管人物，定為九
> 等。〔註204〕

則杜佑似又認為初期組織已包括州郡縣三級，均各置大小中正，楊筠如先生
支持此一記載。〔註205〕其三，《太平御覽・職官部六十三・中正》引《傅子》
的說法：

> 魏司空陳群始立九品之制，郡置中正，平次人才之高下，各為輩目，
> 州置都而總其議。〔註206〕

〔註200〕唐・杜佑，《通典》，卷14，〈選舉二・歷代制中〉，頁326。
〔註201〕唐・杜佑，《通典》，卷32，〈職官十四・州郡・中正〉，頁891～892。
〔註202〕清・趙翼，《二十二史札記》，卷8，〈晉書・九品中正〉，頁100。
〔註203〕請參韓國磐，《魏晉南北朝史綱》（北京：人民出版社，1983），頁37～38。
〔註204〕唐・杜佑，《通典》，卷14，〈選舉二・歷代制中〉，頁327～328。
〔註205〕請參楊筠如，《九品中正與六朝門閥》，頁18。
〔註206〕另《文選・恩倖傳論》李善注、《北堂書鈔・中正》卷73引《傅子》略同。
　　　　請分見宋・李昉等，《太平御覽》，卷265，〈職官部六十三・中正〉引《傅子》，
　　　　頁1243；南朝梁・蕭統編，唐・李善注，《文選》，卷50，〈史論下・恩倖傳
　　　　論〉注引《傅子》；隋・虞世南，《北堂書鈔》，卷73，〈設官部二十五・中正
　　　　一百六十四〉引《傅子》，頁321。

顯然傅玄認為魏初中正組織亦分州郡兩級，但郡置一中正，州置一州都。張旭華、汪徵魯支持此記載。〔註207〕又第三說與第一說的差異在於州級中正名稱，前者為州都，後者為州大中正。

　　對於這三類記載，筆者認為第二說謬誤較顯著，因為在目前所能見之魏晉史籍中，僅能見到州中正、州大中正、郡（邑、國）中正、郡（邑、國）大中正、郡（邑、國）小中正等職稱，卻無縣中正的記載。但《隋書‧百官志》述北齊、隋代縣令屬官，其中便有縣中正一職。〔註208〕因此，筆者懷疑杜佑此說乃是比附北朝中正組織而得。但仍有學者引魏晉之際的孫楚之奏章所言，「今可令長守為小大中正，各自品其編戶」，〔註209〕以為小大中正當與郡大中正、縣小中正對應，故在推行土斷政策的同時，直接將郡縣中正評品的職權轉給郡守縣長。〔註210〕可是此一證據非直接證據，且這種對應關係也是推論而得，若如此是否也應將州大中正的職權轉移給州刺史？因此，筆者仍以為第二說漏洞較大，不予考慮。

　　值得討論的是第一說與第三說。關於第一說，魏初州郡中正皆置一說，恐是杜佑比附魏末以後的制度，蓋最初應僅有郡中正。關於州大中正的設置時間，司馬懿曾有除九品以及州置大中正之議，而曹羲亦曾回信表示反對。曹羲與曹爽同於嘉平元年（249）為司馬懿所誅，故其給司馬懿的信當在正始年間，又嘉平二年（250）朝廷徵召胡昭時已出現先訪於本州評議的情形，〔註211〕可想見此時已設置州大中正。故州大中正可能置於正始至嘉平二年（240～250）年間。多數日本學者將之繫於魏嘉平元年，直接將之與魏晉革命進行聯繫，而唐長孺先生則推測是240年至250年之間。兩種說法大同小異。但

〔註207〕請分參張旭華，〈關於曹魏九品中正制的幾個問題〉，《鄭州大學學報（哲學社會科學版）》，1991年第3期（鄭州），頁39～40；汪徵魯，《魏晉南北朝選官體制研究》（福州：福建人民出版社，1995），頁299～301。

〔註208〕請參考唐‧魏徵等，《隋書》（臺北：鼎文書局，1997），卷27，〈百官志中〉，頁761、762。另北朝至隋的中正組織已有所擴張，除了承襲魏晉中央系統的州郡中正外，地方政府亦另置一中正系統。關於兩系統之差異，請參考嚴耕望，《中國地方行政制度史乙部：魏晉南北朝地方行政制度》下冊（臺北：中央研究院歷史語言研究所，1997），頁650～651。

〔註209〕宋‧李昉等，《太平御覽》，卷265，〈職官部六十三‧中正〉引《孫楚集》，頁1243。

〔註210〕請參陳仲安、王素，《漢唐職官制度研究》，頁254。由於陳王二氏對於這條史料未作詳細說明，故本文所言乃筆者對作者的解釋所作之進一步說明，但依其引用此史料之意圖來看，筆者的說明應在合理範圍。

〔註211〕《三國志》，卷11，〈管寧附胡昭傳〉注引《高士傳》，頁363。

筆者以為若據夏侯玄的說法，亦可能在 243 年左右。據《三國志・夏侯玄傳》載夏侯玄〈時事議〉云：

> 自州郡中正品度官才之來，有年載矣，緬緬紛紛，未聞整齊，豈非分敘參錯，各失其要之所由哉！〔註212〕

此段議論乃夏侯玄答司馬懿問以時事的一部分，而夏侯玄「頃之，為征西將軍，假節都督雍、涼州諸軍事，與曹爽共興駱谷之役」，〔註213〕駱谷之役的時間為正始五年（244），〔註214〕故夏侯玄發此論的時間至遲可能為正始五年之前，因此可能在正始初，司馬懿便議置州大中正，隨即實施。但是宮崎市定則認為，夏侯玄疏議所提之「州郡」中正，恐是為使文意流暢而採州郡合言的用語，主要係指地方政府，用以與中央吏部對舉。〔註215〕筆者以為此說稍嫌粗糙，州大中正仍可能置於正始初。〔註216〕

不過似乎無須過於樂觀，以為如此便解決州置大中正的繫年問題。若盱衡正始年間的政治形勢，司馬懿雖與曹爽共同輔政，但權位已為曹爽所架空，曹爽集團在此時掌握主要軍政大權。司馬懿提議置州大中正，曹羲（曹爽弟）與夏侯玄（曹爽姑子）兩位曹爽集團核心人物均反對，此時恐怕難以實施。直到嘉平元年（249）高平陵政變成功，司馬懿總攬朝政以後，才有能力設置州大中正。因此，一般學者將州大中正設置時間繫於為嘉平元年，仍有其合理性。此外，謝大寧則以為「州郡中正」的「州」字，恐為衍文，因為若說已設立州中正，則當為設置未久，如此怎會說是「品度官才，有年載矣」？如此一來，或可解決這些矛盾，即州大中正置於嘉平元年，而夏侯玄以〈時事議〉回應司馬懿的時間，則可繫於正始四年至五年。〔註217〕但筆者以為亦有可能是新設州中正，而連同郡中正一起說。若是如此，除非能進一步證明「州」字為衍文，或者證明夏侯玄〈時事議〉出現的時間是在嘉平初，〔註218〕否則矛盾仍存。此一問題，有待進一步研究。

〔註212〕《三國志》，卷9，〈夏侯玄傳〉，頁 295。

〔註213〕《三國志》，卷9，〈夏侯玄傳〉，頁 298。

〔註214〕《三國志》，卷4，〈三少帝紀〉，「齊王芳正始五年二月」條，頁 120。

〔註215〕宮崎市定，《九品官人法の研究》，頁 151。

〔註216〕張旭華亦採同樣看法。請參氏著，〈關於曹魏九品中正制的幾個問題〉，頁 40。

〔註217〕謝大寧，《歷史的嵇康與玄學的嵇康——從玄學史看嵇康思想的兩個側面》，頁 27。

〔註218〕此處僅能運用「州郡中正」一語之外的證據證明之，因為在證明過程中置州大中正與此段夏侯玄〈時事議〉的時間均未確定，若相互引證，恐會陷入循環論證的困境。

　　關於第三說，筆者以爲仍有其缺失。其一，傅玄的說法可能正如先前杜佑在第二說中所犯的毛病一樣，皆有混同前後期中正制度一併陳說的情形，正如唐長孺先生所言，「傅玄爲魏晉間人，他說州都與郡中正同時建立，似無疑問，但《御覽》所引書本多刪節，是否原文如此，已難決定，而且《傅子》不是記載史事之書，也可以說它統前後而言」。〔註219〕雖然張旭華曾針對此一觀點提出辯駁，但僅說明《太平御覽》對重要事實還是依據原書，〔註220〕卻仍未能解消《傅子》作爲評論性著作所隱藏的統合前後制度的可能。其二，史籍所見魏初始制九品時所置的中正僅有二例，即第二章第二節所引之馮翊郡中正王嘉與鉅鹿郡中正時苗，〔註221〕確實僅有郡中正一職，而無州都的記載。其三，根據前引三條史料，若說魏初已有州都一職，又何必再加置另一同層級的州大中正，這並不合常情，因此筆者以爲從文氣上來看，杜佑所言「加置大中正」，當指在郡中正之上加置州大中正一職，而非在州都之外另加置州大中正。

　　不過事實上，史籍上仍出現不少「州都」一職。〔註222〕最具代表性的爲西晉劉毅的例子。《晉書・劉毅傳》載：

　　　　後司徒舉毅爲青州大中正，……由是毅遂爲州都，銓正人流，清濁
　　　　區別，其所彈貶，自親貴者始。〔註223〕

顯見州都可能是州大中正的別稱。另外亦有將二者混稱爲「州都大中正」、「都中正」的情形。如《晉起居注》載尚書僕射諸葛恢啓稱：

　　　　州都大中正爲吏部尚書及郎，司徒左長史、掾屬皆爲中正。臣今領
　　　　吏部，請解大中正，以爲都中正職局同理不宜兼者也。〔註224〕

如此亦可見州都、州大中正實爲同一職務。有學者認爲州大中正爲正式稱謂，州都則爲非正式稱謂。〔註225〕

〔註219〕唐長孺，〈九品中正制度試釋〉，頁100。
〔註220〕張旭華，〈關於曹魏九品中正制的幾個問題〉，頁40。
〔註221〕《三國志》，卷23，〈常林傳〉注引《魏略・吉茂傳》、《魏略・時苗傳》，頁661～662。
〔註222〕西晉時期曾任州都者包括：雍州傅宣、益州壽良、益州常忌、益州費立、益州文立等五例。這五例的史料來源，除了傅宣出自《晉書》本傳外，餘則均源自《華陽國志・後賢志》。
〔註223〕《晉書》，卷45，〈劉毅傳〉，頁1278～1279。
〔註224〕唐・杜佑，《通典》，卷32，〈職官十四・州郡・中正〉引《晉起居注》，頁892。
〔註225〕汪徵魯，《魏晉南北朝選官體制研究》，頁302。

　　但是主張第三說的學者可能會以魏末應璩的說法，以及孫吳習溫的例子來反駁。應璩《新論》的說法是：

> 百郡立中正，九州置都士，州閭與郡縣稀疏，如馬齒生不相識面，
> 何緣別義理。〔註226〕

應璩卒於魏嘉平四年（252），年六十三，〔註227〕顯然其說法之可信度似又高於傅玄。汪徵魯以為從《新論》引文看，「『百郡立中正，九州置都士』，敘述得十分肯定，似已是一個歷時較長的理所當然的現象，……故其不太可能是應璩晚年最後十四年中的某年才發生的事」。〔註228〕但筆者以為，此一推論略嫌牽強，吾人若比較應璩與前引曹羲二人對州都、州大中正制弊端的分析，兩人均指向「州域過廣，難以總其議或檢虛實」，若汪說成立，那麼是否也可同理推論曹羲乃根據實施已久的州都評品之弊，進而批判州大中正制同樣弊端？因此筆者認為，應璩可能同曹羲一樣，是在司馬懿議置州大中正（即州都）不久後，推測州大中正或州都評品可能遇到的困難，批判其可能產生之弊端。

　　至於孫吳習溫的例子，據《通典・職官十四・州郡・中正》所載：

> 吳習溫為荊州大公平，大公平即州都也。〔註229〕

關於習溫任荊州大公平一事，應是源自東晉習鑿齒《襄陽耆舊記》的記載。《三國志・潘濬傳》注引《襄陽記》云：

> 襄陽習溫為荊州大公平。大公平，今之州都。（潘）祕過，辭於溫，
> 問曰：「先君昔日君侯當為州里議主，今果如其言，不審州里誰當復
> 相代者？」溫曰：「無過於君也。」後祕為尚書僕射，代溫為公平，
> 甚得州里之譽。〔註230〕

潘祕之父潘濬亡於孫吳赤烏二年（239），〔註231〕其在世時便認為習溫當為「州里議主」，後來「果如其言」，而潘祕此後又以尚書僕射接替習溫為荊州大公

〔註226〕宋・李昉等，《太平御覽》，卷265，〈職官部六十三・中正〉引應璩《新論》，頁1243。
〔註227〕請參《三國志》，卷21，〈應璩傳〉注引《文章敘錄》，頁604；卷29，〈朱建平傳〉，頁809。
〔註228〕請參汪徵魯，《魏晉南北朝選官體制研究》，頁300～301。
〔註229〕唐・杜佑，《通典》，卷32，〈職官十四・州郡・中正〉，頁892。
〔註230〕《三國志》，卷61，〈潘濬傳〉注引《襄陽記》，頁1399。
〔註231〕《三國志》，卷61，〈潘濬傳〉，頁1399。

平。至於習溫任荊州大公平的時間，有學者以爲是在晉初，平吳之後續任，〔註232〕但所據材料過於零碎、模糊，實在不易判斷。甚至有學者進一步主張，魏正始（240）以前，魏已設置州都，吳乃仿魏制設置州大公平。事實上，根據這段材料，我們僅能得知，習溫所任荊州大公平應相當於潘濬於孫吳早期所說的州里議主，亦即習鑿齒所處兩晉之際的州都，但恐怕很難判斷魏正始以前是否已置州都，遑論其與孫吳州大公平間的關係。

　　綜上所論，魏初文、明二帝時期中正系統組織架構，僅設有郡中正一人，而州大中正則議置於魏齊王芳正始中，眞正實施的時間恐遲至嘉平元年，至於州都則是州大中正的別稱。

二、州大中正制的政治性與制度性目的

　　根據前所論述，至少可以看出司馬懿議置州大中正，並非全然爲了解決浮華問題，否則就會坦然面對問題核心，而直接設立縣中正，或者從「京官兼任中正」著手，這就表示制訂州大中正制應有其他目的。以下擬從制度面與政治面探討州大中正制可能的制訂目的。

　　就制度性目的而論，以西晉劉毅所言最清楚：「置州都者，取州里清議，咸所歸服，將以鎮異同，一言議。」〔註233〕這裡可以清楚看出州大中正之設，至少有統合一州境內不同輿論的實際需要。這種制度需求又是如何而發生？當初設郡中正不就爲了統一民間輿論嗎？爲何過不了三十年，又需要再設州大中正執行同樣職權呢？難道郡中正未能發揮預期功能，才有這番制度需求的產生呢？關於這些疑問，需從清議與中正評品二者的性質與關係說起。

　　東漢末年名士清議的基本內容乃月旦人物，即是「激揚名聲，互相題拂」，進而「品覈公卿，裁量執政」；〔註234〕而中正評品制度的基本內容正是品第人物（包含已仕與未仕者），進而提供吏部，作爲銓選官吏的依據。因此，這種評品人物的風氣可能影響了中正評品制度的建立。但是兩者僅是在形式上具有可能之關連性，然在本質上卻有極大差異。清議本身屬於在野士人批評時政的一種工具，中正評品則立基於統治者的立場，以統一民間輿論作爲附屬

〔註232〕晉·習鑿齒著，舒焚、張林川校注，《襄陽耆舊記校注》（武漢：荊楚書社，1986），頁112～114。
〔註233〕《晉書》，卷45，〈劉毅傳〉，頁1274。
〔註234〕《後漢書》，卷67，〈黨錮列傳〉，頁2185。

政治目的。從宏觀的角度來說，毛漢光先生將統一輿論視作整體九品中正制度目的，其論確也。〔註235〕筆者以為，無論郡中正制抑或州大中正制，均是以代表國家立場統一在野輿論作為設計的基本目的之一。二者不同者，或在於制度面臨不同的政社結構轉變期。漢魏之際所要面對的是郡級豪族與地方名士的輿論層，魏晉之際所要面對的則是州級名族、中央名族以及京師名士的輿論層。

　　統一民間輿論的意義，在於防止豪族勢力直接對中央官僚序列產生直接作用，希冀能藉此發揮官吏任用的才能本位理念，〔註236〕此本為郡中正制的功能之一。也就是說，九品官人法運作整體的目的，在於對曹操時代極端無定型的唯才主義進行改革，而且以人才主義作為新官吏任用制度的選才任職理念。因為此時的局勢已不同於曹操時代，華北地區已漸趨穩定，軍政時期無法可尋的任用程序勢必不適用於新局勢，故制訂新法。此法是由尚書吏部總理中央官吏與地方敕授官的選任，是一種表現出高度中央集權化的官吏任用制度。郡中正在評品時仍尊重地方鄉論，乃是本質上帶有鄉論色彩的資格審核制度。〔註237〕那麼有人可能質疑，尊重鄉論豈不就代表曹魏政權對豪族勢力的妥協？從曹操時期開始的政權建構過程中，確實可看出國家政權性格仍與地方豪族有密切關連，但是別忘了曹操時期以降便建立起以刑名法術主義為核心的治國方略，從體制運作來說，便是一種高度集權的官僚政治的展現，以人事權而言，總理國家人事的尚書吏部體制便成立於此時，因此曹丕才會放心地委任豪族層擔任郡中正，相信以皇權為中心的官僚機器運作，有其強韌的規範力，足以制約郡中正本身的豪族層身分背景，亦即相信豪族勢力不會對國家人事任用起太大的主導作用。因此，筆者方言郡中正制具有疏導並控制豪族官僚化發展的目的。

　　但實際情形並非如此單純，所謂「統一民間輿論」乃統治階層賦予中正的任務，但中正官卻不在國家官僚體系的正式編制當中，國家與兼任中正官的京官之間，僅有鬆散的委託與受託關係，因此，郡中正是否會站在國家立場，遵循官才本位主義，為國舉才，恐怕不盡然。畢竟，漢魏之際士大夫階層的群體自覺乃興起於桓靈之際的清議運動，這種自覺帶有濃厚的鄉黨分化

〔註235〕請參毛漢光，《兩晉南北朝士族政治之研究》，頁74～75。
〔註236〕請參神矢法子，〈魏前期的人才主義〉，頁38。
〔註237〕請參見矢野主稅，《門閥社會成立史》，頁563。

與階層分化的色彩，亦即就算當時一個跨越鄉黨地域、階層貴賤的公領域意識已逐漸形成，但公私領域之間的矛盾衝突難以避免，此時能否將公意識的地位提昇並超越私意識，此正是清流名士能否跨出鄉里社會、貴賤上下思維的關鍵。漢末名士陳群與孔融之間的「汝潁優劣論」論戰，〔註238〕代表潁川與北海兩大士大夫系統之間的競爭（或者說是以典型士大夫形象為主題的清談），漢晉之際以郡國為單位的「先賢傳」、「耆舊傳」的大量出現，〔註239〕漢末魏初官僚系統中譙沛集團與潁川集團的分立，這些正足以說明地域分化的鄉黨意識；李膺與袁紹不妄接士或妄通賓客的行為，〔註240〕李義、嚴幹、張既、薛夏、吳質等單門寒士受本郡著姓望族打壓、凌辱之事，〔註241〕這些正足以說明貴賤上下的階層意識；而這時期陸續有劉梁〈破群論〉、朱穆〈絕交論〉、徐幹〈譴交論〉等文章的出現，〔註242〕均是持正之士唾棄浮華之士尚名鄙實之風、以公掩私之行的最佳寫照。這些均是士大夫群體自覺形成過程中，無法超越鄉黨意識與階層意識的最好證明。階層意識與鄉黨意識的作祟，導致品度官才不公與「緝緝紛紛，未聞整齊」之弊，使郡中正制逐漸遠離官才本位主義路線。

再者，郡中正制本欲兼顧難以根除的依鄉論舉士的舊選舉文化，因此只要官僚體制正常運作，鄉論機制有所發揮，則豪族官僚化、貴族化腳步將會

〔註238〕宋・李昉等，《太平御覽》，卷447，〈人事部・品藻下〉引陳群《汝潁士論》，頁2057；唐・歐陽詢等，《藝文類聚》，卷22，〈人部六・品藻〉引後漢孔融〈汝潁優劣論〉，頁407；《三國志》，卷10，〈荀彧傳〉注引《荀氏家傳》載陳群與孔融論汝、潁人物，頁316。

〔註239〕例如：漢仲長統撰《兗州山陽先賢讚》一卷，魏蘇林撰《陳留耆舊傳》三卷，魏王基撰《東萊耆舊傳》一卷，魏周斐撰《汝南先賢傳》五卷，吳陸凱撰《吳先賢傳》四卷，晉陳壽撰《益部耆舊傳》十四卷，晉白褒撰《魯國先賢傳》二卷，晉張方撰《楚國先賢傳讚》十二卷等。請見《隋書》，卷33，〈經籍志二・史・雜傳〉，頁974～975；後晉・劉昫，《舊唐書》（臺北：鼎文書局，1994），卷46，〈經籍志上・乙部史錄・雜傳類〉，頁2000～2001。

〔註240〕請分見《後漢書》，卷70，〈孔融傳〉，頁2261；《三國志》，卷6，〈袁紹傳〉注引《英雄記》，頁188。

〔註241〕請分見《三國志》，卷23，〈裴潛傳〉注引《魏略》，頁674～675；卷15，〈張既傳〉注引《魏略》，頁473；卷13，〈王肅傳〉注引《魏略》，頁421；卷21，〈王粲傳〉注引《魏略》，頁609。

〔註242〕請分見《後漢書》，卷80下，〈文苑列傳下・劉梁傳〉，頁2635；卷43，〈朱穆傳〉注引《穆集》載〈絕交論〉，頁1467～1468；漢・徐幹，《中論》，卷下，〈譴交〉，頁29～32。

趨緩。但卻顧此失彼，到了明帝時代，郡中正制的鄉論機制逐漸變質，由於京官兼任郡中正，以及上下貴賤的階層意識與地方大族階層分化之間，存在著互為因果的發展關係，在此二因素作用下，加速郡中正制下鄉論機制的崩潰，其結果是鄉論更進一步脫離鄉里輿論本質，不僅無法反映由縣級大族、鄉里父老層所主導的第一層鄉論，甚至因為郡中正受制於活動在京師地區的上層士人層（中央貴戚官僚與州級士大夫豪族），致使郡級士大夫豪族所主導之第二層鄉論，亦逐漸喪失其對中正評品的支配地位，且鄉黨意識作祟，各郡有力大族輿論未能整合，郡中正制亦無法發揮統一民間輿論的制度功能。如此一來，又回到漢末處士橫議的時代，民間干預國家用人的問題再度出現，只是這時的處士並非當時的地方名士，而是京師士人層。由此當可看出，郡中正已不敷現實需求，要控制地方鄉論，統一各郡輿論，勢必要增加中正的層級，使其有支配輿論的威望。

　　然而郡中正未能料究官才之弊，除了與郡中正個人徇私有關外，亦與結構性因素有關，此一發展當與地方大族勢力的擴張，即地方大族的階層分化發展有關。最足以說明此一現象者，乃司馬炎初受品評一事。《晉書·鄭默傳》載：

> 初，帝以貴公子當品，鄉里莫敢與為輩，求之州內，于是十二郡中正僉共舉默。文帝與袞書曰：「小兒得廁賢子之流，愧有竊賢之累。」及武帝出祀南郊，詔使默驂乘，因謂默曰：「卿知何以得驂乘乎？昔州里舉卿相輩，常愧有累清談。」〔註243〕

先探討此事可能的時間斷限。中正評品本為士人入仕前的資格審查，故此事當發生在司馬炎入仕前不久。司馬炎崩於太熙元年（290），享年五十五，〔註244〕故生年當在青龍四年（236）。司馬炎於魏嘉平中以給事中入仕，〔註245〕故此事最有可能在嘉平初。至於詳細時間，有學者認為太和年間（227～232），鍾毓十四歲以散騎侍郎起家，〔註246〕又正始年間（240～249），司馬駿（司馬炎叔父）八歲以散騎常侍入仕，〔註247〕以司馬氏之地位評估，司馬炎可能十

〔註243〕《晉書》，卷44，〈鄭袞附子默傳〉，頁1251。
〔註244〕《晉書》，卷3，〈武帝紀〉，「太熙元年四月己酉」條，頁80。
〔註245〕《晉書》，卷3，〈武帝紀〉，頁49。
〔註246〕《三國志》，卷13，〈鍾繇附子毓傳〉，頁399。
〔註247〕《晉書》，卷38，〈宣五王傳〉，頁1124。

四歲左右便入仕，時爲嘉平元年（249），正值州大中正制推行前夕。〔註248〕鄭默世出滎陽鄭氏，世以儒業興，祖泰仕漢揚州刺史，泰弟渾仕漢至魏將作大匠，〔註249〕父袤仕漢末至晉初。就其家世特質與發展軌跡來看，與河內司馬氏有相似之處，唯在仕宦經歷上，較司馬氏緩且權位稍低。明帝時期，司馬懿已成爲中央官界、上層士人層的核心人物，也就是陳矯所稱的「朝士之望」，〔註250〕同一時期，與司馬懿約同世代的鄭袤（小司馬懿十歲），〔註251〕多任郡守，最高僅仕至散騎常侍，〔註252〕未曾任職總理國家政務的尚書。若就這方面來看，則與北地傅氏、潁川庾氏、陳留阮氏、琅邪王氏等十分近似，在魏初屬於上升發展中的地方大族，〔註253〕亦即有力的地方豪族層。至魏末，鄭袤已爲司馬氏親信，歷任少府、光祿勳等九卿之職，其在地方聲望與勢力想必已超越滎陽，而至少屬於司州大族。

正由於無法克服這種地域分化的鄉黨意識，或者上下分化的階層發展，復加品第人物的工作有「人物難知」、「愛憎難防」、「情僞難防」等困難，〔註254〕更使得郡中正制的弊端逐漸浮現，如何突破這種困境，曹馬集團主張各有不同，司馬懿建議置州大中正，其表面理由在於破除因鄉黨意識支配評品工作而導致的制度弊端，故希望由州大中正能進一步代表國家立場，監督郡中正，執行國家用人方針。其可能的思維邏輯，正如宮崎市定所言，從地方行政機構發展的脈絡來看，郡具有較強的的地方自治體色彩，州具有較強的中央外派機關色彩，而州大中正本爲執行中央人事方針、統合諸郡輿論、監督

〔註248〕請參越智重明，《魏晉南朝の貴族制》，頁98。

〔註249〕鄭泰、鄭渾高祖鄭眾仕漢爲大司農，眾父興爲諫議大夫，皆爲世之名儒，鄭泰於漢末曾與荀攸等謀誅董卓，當時鄭泰與荀攸、何顒等均以海內名士爲何進所辟，顯然其在當時士大夫階層中的地位頗高，方足爲中央政府所徵辟。請參《三國志》，卷16，〈鄭渾傳〉及注引張璠《漢紀》，頁508～510。

〔註250〕《三國志》，卷22，〈陳矯傳〉注引《世語》，頁644。

〔註251〕司馬懿嘉平三年（251）薨，時年七十三，故生於179年；鄭袤泰始九年（273）薨，時年八十五，故生於189年。故鄭袤小司馬懿十歲，當仍屬同一世代。請參《晉書》，卷1，〈宣帝紀〉，「魏齊王芳嘉平三年八月戊寅」條，頁20；卷44，〈鄭袤傳〉，頁1251。

〔註252〕《晉書》，卷44，〈鄭袤傳〉，頁1249～1250。

〔註253〕當然就家族整體發展軌跡而言，滎陽鄭氏與琅邪王氏更爲相近，均是發跡於東漢，之後逐漸沒落，而在漢末魏初逐漸上升，至於北地傅氏、潁川庾氏與陳留阮氏等則是發跡於漢末，在魏初逐漸上升。

〔註254〕《晉書》，卷45，〈劉毅傳〉，頁1273。

郡中正而立，因此州大中正制的出現，標誌著中央對鄉品的支配權上升，亦代表人事權向中央集權路線又邁進一步。〔註255〕依此來看，州大中正制在理論上當有強化中央人事權的制度功能。

　　筆者以為，魏統十三州，一百零一郡，加置州大中正，可先對於各州諸郡中正的人物評價，進行總齊整合，否則若直接由郡中正將定九品的人事資料直接送吏部，則恐有因諸郡中正對品評標準的認知分歧，而出現制度運作上的不公情形。再者，吏部人員編制有限，若諸郡中正直接將所有評品資料送往吏部，則吏部在處理資料上恐因受限於此客觀條件，而導致銓選工作易產生疏漏。若加置州大中正，則可先由州大中正審核郡中正的倫輩資料，透過轄下的清定、訪問以確認郡中正是否有嚴重疏失，具有監督作用，且可統合諸郡倫輩資料，再進行定品，以緩和因標準分歧所導致之不公弊端。故州大中正實有克服鄉黨意識的基本方針，且為因應地方大族的階層分化而設。

　　結合地方大族階層分化與郡中正制運作兩個角度，便可看出州大中正制的出現，其目的在於因應地方大族勢力擴張與中央官僚化的現實需要，企圖透過州大中正制來重整鄉論支配體系，使之得以繼續穩定運作。進一步言之，活躍於中央官僚層的上層士人層子弟，需要超越郡級的人物名望評價，就中正評品制度而言，郡中正制下舊有的單層組織已不敷現實需求，也就是需要有一州級中正來負責評品那些聲望超越郡級的中央士人層，前舉司州境內郡中正評品司馬炎之例，便是最好的說明。依川勝義雄之「鄉論重層結構」理論來看，〔註256〕便是第三層鄉論已廣泛地出現，以鄉論為基礎的中正評品制度便要適應新的鄉論結構的出現，而進行結構調整。〔註257〕從《世說新語》的〈識鑒〉、〈賞譽〉、〈品藻〉諸篇之作，可發現當時所謂的鄉論清議或者鄉曲之譽，多數為中央級名族、名士所操縱，因為中央級名士既扮演民間鄉論領袖，又可藉由其在官僚系統輿論影響力，左右中正評品，扮演主導人物評論資訊之主要製造者的角色。這正是此新鄉論結構出現最好的例證。

　　從這個角度出發，便可整合若干學者對州大中正制制訂目的看法的若干

〔註255〕請參見宮崎市定，《九品官人法の研究》，頁12～13、153～154。
〔註256〕關於此理論之詳證，請參見川勝義雄，《六朝貴族制社會の研究》（東京：岩波書店，1982）第3章「魏・西晉の貴族層の鄉論」，頁57～71。
〔註257〕請參越智重明，《魏晉南朝の貴族制》，頁98～99。

差異。崛敏一認爲州大中正制的出現代表上流士人對輿論的掌握與支配漸趨穩定，〔註258〕唐長孺主張：「州中正的設置只能是地方大族勢力擴大的結果，少數大族已不滿足於一郡的範圍了。」〔註259〕吳慧蓮亦指出：「加置州大中正，主要在總合鄉黨輿論。」〔註260〕這些解釋均與東漢以來地方大族階層分化發展有關。地方豪族階層士族化的腳步不一，當然會有高低之別。桓靈以降，郡級豪族內部已有幾個大族隨著政權衰微與社會失序而嶄露頭角，這些大族最後變成了三國政權核心的主要構成份子。同理，當初的這些大族集中於中央政權活動的同時，部分郡級豪族也陸續茁壯，於是中央級士族像潁川荀氏、潁川鍾氏、潁川陳氏、河內司馬氏、東海王氏、太原晉陽王氏等，出於政爭的需要，爲拉攏各州境內如北地傅氏、潁川庾氏、陳留阮氏、琅邪王氏等具有代表州內郡級大族發言實力的郡級豪族，乃設置州大中正，亦可藉此統整諸州境內郡級豪族的階層秩序。

順此脈絡，結合政治性目的來看，司馬懿集團擴充中正組織，可能是打算藉由強化對鄉論清議的支配，以進一步統合地方大族的力量。正如岡崎文夫、宮川尚志等人的看法，設置州大中正一方面得以確保地方豪族的地位與權益，另一方面也可強化對地方豪族勢力的支配。〔註261〕又，越智重明認爲州大中正的設置強化了司馬氏與中央官界上層士人名門的合作關係，爲晉朝門閥貴族制社會的產生奠定了基礎。至於矢野主稅則以爲州大中正由中央高官或名門兼任，郡中正則由中央下層官吏兼任，確立了中央、州大中正、郡中正的支配系統，此支配系統之成立正是鄉論的中央集權化過程，鄉論支配場域從地方轉移至中央，於是形成了以司馬氏爲中心的貴族社交圈，促成了門閥社會的成立。〔註262〕

筆者擬再針對部分前輩學者與筆者相左的若干觀點進行討論。胡寶國認爲魏晉之際州中正的建立與司徒府參與九品評定工作是九品中正制度的一大變化，而司馬懿與曹爽等人一樣，所依恃、代行者乃是皇權，加強中央對地

〔註258〕請參崛敏一，〈九品中正制度の成立をめぐって──魏晉の貴族制社會にかんする一考察──〉，頁65～66。

〔註259〕請參唐長孺，〈九品中正制度試釋〉，頁102。

〔註260〕請參吳慧蓮，〈六朝時期的選任制度〉，頁44。

〔註261〕請分見岡崎文夫，《魏晉南北朝通史》（京都：弘文堂書房，1932），頁488～489；宮川尚志，《六朝史研究‧政治社會篇》，頁270。

〔註262〕請參矢野主稅，《門閥社會成立史》，頁540。

方的控制是當務之急，而地方郡姓操縱選舉顯然是與之背道而馳，因此必須
予以打擊。〔註263〕簡言之，對於州大中正制的制訂目的，胡寶國是主張「打
擊地方大族」之說，而筆者則以為司馬懿在魏晉禪代期間並未有打擊地方大
族的動作，甚至還有拉攏地方大族的可能，顯然與筆者與胡氏之說有所出入。
筆者以為這當中的關鍵，在於對若干史料的解讀有異。

　　前引曹羲〈九品議〉載其反對設州中正的理由，在於「一州闊遠，略不
相識，訪不得知，會復轉訪本郡先達者耳，此為問州中正而實決于郡人」，故
仍無法發揮檢覈虛實之效。胡寶國認為從這裡可以看到，司馬懿的本意原是
想不理會「本郡先達」的意見，改變中正品評「決于郡人」的現狀，而這裡
的「郡人」、「本郡先達」只能是那些地方上的郡姓、著姓、大族，司馬懿所
要打擊的正是他們。筆者以為此解釋看似合理，卻有漏洞。試想：曹羲所提
的意見，難道司馬懿在提案前會想不到嗎？比較兩人的出身背景、政治歷練，
曹羲屬宗室疏屬二代，自幼長於京師，正始以前不過是個冗官，曹爽執政後
才任散騎常侍、中領軍；與此相較，司馬懿無論出身背景或仕宦資歷，顯然
均與曹羲形成強烈對比，特別是郡中正制本源於地方鄉論與名士清議，鄉論
清議與制度運作的密切關係，出身河內大族的司馬懿當再清楚也不過了，怎
可能會不瞭解曹羲所提的這番道理？而且司馬懿乃一老謀深算的政治老手，
怎會提出一個輕易被敵黨識破的制度改革方案？顯然，議置州大中正的本意
恐非胡寶國所言，是要打擊地方大族。那麼司馬懿此議又有何目的？筆者以
為此議有其玄妙之處，值得考察。

　　其一，州大中正制有其階段性的政治目的。從前面的討論便可約略窺知，
司馬懿欲推動州大中正制，表面目的似欲站在中央政府立場，監督郡中正，
但事實上，從本章第二節對親司馬懿勢力的背景來看，其地域分布的廣度遠
高於曹爽集團，此一相對政治優勢，司馬氏當會充分掌握。設若提議前司馬
懿果真已清楚曹羲所言之理，則此議重點顯然就不在檢覈虛實以「料究人
才」，而是別有用心。從地方大族階層分化的角度來看，司馬懿與中央官僚層、
上層士人層要培養友善關係與政治默契較為方便，但是要拉攏眾多地方大族
恐不易，因此若是州大中正制成立，由上層士人層出任州大中正，可利用職
務之便與在京師任官的各郡先達，進行合法的探訪，此正是宣揚司馬氏政治

〔註263〕請參胡寶國，〈魏西晉時代的九品中正制〉，《北京大學學報（哲學社會科學
　　　　版）》，1987年第1期（北京），頁86～87。

方針、拉攏地方大族的最佳機制。〔註264〕因此,在魏晉禪代前期,反對勢力尚存,司馬氏未取得絕對優勢,州大中正制正是聯繫與疏通上層士人層與地方大族兩個階層的絕佳介面。而在司馬昭執政後期,對地方大族便開始疏遠,畢竟已無太多的實際利益,若繼續保持階層間的暢通,反而對中央政權周圍的勢族權益有所威脅,因此司徒府典選制度始立於魏晉禪代後期絕非偶然。故筆者以爲州大中正制有其階段性的政治目的。

其二,這可能是司馬懿進行政治分化的政治陷阱。仔細思考曹義的意見,表面上是指責司馬懿的建議「多此一舉」,但進一步的意義,乃在於州大中正制仍未能改變選舉決於「郡人」或「本郡先達」之現況,這反而暴露出曹爽集團對郡中正制下地方大族干預國家用人的情形已有異議。這不禁讓人想起夏侯玄在〈時事議〉當中所指出者,「下踰其敘,庶人議柄」之弊是大於「上過其分,所由之不本」之弊。將此二事合觀,顯然司馬懿的用意在於讓朝廷大臣們感受到雙方在選舉制度上的不同態度,執政集團政策有捨棄鄉論機制、朝向官僚本位主導選舉的發展傾向,而司馬氏則站在尊重傳統的鄉論精神立場,傾向國家官僚與地方大族共治的選舉方針,誠如葭森健介的看法,州大中正制的成立代表以司馬氏爲中心的那些地方大族與清流士大夫家族所主導的鄉論支配體系的確立,象徵對地方大族勢力的尊重。〔註265〕因此,筆者認爲司馬懿最初可能盤算,就算議案遭反對而無法在短期間實施,但至少亦可讓朝野各界清楚雙方選制主張的差異,企圖利用舊官僚對傳統鄉論的情感,進行思想與文化層面的敵我分化。而且議置州大中正與問以時事,兩次均是司馬懿扮演主動角色,不禁讓人懷疑司馬懿之動機不純,故筆者將之視爲司馬懿執行政治分化之用的政治陷阱。

〔註264〕《魏略》載正始末流傳在京師的謠言,如:鄧颺任尚書期間,因爲人好貨,便許臧艾授以顯官,而艾以父妾回報,故京師流傳「以官易婦鄧玄茂」之語;又京師流傳謗書,謂「臺中有三狗,二狗崖柴不可當,一狗憑默作疽囊。」三狗,指何晏、鄧颺、丁謐,默者乃曹爽小字。在曹爽集團勢力範圍內的京師地區,竟然會出現不少毀謗敵黨的政治謠言,而民間謠言的傳播,當需要地方大族從中搧風點火,足見司馬氏對京師地區的地方大族有足夠的支配實力,掌握京師地區的地方大族對奪取以京師爲勢力範圍的曹爽政權已足夠,但要進一步奪取魏室政權,恐怕更需要各地大族的支持,從這裡也可看出州大中正制乃魏晉禪代期間司馬氏的整體策略之一。請參《三國志》,卷9,〈曹爽傳〉注引《魏略》,頁288～289。

〔註265〕請參見葭森健介,〈魏晉革命前夜の政界──曹爽政權と州大中正設置問題──〉,《史學雜誌》,第95編第1號(1986,東京),頁55。

　　此外，吳慧蓮則以爲司馬懿置州大中正與傅嘏的恢復鄉舉里選主張，有一體兩面的關係。〔註266〕筆者以爲，如果眞重鄉論精神，就該恢復眞正的鄉舉里選，也就是說司馬懿就該支持夏侯玄的罷郡論，而中正系統組織改革也應一併處理，設立縣中正，依據鄉論品評地方士人，薦舉權歸還地方政府首長，縣中正負責提供地方長吏向中央薦舉人才的人事資料。因此，若說要藉強化郡中正職權來恢復鄉舉里選，以此解決浮華問題，如此還說得通，但司馬懿卻是想在郡中正之上再設一更高層級的州大中正，如此一來，反而更難反應鄉里輿論，這種逆向操作，顯然更不可行。因此，鄙意以爲，吳氏之說恐待商榷。

　　綜觀上述，就現實政治面來看，中央級高層官僚可藉由鄉品制與州大中正制來鞏固權勢，州大中正制的出現標誌著司馬氏作爲中央士人層權益代言人之地位的確立。因爲透過州大中正的設置，司馬氏得以有效籠絡中央官僚高層，且鄉品在整個人事權力運作上可扮演關鍵地位，促使中央官僚高層得以透過鄉品制來鞏固自身的政治特權。〔註267〕州大中正的設置與鄉品制的成立，保證上級士人層的世官特權，〔註268〕有效確立了上層士人層的政治優越性。故州大中正制乃司馬氏爲收攬人心、整合中央士人層與當權地方大族的政治手段，可視爲上層士人層逐漸褪去「在地鄉土性」，朝向中央官僚貴族層發展的關鍵，而中央官僚間類似像漢末陳群與孔融論地方人物間優劣高下的論辨未再出現，便是上層士人層褪去「在地鄉土性」的最佳寫照。〔註269〕

　　不過，這裡可能引發一項質疑：州大中正制與鄉論的關係爲何？既然州大中正制實際運作的結果，反而導致國家用人更難反映基層鄉里輿論，那麼兩者間是否有反關係？可是與曹爽集團的選舉制度主張相較，又呈現出尊重鄉論的基本立場，似乎州大中正制又與鄉論有正關係？這種矛盾情形該如何

〔註266〕請參見吳慧蓮，〈六朝時期的選任制度〉，頁41。

〔註267〕請參越智重明，〈魏時代の九品官人法について〉，頁26～29。

〔註268〕請參見越智重明，〈州大中正の制に關する諸問題〉，頁37。

〔註269〕何晏與盧毓皆著有關於冀州人物評價的〈冀州論〉，即便兩人但據唐長孺之見，何晏鄙薄冀州恐有政治意味。司馬氏乃河內人，漢代本屬司州，但建安十八年時，復古九州之制，河內并屬冀州。何晏〈冀州論〉自上古言起，故所指冀州的範圍當古冀州範圍，當中便包含河內，因此何晏〈冀州論〉之作可能有藉貶抑冀州來打擊司馬氏的政治作用。請參見宋・李昉等，《太平御覽》，卷447引何晏〈冀州論〉，頁2057；唐・徐堅，《初學記》（臺北：藝文印書館，1976），卷8，引盧毓〈冀州論〉；唐長孺，〈清談與清議〉，收入氏著，《魏晉南北朝史論叢》（北京：三聯書店，1955），頁296～297。

解釋呢？關於這個問題，筆者認爲，誠如越智重明的見解，州大中正制的建立使得鄉論成爲鄉品的最有力基礎，於是也進一步強化並鞏固新儒教倫理在國家統治階層思想上的指導地位。〔註270〕筆者以爲，所謂的鄉舉里選精神，歷經東漢豪族官僚化發展，已逐漸從賢能主義轉向實力主義，至魏晉禪代期間，更逐漸轉化爲形式主義，而就鄉論機制運作的階層化發展而言，則有川勝義雄所提的「鄉論重層結構之說」，可見鄉論精神與運作機制的發展脈絡，均呈現三階段發展型態，兩者對照來看可能具有某種相應關係。州大中正制既有強化中央人事權之功能，又有兼顧地方大族輿論力量之精神，此種雙重矛盾性格，正標誌著鄉論精神從實力主義轉向形式主義；就選舉制度與政權性格的發展關係來看，州大中正制便是地方豪族名士政權向中央貴族官僚政權演進的轉捩點。

三、曹馬兩集團選舉制度主張衝突因素之探討

　　曹馬兩集團在選舉制度方面最大的歧見，在於前者是欲透過吏部選任權的強化，進一步鞏固國家人事權的統一性與優越性，而後者則是欲透過對中正組織的完備化來彰顯鄉論清議在選舉制度中的地位。然而雙方對於選舉制度之改革，爲何會有所衝突呢？以下將從黨派政爭、成員背景、現實利益、選舉標準等角度，探討彼此的主張何以出現衝突的原因。

　　其一，關於曹魏選舉問題之制度癥結，雙方最初的看法已頗有矛盾之處，由此便可見雙方因黨派分際，而對選舉問題的觀察各有所偏。根據夏侯玄的選舉制度改革方案來看，曹魏選舉問題主要在於中正權力過大，有侵犯吏部選任權的情形，即前面所論的「下踰其敘」之弊。可是，對於同一問題，傅嘏的認知卻有出入。景初中，司空掾傅嘏議考課事，其論述之要如下：

> 昔先王之擇才，必本行於州閭，講道於庠序，行具而謂之賢，道脩則謂之能。鄉老獻賢能于王，王拜受之，舉其賢者，出使長之，科其能者，入使治之，此先王收才之義也。方今九州之民，爰及京城，未有六鄉之舉，其選才之職，專任吏部。案品狀則實才未必當，任薄伐則德行未爲敘，如此則殿最之課，未盡人才。述綜王度，敷贊國式，體深義廣，難得而詳也。〔註271〕

〔註270〕請參越智重明，〈魏時代の九品官人法について〉，頁 26～29。
〔註271〕《三國志》，卷 21，〈傅嘏傳〉，頁 623。

顯然，傅嘏認為選舉制度問題的核心在於吏部權力過大，專擅選才之職，因而導致不盡人才的現象，據此主張應該恢復鄉舉里選。換言之，以夏侯玄的說法來說，「上過其分」才是選舉問題的癥結所在。究竟正始以前的選舉制度運作，誰的說法較接近實情？姑且不論實情如何，但是對同一問題，雙方認知竟有如此大的差異，顯然雙方對選舉問題的觀察是各有所偏。傅嘏所舉的鄉舉里選顯然是三代的理想狀況，而非東漢以來的實際情形，其對於地方大族操縱地方政治，透過察舉與辟召制度建構舊君故吏私屬關係，逐步將勢力向中央政府延伸的情形，完全隻字不提。

　　但是夏侯玄的意見也不無問題。正如杜恕所言，「世有亂人而無亂法」，〔註272〕縱使法令再嚴格，若教化不行，由此種環境陶冶出來的官僚，其苟且徇私、公義不存的行為，將會無所不在。這種情形會出現在中正官身上，同樣也會出現在吏部尚書、吏部郎身上。因此，杜恕的說法雖同時對傅嘏與夏侯玄的主張能夠予以攻擊，但若將人事權集中交給吏部，徇私情形一旦出現，問題可能將更嚴重，如正始年間何晏典選，即被時人批評多用故舊、不能公忠等。〔註273〕是以西晉給事中袁準（袁渙第四子）乃言：「魏家署吏部尚書，專選天下百官，夫用人，人君之所司，不可以假人者也。使治亂之柄，制在一人之手，權重而人才難得。舉此職稱此才者未有一二也，是百亂而一治者矣。」〔註274〕畢竟吏部尚書握有銓選授官之權，而中正官僅有審查之權，即使創立考課制度予以防範，但那只是治標而非治本之道，故對劉劭的考課改革法與盧毓的「取士依名於先、考課驗之於後」的折衷方案，袁準均持異議。

〔註272〕《三國志》，卷16，〈杜恕傳〉，頁500。

〔註273〕如《魏略》載：「晏為尚書，主選舉，其宿與之有舊者，多被拔擢。」又《世說新語・言語》所引略同：「何晏……正始中，曹爽用為中書（案：當尚書之誤），主選舉，宿舊者多得濟拔。」復如《魏略》所載：「（鄧）颺為人好貨，前在內職，許臧艾授以顯官，艾以父妾與颺，故京師為之語曰：『以官易婦鄧玄茂。』每所薦答，多如此比。故何晏選舉不得人，頗由颺之不公忠。」再如司馬懿等奏劾曹爽等人之罪狀，其中有一條為：「群官要職，皆置所親；殿中宿衛，歷世舊人皆復斥出，欲置新人以樹私計」。雖然這些說法或有因政敵之攻訐，而有誇大之嫌，但進用宿舊恐屬實情。請見《三國志》，卷9，〈曹爽傳〉注引《魏略》，頁292；南朝宋・劉義慶撰，南朝梁・劉孝標注，余嘉錫箋疏，《世說新語箋疏》（上海：上海古籍出版社，1993），上卷上，〈言語第二〉注引《魏略》，頁74；《三國志》，卷9，〈曹爽傳〉注引《魏略》，頁288；卷9，〈曹爽傳〉，頁286。

〔註274〕隋・虞世南，《北堂書鈔》，卷60，〈設官部十二・吏部尚書〉引《袁子正書》，頁252。

　　總而言之，或許雙方都想為國家選舉制度提出良性建言，希望能找到一個展現公義、維護公利的選舉制度，但畢竟選舉問題極為複雜，僅能針對重點進行改革，此時當然會先著眼於對己方有利的部分進行改造。因此，傅嘏與夏侯玄各自迴避選舉制度中的若干問題，便足見雙方的選舉制度主張均存在黨派偏見的成分。

　　其二，曹爽集團強調吏部權力，與其現實優勢有關。從本章第一節第二目的說明可知，夏侯玄主張明分敘、嚴考課，即削弱中正系統的薦舉權，強調官僚行政系統的考課機制，並藉由考核掾屬等下層官僚的行政才能，以進一步強化吏部人事權。此番建議未得到司馬懿的正面回應，正由於司馬懿清楚此議雖有部分合理性（如夏侯玄所堅持的理性官僚行政精神），不過從政治動機來思考，縱使曹爽集團有若干理想主義色彩，夏侯玄之論恐怕是為曹爽集團的現實優勢進行理論層次的辯護。正始年間，時值雙方政爭，雙方成員各為己方進行政策辯護，實屬正常情形。從本章第二節第二目便可知，就現實政局情勢而言，曹爽集團最大的現實優勢便是盤據尚書系統，故強化吏部人事權，當然是最有利於集團權勢的擴張與鞏固，有此為基礎，方能大力推動改制。

　　其三，司馬懿集團強調鄉論機制、中正權力，與其成員背景有關。〔註275〕從本章第二節第三目可知，依入仕時間先後，正始年間非親曹官僚可分為元老重臣與新進官僚二類，前者包括劉放、孫資、衛臻、蔣濟、高柔、孫禮、王觀、盧毓、王基等八人，盡入仕於曹操時期（漢末建安年間），後者包括傅嘏、傅玄、鍾毓、王肅、袁亮、司馬岐等六人，盡入仕於明帝以後。元老重臣之出身，非地方大族即地方名士，當初得以入仕，除本身的學行才智之外，更要靠鄉里輿論與士大夫清議，將其名聲傳播出去，他們因而對東漢以鄉論清議為基礎的選舉制度頗懷感念之情，且這套作法亦可發揚儒家政治理想，雖然入魏之後，改以郡中正制取代之，帶有部分國家集權色彩，但畢竟此制

〔註275〕葭森健介認為，反曹爽勢力的出身背景多與地方名族或清流士大夫有密切關係，此乃司馬懿集團主張強化中正組織的政治思想淵源，換言之，司馬懿集團對地方基層社會的鄉論清議的重視，正與其出身背景有密切關係。筆者以為此說大致無誤，故仍依其要旨加以發揮。但此說論述過程中將司馬懿集團與清流士大夫作連結，恐有不妥。事實上，司馬懿所舉的穎川荀氏與涿郡盧氏，其在黨錮事件期間，並無顯著參與清議活動的事蹟。請參見氏著，〈魏晉革命前夜の政界──曹爽政權と州大中正設置問題──〉，頁53。

亦根源於鄉論清議，且是制度運作的基礎，故當然會傾向於繼續維繫中正評品制度的運作。至於新進官僚，均是魏初功臣子弟，究其家世背景而言，均為漢末以來的官僚大族或名士官僚，多具有儒學家風，嚴格來說為儒法雙修之士，就政治思想與信仰而言，也會認同中正評品制度的運作。

其四，司馬懿集團主張建立州大中正制，與個人現實利益與子孫未來權益有關。從第二節可知，司馬懿在正始年間對非親曹官僚予以安撫甚至策反，政變之後，若干原為曹爽集團的中層幕僚成員，也全都投向司馬氏。這些人願意為司馬氏效力，並非因為與曹爽集團有政治理念上的矛盾而成為司馬氏羽翼，姑且不論其對司馬氏的治國理念有多認同，從這個過程來看，說穿了不過是為了權位榮祿所做出的政治選擇。依此角度並結合本節第二目所論，無論從州大中正制的制度目的、鄉論機制的階層化、鄉論精神的發展脈絡，抑或是地方大族的階層化發展來看，州大中正制確實內含鞏固上層士人層、有力地方大族之仕宦權益的作用，因此，這些非親曹官僚當然會支持此一主張。

當然司馬氏也不會忘記在禪代前，給予這些擁戴有功者若干政治利益。甘露三年（258）秋七月，司馬昭「奏錄先世名臣元功大勳之子孫，隨才敘用」，〔註276〕這裡的「先世名臣元功大勳」當指高平陵政變、誅戮王淩、夏侯玄、李豐、毋丘儉、文欽、諸葛誕等曹氏餘黨的有功份子，此時正值翦除臺面上最後一個反對勢力諸葛誕不久，司馬昭此舉似有提前大封元勳功臣的味道。從選舉程序來看，「隨才敘用」僅是個障眼法，只要父祖為「先世名臣」或「元功大勳」，便有入仕資格，至於授與何種官職，吏部可能依循魏文帝以降的功臣貴戚子弟入仕慣例，進行授官，這無疑是奉送這些功勳勢族子弟進入官場的「免費入場券」。故此詔之頒佈，無疑是州大中正制勢族門閥化、鄉論精神形式主義化的一個里程碑，而且從選舉制度的發展脈絡來看，亦是魏文帝以降功臣貴戚子弟入仕慣例的法制化。

〔註276〕《晉書》，卷2，〈文帝紀〉，「魏高貴鄉公甘露三年七月」條，頁35。

【表3－1】太和浮華案相關人事、問題與對策史料表

史料項目	史料內容	史料出處
太和浮華案關係人	南陽何晏、鄧颺、李勝、沛國丁謐、東平畢軌咸有聲名，進趣於時，明帝以其浮華，皆抑黜之。	《三國志》，卷9，〈曹爽傳〉，頁283。
	鄧颺字玄茂，鄧禹後也。少得士名於京師。明帝時為尚書郎，除洛陽令，坐事免，拜中郎，又入兼中書郎。初，颺與李勝等為浮華友，及在中書，浮華事發，被斥出，遂不復用。	《三國志》，卷9，〈曹爽傳〉注引《魏略》，頁288。
	（李）勝少游京師，雅有才智，與曹爽善。明帝禁浮華，而人白勝堂有四窗八達，各有主名。用是被收，以其所連引者多，故得原，禁錮數歲。	《三國志》，卷9，〈曹爽傳〉注引《魏略》，頁290。
	是時何晏以材辯顯於貴戚之間，鄧颺好變通，合徒黨，鬻聲名於閭閻，而夏侯玄以貴臣子少有重名，為之宗主。	《三國志》，卷21，〈傅嘏傳〉注引《傅子》，頁623～624。
	諸葛誕、鄧颺等馳名譽，有四聰八達之誚，帝疾之。	《三國志》，卷22，〈盧毓傳〉，頁651。
	（諸葛誕）累遷御史中丞、尚書，與夏侯玄、鄧颺等相善，收名朝廷，京都翕然。言事者以誕、颺等脩浮華，合虛譽，漸不可長。明帝惡之，免誕官。	《三國志》，卷28，〈諸葛誕傳〉，頁769。
	是時，當世俊士散騎常侍夏侯玄、尚書諸葛誕、鄧颺之徒，共相題表，以玄、疇四人為四聰，誕、備八人為八達，中書監劉放子熙、孫資子密、吏部尚書衛臻子烈三人，咸不及比，以父居勢位，容之為三豫，凡十五人。帝以構長浮華，皆免官廢錮。	《三國志》，卷28，〈諸葛誕傳〉注引《世語》，頁769。
浮華問題之對策	太和四年春二月壬午詔：「世之質文，隨教而變。兵亂以來，經學廢絕，後生進趣，不由典謨。豈訓導未洽，將進用者不以德顯乎？其郎吏學通一經，才任牧民，博士課試，擢其高第者，亟用；其浮華不務道本者，皆罷退之。」	《三國志》，卷3，〈明帝紀〉，頁97。
	太和四年，行司徒事，六年，拜真。（董）昭上疏陳末流之弊曰：「凡有天下者，莫不貴尚敦樸忠信之士，深疾虛偽不真之人者，以其毀教亂治，敗俗傷化也。近魏諷則伏誅建安之末，曹偉則斬戮黃初之始。伏惟前後聖詔，深疾浮偽，欲以破散邪黨，常用切齒；而執法之吏皆畏其權勢，莫能糾擿，毀壞風俗，侵欲滋甚。竊見當今年少，不復以學問為本，專更以交游為	《三國志》，卷14，〈董昭傳〉，頁442。

史料項目	史料內容	史料出處
浮華問題之對策	業；國士不以孝悌清脩爲首，乃以趨勢游利爲先。合黨連群，互相襃歎，以毀訾爲罰戮，用黨譽爲爵賞，附己者則歎之盈言，不附者則爲作瑕釁。至乃相謂『今世何憂不度邪，但求人道不勤，羅之不博耳；又何患其不知己矣，但當呑之以藥而柔調耳。』又聞或有使奴客名作在職家人，冒之出入，往來禁奧，交通書疏，有所探問。凡此諸事，皆法之所不取，刑之所不赦，雖諷、偉之罪，無以加也。」帝於是發切詔，斥免諸葛誕、鄧颺等。	
	（正始年間衛尉）劉靖上疏陳儒訓之本曰：「夫學者，治亂之軌儀，聖人之大教也。自黃初以來，崇立太學二十餘年，而寡有成者，蓋由博士選輕，諸生避役，高門子弟，恥非其倫，故無學者。雖有其名而無其人，雖設其教而無其功。宜高選博士，取行爲人表，經任人師者，掌教國子。依遵古法，使二千石以上子孫，年從十五，皆入太學。明制黜陟榮辱之路；其經明行修者，則進之以崇德；荒教廢業者，則退之以懲惡；舉善而教不能則勸，浮華交游，不禁自息矣．闡弘大化，以綏未賓；六合承風，遠人來格。此聖人之教，致治之本也。」	《三國志》，卷15，〈劉馥附子靖傳〉，頁464。
	嘉平初，太傅司馬懿既誅曹爽，乃奏博問大臣得失。（王）昶陳治略五事：其一，欲崇道篤學，抑絕浮華，使國子入太學而脩庠序。	《三國志》，卷27，〈王昶傳〉，頁749。

【表 3－2】曹爽集團核心人事結構表

人名	始仕	家世類型	特殊身分	正始年間仕宦經歷
曹爽（？～249）	明帝	三世（二漢一魏）舊東漢中層官僚大族	宗室疏屬	大將軍、都督中外諸軍事、侍中、錄尚書事
曹羲（？～249）	明帝	三世（二漢一魏）舊東漢中層官僚大族	宗室疏屬	散騎常侍、中領軍
曹訓（？～249）	齊王芳	三世（二漢一魏）舊東漢中層官僚大族	宗室疏屬	武衛將軍

人名	始仕	家世類型	特殊身分	正始年間仕宦經歷
曹彥 （？～249）	齊王芳	三世（二漢一魏） 舊東漢中層官僚大族	宗室疏屬	散騎常侍
夏侯玄 （209～254）	明帝	二世（二魏） 漢魏之際新生代官僚	宗室疏屬 皇室姻戚	散騎常侍，中護軍，征西將軍、假節、都督雍涼諸軍事
何晏 （193～249）	明帝	一世（一漢） 舊東漢上層姻戚官僚	宗室疏屬 皇室姻戚	（駙馬都尉）、散騎侍郎，侍中，吏部尚書
鄧颺 （？～249）	明帝	無 沒落的東漢官僚大族	無	潁川太守，大將軍長史，侍中，尚書
李勝 （？～249）	明帝	一世（一魏） 漢魏之際新生代官僚	功臣子弟	洛陽令，征西將軍（夏侯玄）長史，滎陽太守，河南尹，荊州刺史（未及之官而敗）
丁謐 （？～249）	明帝	一世（一魏） 漢魏之際新生代官僚	功臣子弟 皇室鄉黨	散騎常侍，尚書
畢軌 （？～249）	文帝	一世（一魏） 漢魏之際新生代官僚	功臣子弟 皇室姻戚	中護軍，侍中，尚書，司隸校尉
桓範 （？～249）	曹操	無 地方大族	皇室鄉黨	大司農
夏侯儒 （？～？）	曹操	一世（一魏） 漢魏之際新生代官僚	宗室疏屬	征南將軍、都督荊豫，太僕，征蜀護軍
王淩 （？～251）	曹操	一世（一漢） 舊東漢上層名士官僚	無	征東將軍、假節、都督揚州諸軍事，車騎將軍、儀同三司、假節都督如故，司空、假節都督如故

人名	始仕	家世類型	特殊身分	正始年間仕宦經歷
王廣 （？～251）	不詳	二世（一漢一魏） 舊東漢上層名士官僚	功臣子弟	不詳
令狐愚 （？～249）	文帝	一世（一魏） 漢魏之際新生代官僚	功臣子弟 王淩外甥	大將軍（曹爽）長史，兗州刺史
李豐 （？～254）	文帝	一世（一魏） 漢魏之際新生代官僚	功臣子弟 皇室姻戚 張緝鄉黨	永寧太僕，侍中，尚書僕射
李翼 （？～254）	不詳	一世（一魏） 漢魏之際新生代官僚	功臣子弟 皇室姻戚 張緝鄉黨	不詳
李韜 （？～254）	不詳	二世（二魏） 漢魏之際新生代官僚	功臣子弟 皇室姻戚 張緝鄉黨	不詳
張緝 （？～254）	明帝	一世（一魏） 漢魏之際新生代官僚	功臣子弟 皇室姻戚 李豐鄉黨	中書郎，東莞太守
許允 （？～254）	文帝	一世（一魏） 漢魏之際新生代官僚	功臣子弟	郡守，侍中
毌丘儉 （？～255）	文帝	一世（一魏） 漢魏之際新生代官僚	功臣子弟	幽州刺史、加度遼將軍、使持節、護烏丸校尉，左將軍、假節監豫州諸軍事、領豫州刺史
文欽 （？～258）	明帝	一世（一魏） 漢魏之際新生代官僚	功臣子弟 皇室鄉黨	盧江太守、加冠軍將軍
諸葛誕 （？～258）	文帝	無 沒落的東漢官僚大族	無	御史中丞，尚書，揚州刺史、加昭武將軍

【表3－3】曹爽集團中層人事結構表

人名	始仕	家世類型	特殊身分	正始年間仕宦經歷
孫禮（？～250）	曹操	無 庶民	無	大將軍長史，加散騎常侍，揚州刺史、加伏波將軍，少府，荊州刺史，冀州牧，城門校尉，并州刺史、加振武將軍、使持節、護匈奴中郎將
應璩（？～252）	文帝	二世（二漢） 舊東漢中層名士官僚	無	侍中，大將軍長史，侍中
魯芝（190～273）	文帝	無 地方豪族	無	大將軍司馬
荀詵（？～？）	明帝	三世（二漢一魏） 舊東漢中層官僚大族	功臣子弟 皇室姻戚	大將軍從事中郎
鄭沖（？～274）	曹操	無 庶民	無	散騎常侍，大將軍從事中郎，光祿大夫，散騎常侍
王基（？～261）	曹操	無 庶民	無	大將軍從事中郎，安豐太守、加討寇將軍
楊綜（？～？）	不詳	不詳	不詳	大將軍主簿
楊偉（？～？）	不詳	不詳	不詳	大將軍參軍
辛敞（？～？）	不詳	一世（一魏） 漢魏之際新生代官僚	功臣子弟	大將軍參軍
荀融（？～？）	明帝	四世（三漢二魏） 舊東漢中層官僚大族	功臣子弟	洛陽令，大將軍參軍
阮籍（210～263）	齊王芳	一世（一魏） 漢魏之際新生代官僚	功臣子弟	太尉（蔣濟）掾，尚書郎，大將軍參軍（政變前一年於辭參軍一職）

人名	始仕	家世類型	特殊身分	正始年間仕宦經歷
王沈 （？～266）	齊王芳	二世（一漢一魏） 沒落的東漢官僚 大族	功臣子弟	大將軍掾，中書侍 郎，黃門侍郎
裴秀 （212～292）	齊王芳	三世（二漢一魏） 舊東漢中層官僚 大族	功臣子弟	大將軍掾，黃門侍郎
荀勖 （？～289）	齊王芳	三世（三漢） 舊東漢中層官僚 大族	功臣子弟	大將軍掾，中書通事 郎
王渾 （223～297）	齊王芳	二世（一漢一魏） 沒落的東漢官僚 大族	功臣子弟	大將軍掾
盧欽 （？～278）	齊王芳	二世（一漢一魏） 舊東漢中層名士 官僚	功臣子弟	大將軍掾，尚書郎
劉肇 （？～？）	不詳	不詳	不詳	大將軍屬
荀顗 （？～274）	明帝	三世（二漢一魏） 舊東漢中層官僚 大族	功臣子弟 皇室姻戚	散騎侍郎，散騎常侍
賈充 （216～282）	齊王芳	一世（一魏） 漢魏之際新生代 官僚	功臣子弟	尚書郎，黃門侍郎
朱整 （？～？）	不詳	不詳	不詳	黃門侍郎
王黎 （？～？）	不詳	不詳	不詳	黃門侍郎
傅嘏 （208～255）	明帝	二世（一漢一魏） 舊東漢中層名士 官僚	功臣子弟	尚書郎，黃門侍郎， 太傅（司馬懿）從事 中郎
鍾會 （225～264）	齊王芳	三世（二漢一魏） 舊東漢中層名士 官僚	功臣子弟	祕書郎，尚書郎，中 書侍郎
虞松 （？～？）	齊王芳	無 庶民	無	太尉（司馬懿）掾， 中書侍郎

人名	始仕	家世類型	特殊身分	正始年間仕宦經歷
衛瓘 （220～291）	齊王芳	一世（一魏） 曹魏新生代官僚	功臣子弟	尚書郎，通事郎，中書郎
劉陶 （?～?）	齊王芳	一世（一魏） 曹魏新生代官僚	功臣子弟	吏部（選曹）郎
袁侃 （?～?）	明帝	四世（三漢一魏） 舊東漢上層官僚大族	功臣子弟	吏部郎
王弼 （?～249）	齊王芳	五世（三漢二魏） 舊東漢上層官僚大族	功臣子弟	尚書郎
山濤 （205～283）	齊王芳	一世（一魏） 曹魏新生代官僚	功臣子弟	河內郡主簿、功曹、上計掾，州辟部河南從事（時司隸校尉為畢軌，河南尹為李勝）

【表3-2】【表3-3】說明：

1. 【表3-3】選取之人物，乃在正始年間曾任大將軍曹爽府屬（長史、司馬、從事中郎、主簿、參軍、掾屬），門下系統之散騎侍郎、給事黃門侍郎，中書系統之中書侍郎，尚書省之尚書郎者。其中令狐愚與鄧颺雖曾任大將軍長史，但後來受重任，分別出任兗州刺史與尚書，因此將之歸於核心成員，而不列於本表。

2. 先世若於漢末進入曹操集團，則將其劃為仕魏，在這之前仕宦者視為仕漢。

3. 先世仕宦記錄若在三世以前有仕宦紀錄，但近三世卻無仕宦記錄者，劃為沒落的東漢官僚大族。

4. 先世若僅有仕魏紀錄者，則劃為曹魏新生代官僚，而傳主則具功臣子弟之特殊身分。

5. 先世若至少一世有二支屬具仕宦紀錄，則劃為官僚大族，若無，則劃為名士官僚。

6. 先世之父、祖、曾祖輩中，曾有任中二千石以上者，視為上層官僚，二千石至六百石者，劃為中層官僚，六百石以下者，劃為下層官僚。

7. 先世若無任何仕宦記錄者，且史書亦未明載其為地方郡姓、豪族、大族等，則暫時劃為庶民階層。而該人物之身分則可視為地方名士或單家寒士。

【表 3-4】魏正始年間非親曹官僚一覽表

人名	家世與個人初仕背景	對曹爽集團之態度及雙方之摩擦	政變前後動向	史料出處
劉放	1.父祖皆無官爵。 2.本身屬地方名士。 3.始仕於曹操時期。 4.公府辟召，初仕官爲司空參軍事。	自文帝時期便分任中書監、令，隨著明帝的專制性格，而達到個人權勢高峰。兩人與司馬懿之同黨友善關係，已見於魏明帝後期，特別是魏明帝託孤過程，更是雙方密切關係的里程碑。復加曹爽專權之後，政令多自大將軍府出，詔令可能直接由中書侍郎直接草擬，中書監、令似乎無權過問，更不用說是參與議政之權了，權力自然急速萎縮，對於典機密達二十餘年的劉孫二人，心理自然不是滋味，時「大將軍爽專事，多變易舊章」。資歎曰：「吾累世蒙寵，加以預聞屬託，今縱不能匡弼時事，可以坐受素餐之祿耶？」遂故稱疾。由此可知二人罷官的理由之一，正在於居位而不能預政，有不如歸去之嘆。正始九年，劉放、孫資提出辭呈，朝廷以「各遜位，以侯就第，位特進」處理。	1.政變前夕稱疾遜位。 2.政變後復以侍中分領中書監、令。	《三國志》，卷14，〈劉放傳〉注引《資別傳》，頁461；卷4，〈三少帝紀〉，頁123。
孫資	1.父祖皆無官爵。 2.本身屬地方名士。 3.始仕於曹操時期。 4.公府辟召，初仕官爲司空掾屬。			
孫禮	1.父祖皆無官爵。 2.本身屬地方名士。 3.始仕於曹操時期。 4.公府辟召，初仕官爲司空軍謀掾。	性「剛斷伉厲」，魏明帝在任命曹爽爲大將軍輔政時，深知曹爽平庸，「宜得良佐」，故乃以尚書孫禮爲大將軍長史，希望以其正直，善諫曹爽，輔佐少帝。但不久曹爽便因孫禮「亮直不撓」，行事不便，乃外調爲揚州刺史，後又歷冀州牧、并州刺史，顯然曹爽並未將之視爲政敵，反而予以重用。但是於正始七年至八年（246～247）任冀州牧期間，對於冀州境	1.政變時動向不明。 2.政變後入爲司隸校尉。	《三國志》，卷24，〈孫禮傳〉陳壽評曰，頁694。

人名	家世與個人初仕背景	對曹爽集團之態度及雙方之摩擦	政變前後動向	史料出處
		內清河與平原的郡界問題，孫禮與曹爽有不同意見，孫禮案圖決之，將高唐西北地劃入平原，但曹爽「信清河言」，不願接受孫禮之決，爽見禮奏，大怒，劾禮怨望，此乃孫禮與曹爽間衝突的開端。這期間司馬懿曾與之有所接觸，其媒介正是同一事件。孫禮被結刑五年，但因「眾人多以爲言」，於是一年餘，又出任城門校尉。旋即因匈奴殘部強盛、鮮卑數寇邊，邊鎮不寧，正始九年（248）再出任并州刺史。此時司馬懿又僞「無匡輔社稷之志」以示禮，孫禮以「今社稷將危，天下兇兇」，表明其憂心時政之態度，而司馬懿以「且止，忍不可忍」答之，似乎已透露出其亦有同感的態度，明言之，此刻正是雙方合作的契機，孫禮與司馬懿結盟當在此時。		
王觀	1.父祖皆無官爵。 2.本身屬地方名士。 3.始仕於曹操時期。 4.公府辟召，初仕官爲丞相文學掾。	性「清勁貞白」，始仕於曹操時期丞相文學掾，歷文、明二世，多任地方長官（縣長令、郡守）、中央司法與監察官（廷尉監、治書侍御史），在魏明帝後期，曾任太尉司馬懿從事中郎，這對增進雙方關係有相當助益。正始年間，王觀任少府時，當時大將軍曹爽使材官張達「鶡家屋材，及諸私用之物」，觀聞知，皆錄奪以沒官。而少府「統三尙方御府內藏玩弄之寶」，「爽等奢放，多有干求，憚觀守法，乃徙爲太僕」。顯然，王觀與曹爽集團自此產生嫌隙。	1.政變時以太僕行中領軍，據爽弟羲營（即中領軍所轄諸營）。 2.政變後賜爵關內侯，復爲尙書，加駙馬都尉。	《三國志》，卷24，〈王觀傳〉，頁694。

人名	家世與個人初仕背景	對曹爽集團之態度及雙方之摩擦	政變前後動向	史料出處
盧毓	1.父盧植仕至漢北中郎將，祖無官爵。 2.本身屬海內名士。 3.始仕於曹操時期。 4.辟召，初仕官為五官將門下賊曹。	「以學行見稱」，又為冀州儒門名士崔琰所器，魏明帝景初元年出任吏部尚書，選舉「先舉性行，而後言才」，但亦重考核名實，故主張以考課法來補「以名舉人」之弊。在此仕途高峰，卻因遭曹爽專政，將樹其黨，乃徙毓為左僕射，以何晏代毓，這種明升暗降之手法，與對付司馬懿的招數如出一轍。不久又出為廷尉，想必盧毓對曹爽集團當有所不滿。最初，曹爽對盧氏有所顧忌，時盧毓子欽為大將軍掾，「爽弟嘗有所屬請，欽白爽子弟不宜干犯法度，爽深納之，而罰其弟」。但何晏等與盧毓素有不平，時畢軌任司隸校尉，乃藉口盧毓廷尉寺屬吏犯有微過，便「深文致毓法，使主者先收毓印綬，然後奏聞」。就此研判，此可能為一樁政治迫害，一則此可能屬莫須有之罪，再則整個審判程序不合法，因此造成朝廷眾論紛紜，最後改調盧毓為光祿勳不了了之。	1.政變時動向不明。 2.政變後以光祿勳行司隸校尉，治爽等獄，復為吏部尚書。	《三國志》，卷12，〈崔琰傳〉，頁370；卷22，〈盧毓傳〉，頁650～652；《晉書》，卷44，〈盧欽傳〉，頁1255；《三國志》，卷9，〈曹爽傳〉，頁284。
蔣濟	1.父祖皆無官爵。 2.本身屬地方名士。 3.始仕於曹操時期。 4.以揚州別駕徵拜，初仕官為丹陽太守。	黃初年間上私著《萬機論》，申言賤儒貴刑名為政之弊，前代殷鑑不遠，提醒魏文帝能改變重刑名法術之家法，文帝稱善，畢竟符合當時儒法並用的統治方針。蔣濟歷文、明二世，頗受信任，乃繼司馬懿之後，第二位入主軍政系統的儒門名士層人物，太和二年（228）自中護軍即遷護軍將軍後，整個明帝時期均掌	1.政變時隨司馬懿屯兵洛水浮橋。 2.政變後是歲即薨。	《三國志》，卷14，〈蔣濟傳〉，頁451；魏徵，《群書治要》，卷47，蔣濟《萬機論》，頁2477～2478；《三國志》，卷14，〈蔣濟傳〉，頁454。

人名	家世與個人初仕背景	對曹爽集團之態度及雙方之摩擦	政變前後動向	史料出處
		中軍系統，在魏明帝重用親人廣據武職的用人政策下，更顯見魏明帝對蔣濟的信任。正始三年以前還任領軍將軍，為曹爽、司馬懿外兵權最重者。正始三年（242）太尉滿寵薨，便將之升為太尉。因為對曹爽而言，滿寵、蔣濟均屬元老重臣，長期分掌外軍與中軍系統，對新執政集團而言確實有壓迫感，因此景初三年（239）便先以王淩取代滿寵征東將軍都督揚州一職，將滿寵升為太尉，而以領軍將軍來安撫蔣濟，亦可稍微牽制司馬懿，而正始三年滿寵薨，再將蔣濟升為太尉。這前後兩次名為尊寵，實為奪權之舉，揭示曹爽集團已逐漸鞏固權勢，準備大行改制。這對蔣濟而言，當然是個重大打擊，加上曹爽等人驕寵之態日現，升高蔣濟對曹爽集團的不滿之情。正始年間，會有日蝕，詔群臣問其得失，太尉蔣濟上疏提到：「夫為國法度，惟命世大才，乃能張其綱維以垂于後，豈中下之吏所宜改易哉？終無益于治，適足傷民，望宜使文武之臣各守其職，率以清平，則和氣祥瑞可感而致也。」蔣濟對曹爽集團之「變易法度」有所不滿，便藉著日蝕之不詳天象，趁機上疏攻擊一番。		
衛臻	1.父祖皆無官爵。	陳留衛臻乃曹操起事初的功臣衛茲之子，為官持重，以「規鑒清理」稱，自文帝始，	1.政變前夕遜位，不久後即薨。	《三國志》，卷22，〈衛臻傳〉，頁647

人名	家世與個人初仕背景	對曹爽集團之態度及雙方之摩擦	政變前後動向	史料出處
	2.本身屬地方名士。 3.始仕於曹操時期。 4.舉計吏，初仕官為黃門侍郎。	歷尚書、吏部尚書、尚書右僕射，在尚書省合計十七年，甚至以吏部尚書、尚書右僕射典選，更長達十二年之久，乃尚書省三元老之一，亦是正始年間碩果僅存者。（按：文明二世合計，陳群先後任尚書左僕射、尚書令、錄尚書事，在尚書省共計十七年，陳矯先後任吏部尚書、尚書令，在尚書省合計十八年，衛臻先後任尚書、吏部尚書、尚書右僕射，在尚書省合計十七年，堪稱尚書省三元老。）曹爽輔政之初，一直想要拉攏衛臻，第一次欲引衛臻以司徒入守尚書令，第二次又「為弟求婚」，欲連姻結好，藉以制衡司馬懿，但衛臻皆不許。正始九年的政變前夕，衛臻突然請求遜位，劉放、孫資、何曾均在同年請辭，而司馬懿本人亦在稍早的正始八年五月，「稱疾不與政事」。		～649；《晉書》，卷1，〈宣帝紀〉，頁16。
王基	1.父祖皆無官爵。 2.本身屬地方名士。 3.始仕於文帝黃初中。 4.察孝廉，初仕官為郎中。	「起自寒門」，嘗私淑漢末大儒鄭玄，在青州一帶頗具聲望，為地方名士，故黃初、太和之際，「青土初定」，青州刺史王淩特表請基為別駕，王淩得以「流稱青土」，正是藉由王基在青州的聲望，來安撫青州豪霸勢力。司馬懿任大將軍期間（230～235）嘗辟基為大將軍掾屬，但「未至，擢為中書侍郎」，表示司馬懿當時已對王基之學行與地方影響力相當看重。當然，曹爽執政時，亦不肯放過拉攏關係之機	1.政變時動向不明。 2.政變後以嘗為爽官屬（大將軍從事中郎），隨例罷。同年入為尚書。	《太平御覽》，卷95，〈皇王部二十・西晉宣帝〉引虞預《晉書》，頁455；《三國志》，卷27，〈王基傳〉，頁750～752。

人名	家世與個人初仕背景	對曹爽集團之態度及雙方之摩擦	政變前後動向	史料出處
		會，乃請爲大將軍從事中郎。但是王基對於曹爽集團的行事作風依舊頗有微詞，以爲「曹爽專柄，風化陵遲」，乃「著時要論以切世事」。而在政變前夕，卻又「以疾徵還」，躲過一場政治風波。似乎王基又是採取劉放、孫資、衛臻等人的作法，以全其身，否則若政變失敗，恐怕會被曹爽等人羅織罪名，故趕緊以疾辭官。		
高柔	1.父仕至漢蜀郡都尉。祖無官爵。 2.本身屬地方名士。 3.始仕於曹操時期。 4.曹操召除，初仕官爲菅長。	自歸曹操後多任職司法系統，黃初四年（223）自治書執法轉任廷尉，至正始六年（245），已有二十三年未升調，但突然轉任太常，旬月又繼趙儼爲司空，正始九年（248）再繼衛臻爲司徒，此一升調之迅速，與先前情形相比，實有天壤之別。而政變時他接受司馬懿勉勵，效法漢初誅呂氏的周勃，取代曹爽之大將軍職權，控制大將軍轄下諸營兵。	1.政變時假節行大將軍事，據爽營。 2.政變後進封萬歲鄉侯。	《三國志》，卷24，〈高柔傳〉，頁690。
傅嘏	1.父祖皆無官爵，伯父傅巽於文帝時期曾任侍中、尚書。 2.本身屬京師名士。 3.始仕於明帝太和中。 4.公府辟召，初仕官爲司空掾。	弱冠便聞名於世，善名理，與太和名士夏侯玄、裴徽、司馬師、荀粲等多有往來，學雜名、儒，有恢復鄉舉里選、重德行之用人思想。正始年間傅嘏任尚書郎、黃門侍郎，符合當時曹爽集團廣進功臣子弟與青年學子此一基本用人方針，當然傅嘏的任用，或有夏侯玄的推薦。但傅嘏在此時卻逐漸與曹爽集團分道揚鑣。時何晏、鄧颺、夏侯玄求交於傅嘏，荀粲充當說客，嘏不許，而答	1.政變前爲司馬懿辟爲太傅從事中郎。 2.政變後任河南尹。	《三國志》，卷10，〈荀彧傳〉注引《晉陽秋》、何劭《荀粲傳》，頁320；卷21，〈傅嘏傳〉注引《傅子》，頁628；卷21，〈傅嘏傳〉，頁622～624；卷21，〈傅嘏傳〉注引《傅

人名	家世與個人初仕背景	對曹爽集團之態度及雙方之摩擦	政變前後動向	史料出處
		曰：「泰初志大其量，能合虛聲而無實才。何平叔言遠而情近，好辯而無誠，所謂利口覆邦國之人也。鄧玄茂有為而無終，外要名利，內無關鑰，貴同惡異，多言而妒前；多言多釁，妒前無親。以吾觀此三人者，皆敗德也。遠之猶恐禍及，況昵之乎？」傅嘏亦嘗謂爽弟羲曰：「何平叔外靜而內躁巧，好利，不念務本。吾恐必先惑子兄弟，仁人將遠，而朝政廢矣。」又李豐與傅嘏同州，「少有顯名，早歷大官，內外稱之」，傅嘏亦與之不善。何晏、鄧颺、夏侯玄、李豐等，均為曹爽集團黨徒，傅嘏與這些人交惡，為避免更進一步的政治迫害，投向司馬懿集團已是遲早的事。果然，何晏等遂與嘏不平，乃「因微事以免嘏官」，後為荀顗所救。後何晏將傅嘏外調至滎陽太守，但他不答應，司馬懿便請為太傅從事中郎，他應允了，這表示他對曹爽集團充滿敵意，便從反曹爽勢力投向司馬懿集團，自此便成為司馬氏的腹心大將。		子》，頁 623～624、628；《晉書》，卷39，〈荀顗傳〉，頁1150。
傅玄	1.祖傅燮仕至漢漢陽太守，父傅幹仕至魏扶風太守 2.本身屬地方名士	亦「與何晏、鄧颺不穆，晏等每欲害之」。	1.政變時動向不明。 2.政變後司馬昭辟為安東將軍參軍事。	《晉書》，卷47，〈傅玄傳〉，頁1317；卷96，〈杜有道妻嚴氏傳〉，頁2509。

人名	家世與個人初仕背景	對曹爽集團之態度及雙方之摩擦	政變前後動向	史料出處
	3.始仕於齊王芳正始中。 4.舉秀才，初仕官為郎中。			
鍾毓	1.祖無官爵，父鍾繇仕至魏太尉。 2.本身屬京師名士。 3.始仕於明帝太和中。 4.中正評品，初仕官為黃門侍郎。	世傳刑律之學，自明帝時期入仕以來，均處門下，歷散騎、黃門侍郎、散騎常侍。景初中任黃門郎時，嘗與散騎常侍司馬師、散騎侍郎陳泰、武陔等共坐燕飲，表示至少在明帝晚年，鍾毓與陳泰等人便與司馬氏有私交。正始中，因以「失爽意」，正始七年（246）先徙侍中，出為魏郡太守。	1.政變時動向不明。 2.政變後入為御史中丞。	《世說新語箋疏》，下卷下，〈排調第二十五〉，頁780；《三國志》，卷13，〈鍾繇附子毓傳〉，頁624。
王肅	1.父王朗仕至魏司徒。祖無官爵。 2.本身屬京師名士。 3.始仕於文帝黃初中。 4.中正評品，初仕官為散騎侍郎。	通儒家經術，「亮直多聞」，始仕於文帝時期，多居門下官職。正始中，任太常，與太尉蔣濟、司農桓範論及時政，時肅正色曰：「此輩（指何晏、鄧颺等）及弘恭、石顯之屬，復稱說耶！」曹爽得知後乃戒何晏等，因為王肅已將之比作前世惡人。可見王肅對執政集團已有不滿之情。此外，王肅與司馬氏亦有姻戚關係（司馬昭娶王肅女）。政變前徙為光祿勳。	1.政變時動向不明。 2.政變後徙為河南尹。	《三國志》，卷13，〈王朗附子肅傳〉，頁414～419。
袁侃	1.祖袁滂仕至漢司徒。父袁渙仕至漢郎中令。 2.本身屬京師名士。 3.始仕於明帝太和中。	陳郡袁氏本東漢官僚大族，陳郡何氏乃沒落的東漢上層官僚大族。袁亮「貞固有學行」，少時與從兄袁侃（袁渙子）、同郡何曾（何夔子）「齊聲友善」。袁亮的入仕情況不明，但何曾始仕於文帝晚年，起家平原王（曹睿）文學，後多歷門下系統官職，	1.政變時動向不明。 2.政變後入為尚書。	《三國志》，卷11，〈袁渙傳〉注引《袁氏世紀》，頁335～336。

人名	家世與個人初仕背景	對曹爽集團之態度及雙方之摩擦	政變前後動向	史料出處
	4.中正評品，初仕官為黃門侍郎。	袁侃始仕明帝時期，起家黃門侍郎，因此袁亮極有可能至少入仕於明帝晚年，可能亦是起家散騎、黃門侍郎一類。三人既有同鄉關係，又同是魏室功臣子弟，家學與家風又相近，自少交好，常理而言，其政治動向的一致性較高。正始中，曹爽集團專權，袁亮「疾何晏、鄧颺等，著論以譏切之」。		
袁亮	1.祖袁滂仕至漢司徒。父袁霸仕至魏大司農。 2.本身屬京師名士。 3.始仕於明帝太和中。 4.中正評品，初仕官為散騎侍郎。		1.政變時動向不明。 2.政變後入為河南尹。	
何曾	1.父何夔仕至魏太僕。祖無官爵。 2.本身為京師名士。 3.始仕於文帝黃初中。 4.中正評品，初仕官為平原王文學。		1.政變前稱疾去官。 2.政變後徵拜侍中。	《晉書》，卷33，〈何曾傳〉，頁994～995。
司馬岐	1.父司馬芝仕至魏大司農。祖無官爵。 2.本身為地方名士。 3.始仕於明帝青龍中。 4.中正評品，初仕官為河南丞。	正始中任廷尉，曹爽專權之時，南陽圭泰嘗以言忤指，曹黨尚書鄧颺訊獄，將制泰重刑，司馬岐告誡鄧颺：「夫樞機大臣，王室之佐。既不能輔化成德，齊美古人，而乃肆其私忿，枉論無辜。使百姓危心，非此焉在？」鄧颺於是怒而退。司馬岐恐因此獲罪，便以疾去官。先前劉放、孫資、衛臻等人的去官，恐怕也有類似司馬岐的境遇。	1.政變前已卒於家。	《三國志》，卷12，〈司馬芝附子岐傳〉，頁386～390。

人名	家世與個人初仕背景	對曹爽集團之態度及雙方之摩擦	政變前後動向	史料出處
陳泰	1.父陳群仕至魏司空。祖陳紀仕至漢大鴻臚。 2.本身為京師名士。 3.始仕於明帝青龍中。 4.中正評品，初仕官為散騎侍郎。	正始中任并州刺史、加振威將軍。與司馬師、司馬昭相親友，政變發生時亦與太尉蔣濟、侍中許允等人充當司馬懿的說客，勸曹爽罷兵。	1.政變時勸曹爽罷兵。 2.政變後轉為雍州刺史，加奮威將軍。	《三國志》，卷22，〈陳群附子泰傳〉，頁641；卷9，〈曹爽傳〉注引《世語》，頁287。

【表3－5】曹魏重要文武官職人物表

甲：文官

		任職人物與任期
三公系統	太尉	賈詡（220～223）、鍾繇（224～226）、華歆（227～231）、司馬懿（235～239）、滿寵（240～242）、蔣濟（242～249）、王淩（250～251）、司馬孚（251～256）、高柔（257～263）、鄧艾（264）、王祥（264～265，加侍中）
	司徒	華歆（220～226）、王朗（227～228）、董昭（230～236）、陳矯（237）、韓暨（238）、衛臻（239～248）、高柔（249～256）、鄭沖（257～263）、鍾會（264）、武陔（264～265，以太僕兼）、何曾（265）
	司空	王朗（220～226）、陳群（226～236）、衛臻（237～238）、崔林（239～244）、趙儼（245）、高柔（245～248）、王淩（249）、孫禮（250）、司馬孚（251）、鄭沖（252～256）、盧毓（256）、諸葛誕（257）、王昶（258～259）、王觀（260）、王祥（261～264）
尚書系統	錄尚書事	司馬懿（225～226以撫軍大將軍）、陳群（225～236，225～226以鎮軍大將軍，226～236 以司空）、司馬懿（239，以太尉）、曹爽（239～249，加侍中，以大將軍）、司馬師（251～255）、司馬昭（255～265）
	尚書令	桓階（220～221，加侍中）、陳群（221～225）、陳矯（225～237，青龍中加侍中）、薛悌（237～238）、裴潛（239～243）、司馬孚（244～256，249加侍中，251始以司空、太尉兼尚書令）

		任職人物與任期
尚書系統	左僕射	陳群（220～221，加侍中）、邢顒（221～222）、司馬懿（222～225）、徐宣（226～236，加侍中）、盧毓（242）、李豐（247～252）、盧毓（252～256，典選，加侍中）、崔贊（256～257）、陳泰（257～260，典選）、荀顗（260～264，領吏部）、裴秀（264～265）
	右僕射	邢顒（220～221，加侍中）、司馬懿（221～222，加侍中）、杜畿（222～224）、王思（225～230）、衛臻（230～237，典選，加侍中）、司馬孚（237～243）、傅嘏（255）、陳泰（256～257，典選，加侍中）、王觀（256～260）、裴秀（260～264）、羊瑾（264～265）
	吏部尚書	陳矯（220～225）、衛臻（225～230，加侍中）、盧毓（237～242）、何晏（242～249，加侍中）、盧毓（249～252）、崔贊（256）、和逌（甘露中至景元中）、盧欽（264～265）
	尚書	衛覬（220～230）、崔林（220～221）、杜畿（220～222）、司馬懿（220）、衛臻（221～225）、蔣濟（223～228）、趙儼（224）、
	尚書	徐宣（225～226）、杜襲（225～228）、傅巽（226～227）、夏侯楙（228～230）、司馬孚（229～237）、諸葛誕（229～230）、桓範（230）、裴潛（230～232）、許混（太和中）、韓宣（太和中）、劉靖（232）、趙咨（232～233）、薛悌（青龍中）、孫禮（235～239）、王觀（景初中）、繆襲（242～244）、諸葛誕（正始初～243）、黃休（正始中）、郭彝（正始中）、畢軌（241～242）、丁謐（244～249）、鄧颺（249）、陳泰（248～249）、王基（249）、袁侃（249～250）、王觀（250～256）、許允（250）、王廣（251）、傅嘏（251～255）、袁亮（253～256）、崔贊（254～256）、陳騫（254～257）、何曾（254）、鍾毓（255～258）、荀顗（256～260）、裴秀（258～260）、王經（258～260）、魯芝（259～260）、華表（260～265）、王沈（260～261）、蘇愉（264）、王默（魏末）
中書系統	中書監	劉放（220～248，220加給事中，226加散騎常侍，233加侍中，240加左光祿大夫儀同三司，245加驃騎將軍）、韋誕（248～255，兼侍中）、孟康（255～？）、朱整（魏末）
	中書令	孫資（220～248，249～250，220加給事中，226加散騎常侍，233加侍中，240加右光祿大夫儀同三司，加衛將軍）、李豐（252～254，掌選舉）、孟康（254～255）、虞松（255～？）、劉良（魏末）
門下系統	侍中	劉廙（220～221）、劉曄（220～232）、辛毗（220～227）、鮑勛（220）、溫恢（220～221）、邢顒（220）、董昭（221～224）、蘇則（221～224）、傅巽（224～226）、吳質（230）、武周（太和中）、董遇（明帝時期）、韋誕（231～255）、盧毓（234～236）、高堂

		任職人物與任期
門下系統	侍中	隆（234～237）、繆襲（青龍中）、孫邕（236～240）、何晏（239）、應璩（239～240）、李豐（正始中）、王肅（243）、鍾毓（246）、鄧颺（正始中）、畢軌（240～241）、應璩（248～252）、許允（248～250）、鄭袤（248～252）、何曾（正始末）、鄭小同（252～259）、荀顗（252～256）、趙酆（253～255）、華表（253～259）、范粲（正元中），和迫（257～259）、王沈（258～260）、衛瓘（260～262）、甄溫（264～？以輔國將軍加）、周生烈（魏末）
	散騎常侍	衛臻（220）、傅巽（220～224）、王淩（黃初初）、裴潛（黃初初）、王象（黃初初）、荀緯（黃初初）、蔣濟（黃初初）、徐宣（黃初中）、繆襲（太和初）、劉劭（太和中）、曹肇（太和中）、曹爽（太和中，以城門校尉加）、甄像（太和末）、毛曾（太和末）、卞蘭（明帝時期，以奉車都尉、游擊將軍加）、應璩（明帝時期）、荀勗（明帝時期）、高堂隆（太和末至青龍初）、鄭沖（青龍中～正始初）、司馬師（景初中～正始初）、蘇林（景初中）、何曾（景初中）、李豐（景初中）、甄暢（景初末）、孫禮（景初末）、王肅（229～239）、王忠（？）、夏侯玄（正始初）、丁謐（240～244）、曹羲（正始中）、孔乂（正始中）、荀顗（正
	散騎常侍	始中）、鍾毓（正始中）、司馬駿（正始初）、孔乂（正始末）、司馬昭（正始中）、鄭袤（正始中）、郭芝（正始中至嘉平中）、曹彥（正始中）、鄭沖（正始末）、司馬望（嘉平初）、荀勗（嘉平中）、司馬伷（嘉平中）、孟康（嘉平中）、鄭沖（嘉平中）、王沈（正元初）、司馬攸（正元初）、阮籍（正元初）、裴秀（甘露中）、王業（甘露中）、司馬炎（甘露中）、衛瓘（景元初）、司馬伷（景元初）、賈充（景元中）、王渾（景元中）、徐紹（咸熙元年）、樊建（咸熙元年，以相國參軍兼）、董廞（咸熙元年）、孫彧（咸熙元年，以相國水曹屬加）、郭敞（？）、吳奮（？）、劉毅（？）、盧欽（？）、糜元（？）、樂方（？）、徐超（？）、寇閱（？）、臣儀（？）

乙：武官

		任職人物與任期
重要武職官	大司馬	曹仁（221～223）、曹休（226～228）、曹真（230～231）
	大將軍	曹仁（221）、曹真（226～230）、司馬懿（230～235）、曹宇（238）、曹爽（238～249）、司馬師（252～255）、司馬昭（255～263）

		任職人物與任期
重要武職官	諸號大將軍	驃騎大將軍：司馬懿（226～230） 中軍大將軍：曹真（222～226） 上軍大將軍：曹真（221～222） 鎮軍大將軍：陳群（225～226）、甄德（264～265） 撫軍大將軍：司馬懿（225～226）、司馬師（251～252）、司馬炎（264～265）
	大都督（職權同都督中外）	司馬懿（230～235，以大將軍加，假黃鉞）、司馬師（254～255，以大將軍加，假黃鉞）、司馬昭（256～263，以大將軍加，假黃鉞）
	都督中外	曹真（222～228，以上軍大將軍、中軍大將軍、大將軍，假節鉞）、司馬懿（239～251，以太尉〔尋為太傅〕加，持節）、曹爽（239～249，以大將軍加，假節鉞）、司馬師（252～254，以大將軍加，持節）
中軍系統	領軍將軍	曹休（220）、夏侯獻（238～239）、蔣濟（239～242，由護軍將軍徙）、曹演（254）、司馬望（263～265，以衛將軍、司徒領）
	中領軍	夏侯尚（220）、朱鑠（221～226）、〔陳群（224，以尚書令領）、衛臻（225，以吏部尚書行）〕、桓範（226～230）、〔薛悌〕、楊暨（231～234）、夏侯獻（234～238）、曹羲（242～249）、王觀（249～251，以太僕行）、許允（251～254）、司馬昭（254～255，以安東將軍與衛將軍兼）、王肅（255～256）、荀顗（256～263）、羊祜（咸熙末）
	護軍將軍	蔣濟（228～238，由中護軍遷，加散騎常侍）
	中護軍	陳群（225～226，以鎮軍大將軍領）、蔣濟（228）、畢軌（238～240）、夏侯玄（240～243）、司馬師（243～250）、司馬望（250～256，加散騎常侍）、賈充（256～265）司馬炎（景元元年假節）
	武衛將軍	許褚（220～明帝太和中）、曹爽（明帝太和中～238）、曹訓（240～249）、曹演（？～254）、荀顗（256）
	中堅將軍	甄德（嘉平末，此時期因司馬師當權，早毀魏氏中軍制度，故或無實權）
	中壘將軍	郭表（太和末）、荀顗（嘉平末）、司馬炎（嘉平中）
	驍騎將軍	曹洪（太和中）、秦朗（明帝時期）
	游擊將軍	卞蘭（明帝時期）、陳泰（正始中）
	都督中軍宿衛禁兵	許褚（220～明帝太和中，以武衛將軍）

		任職人物與任期
	都督區	任職人物與任期
外軍系統	荊揚益州	曹仁（220～223，以車騎將軍、大將軍、大司馬）、蔣濟（223，以東中郎將代領曹仁兵）
	揚州（258年3月分揚州為二都督，一都督揚州、一都督淮北）	曹休（220～228，以鎮南將軍、征東將軍、征東大將軍、大司馬，假節，領揚州刺史、揚州牧）、滿寵（228～239，以前將軍、征東將軍，持節）、王淩（239～251，以征東將軍、車騎將軍、司空，假節）、諸葛誕（251～252，以鎮東將軍，假節）、毋丘儉（252～255，以鎮東將軍，假節）、諸葛誕（255～258，以鎮東大將軍、征東大將軍，假節）、王基（258～259，以征東將軍，持節）、石苞（259～265，以鎮東將軍、征東大將軍、驃騎將軍，假節）
	淮北	司馬昭（252～253，以安東將軍，持節）、陳泰（257，以鎮軍將軍，假節，兼節度徐州監軍以下）、陳騫（258～259，以安東將軍，使持節）、盧欽（259～261，以伏波將軍）、司馬駿（262～265，以平南將軍、安東將軍，假節）
	荊州（259年6月分荊州為二都督，分鎮新野與襄陽）	夏侯尚（220～225，以征南將軍、征南大將軍都督南方，假節，領荊州刺史、荊州牧）、王基（259～261，以征南將軍，使持節，鎮新野）、州泰（259～261，以征虜將軍，假節，鎮襄陽）、陳騫（261～265，以征南將軍、車騎將軍，使持節）、鍾毓（261～263，以後將軍，假節）
	江北	王沈（263～265，以征虜將軍、鎮南將軍，持節）
統	荊豫二州（屯宛）	司馬懿（227～231，以驃騎將軍，使持節，230以大將軍、大都督，假黃鉞）、夏侯儒（231～241，以征南將軍）、王昶（245～259，以征南將軍、征南大將軍、驃騎大將軍，假節，258以司空，持節，徙屯新野）
	豫州（魏末亦稱都督江南）	諸葛誕（252～255，以鎮南將軍，假節）、王基（255～258，以鎮南將軍，使持節，領豫州刺史，257以行鎮東將軍兼督揚州）、州泰（258～259，以征虜將軍，都督江南，假節，領豫州刺史）、陳騫（259～261，以安東將軍，使持節，領豫州刺史）、司馬駿（265，以安東大將軍）
	雍涼二州（即魏末都督關中與都督隴右之職）	曹真（220～222，以鎮西將軍，假節；228～231，以大將軍、大司馬）、司馬懿（231～239，以大將軍、太尉，使持節）、趙儼（240～243，以征西將軍，假節）、夏侯玄（243～249，以征西將軍，假節）、郭淮（249～255，以征西將軍、車騎將軍，持節）、陳泰（255～256，以征西將軍，假節）、司馬亮（265，以左將軍）

			任職人物與任期
外軍系統		關中	夏侯楙（220～228，以安西將軍，持節）、司馬望（256～263，以征西將軍，持節）、鍾會（263～264，以鎮西將軍）、衛瓘（264～265，以鎮西將軍）
		隴右	鄧艾（256～264，以鎮西將軍、征西將軍）
		河北	吳質（220～230，以振威將軍，使持節）、呂昭（230～239，以鎮北將軍，假節，領冀州刺史）、程喜（242～250，以征北將軍，持節）、陳本（251，以鎮北將軍，假節）、劉靖（252～254，以鎮北將軍、征北將軍，假節）、許允（254，以鎮北將軍，假節，未赴而亡）、何曾（254～264，以征北將軍，假節）、王乂（264～265，以平北將軍）
		青州	臧霸（220，以鎮東將軍）
		青徐二州	曹休（220～222，以征東將軍兼）、夏侯楙（230～236，以鎮東將軍，假節）、桓範（236，以東中郎將，使持節）、胡質（245～250，以征東將軍，假節）、胡遵（250～256，以征東將軍、衛將軍，假節）
		徐州	鍾毓（259～261，以後將軍，假節）、衛瓘（265，以鎮東將軍，使持節）
諸州刺史	州名	治所	任職人物與任期
	司州	先治弘農後治河南	杜畿（220～222）、邢顒（222～223）、徐宣（223～225）、孔羨（229～234）、崔林（234～238）、李孚（？）、丁沖（？）、徐邈（241～242）、畢軌（242～249）、孫禮（249）、何曾（251～254）、王祥（255～258）、王經（258～259）、鍾會（260～262）、武陔（263）、李憙（264～265）、王宏（？）、馮浮（？）、裴穎（？）
	冀州	信都	呂昭（230～239）、孫禮（246～247，州牧）、裴徽（？）、李憙（？）
	幽州	涿	崔林（221～222）、王雄（229～236）、毋丘儉（236～248）、杜恕（248～249）、常林、何楨、孫歷（264～265）
	并州	晉陽	梁習（220～228）、畢軌（231～238）、田豫（240～243）、陳泰（244～248）、孫禮（248～249）、魯芝（249～253）、張陟（？）、夏侯駿（？）、石鑒（？）
	兗州	廩丘	裴潛（220～221）、王淩（222～225）、王昶（225～241）、桓範（241）、劉昶（241～245）、令狐愚（245～249）、黃華（249～252）、李翼（253～254）、鄧艾（254～255）、州泰（255～257）、司馬伷（263～265）、司馬朗（？）、夏侯威（？）

			任職人物與任期
諸州刺史	豫州	項	賈逵（220～228）、滿寵（228）、韓觀（230）、王淩（237～239）、毋丘儉（248～252）、王基（255～257）、州泰（258～259）、陳騫（259～261）、王沈（261～263）、呂貢（？）、王思（？）、劉威（？）
	雍州	長安	張既（220～221）、郭淮（221～249）、陳泰（249～255）、王經（255～256）諸葛緒（262～263）
	涼州	金城	鄒岐（220～221）、張既（221～223）、溫恢（223）、孟建（223～228）、徐邈（228～240）、李憙（260～262）、王渾（？）
	荊州	新野	夏侯尚（220～225）、裴潛（225～227）、毋丘儉（235～236）、胡質（236～245）、孫禮（245～246）、李勝（248～249）、王基（249～255）、魯芝（255～258）、鍾毓（261～263）、胡烈（264～265）、夏侯威（？）、胡修（？）
	揚州	壽春	溫恢（220）、曹休（221～228）、王淩（228～233）、孫禮（240～242）、諸葛誕（243～251）、文欽（251～255）、樂綝（255～257）、嚴象（？）、劉馥（？）
	徐州	下邳	呂虔（220～228）、鄒岐（234～240）、王昶（241～245）、石苞（252～253）、鍾毓（259～261）、胡威（264～265）、胡奮（？）
	青州	臨淄	王淩（225～228）、程喜（232～236）、臧艾（？）、孫毓（？）、鍾毓（258～259）、魯芝（261～265）

【表3-5】說明：本表係根據《三國志》、《晉書》、《魏將相大臣年表》、《魏方鎮年表》、
　　　　　　　《北堂書鈔》繪製而成。